科技大数据理论与技术丛书

开放协同的科技大数据汇聚融合与演化分析

陈 浩 陈建国 刘细文 等 著

科学出版社
北 京

内 容 简 介

本书针对科技服务对科技资源数据汇聚融合的需求，研究面向开放协同的科技大数据汇聚融合和演化分析技术，研究多源异构科技大数据资源体系建设与应用场景，设计科技大数据汇聚融合与演化分析系统架构，利用在线知识图谱建立多源异构、碎片化数据之间的语义关联和多粒度层次语义映射，完成科技大数据的实体识别和匹配，向各行业各领域用户提供面向开放协同的科技大数据检索服务。基于区块链技术实现科技大数据的可信数据确权与追踪保护，实现数据生命周期管理。

本书的读者对象为计算机和信息专业的广大教师和学生，以及信息科技行业从业人员，可作为高等院校计算机及相关专业的数据管理和分析等相关课程的教材，也可作为信息科技行业的技术参考书籍。

图书在版编目(CIP)数据

开放协同的科技大数据汇聚融合与演化分析/陈浩等著. —北京：科学出版社，2022.6

（科技大数据理论与技术丛书）

ISBN 978-7-03-071390-2

Ⅰ.①开… Ⅱ.①陈… Ⅲ.①科学技术—数据处理—研究 Ⅳ.①G203

中国版本图书馆 CIP 数据核字（2022）第 022032 号

责任编辑：马 跃 李 嘉/责任校对：贾娜娜
责任印制：张 伟/封面设计：无极书装

科学出版社 出版
北京东黄城根北街 16 号
邮政编码：100717
http://www.sciencep.com

北京建宏印刷有限公司 印刷
科学出版社发行 各地新华书店经销

*

2022 年 6 月第 一 版 开本：720×1000 1/16
2022 年 6 月第一次印刷 印张：13 1/2
字数：268 000

定价：158.00 元

（如有印装质量问题，我社负责调换）

编写组成员

陈　浩　湖南大学

陈建国　湖南大学

刘细文　中国科学院文献情报中心

钱　力　中国科学院文献情报中心

魏凯敏　暨南大学

张　凯　复旦大学

熊昊一　北京百度网讯科技有限公司

王换文　湖南大学

蔺晓川　暨南大学

常志军　中国科学院文献情报中心

孙　恒　暨南大学

王玉菊　中国科学院文献情报中心

前　　言

科技大数据是面向现代科技服务业需求的多源异构的多模态数据与知识。当前我国科技服务业存在跨媒体跨学科科技大数据高效汇聚融合技术仍然缺失、缺乏对科技资源大数据与个性化需求的动态匹配机制、科技大数据价值链构建方式缺乏层次性和大数据视角等问题，难以实现服务需求的快速感知和资源按需集成的动态协同服务模式。

本书研究数据采集层中的多源异构科技大数据采集和清洗技术、数据存储层中的各类科技资源数据结构分类技术、数据交换层中的高效流转及安全可靠交换机制、服务构件层中的科技服务规则设计与科技服务构件加工，以及服务应用层中的多维度、多场景、多粒度的科技大数据挖掘和分析技术。本书基于神经网络学习模型的科技大数据对齐融合技术，挖掘科技大数据在科技服务方面的时空序列特征，为构建人机融合的数据汇聚与融合提供核心引擎。本书基于特征表示学习的人机融合数据处理方法，依据数据特征表示进行相关性推理从而对原始数据进行有效区分并高效存储。本书研究动态化的数据与服务需求管理、数据分布多样化和数据流动关联化的科技大数据汇聚融合方法，以提升科技大数据的智能汇聚融合效率。

本书共分为8章，第1章为绪论、第2章为多源异构科技大数据资源体系建设与应用场景、第3章为多源异构科技大数据分布式存储关键技术、第4章为科技大数据汇聚融合与演化分析系统架构、第5章为科技大数据汇聚融合机制、第6章为科技大数据实体智能匹配与查询、第7章为面向开放协同的科技大数据检索服务接口、第8章为科技大数据追踪保护与演化分析。本书的章节撰写分工如下：湖南大学陈浩教授和陈建国副教授负责撰写第1章、第4章、第5章和第7章；中国科学院文献情报中心的刘细文研究员和钱力研究员负责撰写第2章；暨南大学的魏凯敏教授负责撰写第8章；复旦大学的张凯教授负责撰写第6章；北京百度网讯科技有限公司的熊昊一博士负责撰写第3章。由于时间仓促，加之我们编写人员的水平有限，难免挂一漏万，欢迎各位读者批评指正。

著　者

2022年3月

目　　录

第1章　绪论 ·· 1
　1.1　研究背景及意义 ·· 1
　1.2　国内外研究现状 ·· 3
　1.3　研究目标和内容 ·· 8
　1.4　研究创新和预期效益 ··· 10
第2章　多源异构科技大数据资源体系建设与应用场景 ··············· 12
　2.1　科技大数据的概念定义 ·· 12
　2.2　科技大数据模型框架设计 ··· 14
　2.3　科技大数据资源体系建设 ··· 17
　2.4　科技大数据服务体系建设 ··· 32
　2.5　本章小结 ··· 36
第3章　多源异构科技大数据分布式存储关键技术 ··················· 37
　3.1　面向大数据分析的分布式文件系统关键技术 ···················· 37
　3.2　分布式计算环境下科技大数据协同存储机制 ···················· 39
　3.3　基于分布式计算的科技大数据可扩展存储机制 ·················· 43
　3.4　异构科技数据安全可信交换模型 ································· 48
　3.5　延迟感知的科技数据自适应副本管理机制 ······················· 51
　3.6　本章小结 ··· 53
第4章　科技大数据汇聚融合与演化分析系统架构 ··················· 54
　4.1　科技大数据汇聚融合需求分析 ···································· 54
　4.2　系统设计 ··· 57
　4.3　功能模块详细设计 ··· 62
　4.4　系统技术架构设计 ··· 71
　4.5　本章小结 ··· 75
第5章　科技大数据汇聚融合机制 ······································ 76
　5.1　多源异构科技数据源语义映射机制 ······························ 76
　5.2　基于领域知识的科技大数据采集规则 ···························· 79
　5.3　基于粗糙集理论的科技大数据清洗方法 ························· 81
　5.4　面向开放协同的多源异构科技大数据特征融合 ·················· 88
　5.5　本章小结 ··· 97

第 6 章　科技大数据实体智能匹配与查询 ··· 98
　6.1　科技大数据高性能索引关键技术 ··· 98
　6.2　科技大数据模糊查询匹配的高效采样方法 ····································· 102
　6.3　面向科技大数据分析的过滤规则建模方法 ····································· 111
　6.4　科技大数据分析方法推荐技术 ·· 120
　6.5　本章小结 ·· 125
第 7 章　面向开放协同的科技大数据检索服务接口 ··································· 126
　7.1　科技大数据元数据 ··· 126
　7.2　科技大数据检索接口标准制定 ·· 130
　7.3　科技大数据检索服务接口 ·· 133
　7.4　科技大数据检索与管理 ··· 159
　7.5　本章小结 ·· 163
第 8 章　科技大数据追踪保护与演化分析 ·· 164
　8.1　基于混合选举的委员会共识机制 ··· 164
　8.2　基于多级社区的区块链共识机制 ··· 170
　8.3　基于区块链的科技大数据交换 ·· 176
　8.4　基于区块链的科技大数据可信确权 ·· 187
　8.5　基于区块链的科技大数据追踪保护 ·· 191
　8.6　本章小结 ·· 201
参考文献 ··· 202

第 1 章 绪 论

1.1 研究背景及意义

1.1.1 研究背景

随着新兴技术的不断突破，不管是区块链还是 AI（artificial intelligence，人工智能），抑或是大数据，当前正处于科技和产业变革的关键节点。随着技术的进步和社会需求的改变，每一天、每一小时甚至每一秒都在不断产生海量支撑 AI 发展的科技数据。尽管数据庞杂，但其中记载着详细学科知识、相关真理及验证过程、某学科的实验过程和结论等，这些对推动技术发展起到关键作用的核心科技情报知识线索，是现代各尖端领域用于科技创新发现的算法模型实现的核心数据根基和重要知识基础[1]。

在数据快速增长的信息爆炸时代，亟待解决的问题就是对大数据的数据质量的甄别及分析。解决信息孤岛和数据疏散等问题，冲破现行的各类行政壁垒，推进科技资本的合理布局、统筹规划及整合，从而满足同享同用的需求；解决数据时效性差、多头来源，数据指标不统一、口径不一致的问题，从而实现资源规范标准、利用快捷高效；解决数据开发潜力不足的难题，从而实现多形式展示、深层次挖掘、定制式推送、个性化服务等。对复杂构成的科技大数据进行基于语义的计算分析，已经成为 Google、Microsoft 等企业抢占未来大数据 AI 服务的重要部署[2]。

一系列文件指出，应该建立健全鼓励原始创新、集成创新、引进消化吸收再创新的体制机制，健全技术创新市场导向机制，建立产学研协同创新机制，加强知识产权运用和保护，健全技术创新激励机制，整合科技规划和资源，完善政府对基础性、战略性、前沿性科学研究和共性技术研究的支持机制[3,4]。我国现阶段在科技平台建设方面，不管是模式、内容还是机制都面临着巨大的挑战，而矢志不渝地进行科技平台建设是推动知识服务的供给侧结构性改革的重要部分。

尽管我国于 2003 年全面启动国家科技基础条件平台建设，并产出了很多重要的成果，但目前仍存在不少亟待突破的问题，如平台信息滞后、各平台间联结度与信息共享度低，无法满足客户动态需求等，解决这些问题将会使我国的科技平台建设飞跃到一个新的高度。开放共享经济环境下，借助云技术的精准定位与信息挖掘，探索科技大数据服务平台的功能与运作，有利于实时追踪技术交易，提供个性化信息推送、专利技术需求智能关联等服务，进而促进科技向生产力的快速转化。

数据作为目前最有价值、最重要的资本之一，得到了研究人员的广泛关注。企业管理者能否做出正确决策与其承载数据量的大小有关，所以，对历史数据的采集和处理一直都是研究人员关注的重点内容，大型企业、中小型企业及政府部门都在对构建大数据平台进行探索、整合各部门数据，进而形成关联，最终将其有效用于决策支持。大数据有别于常见的数据，通常使用一些常规软件就可以实现常见的数据的抓取、分析和处理等操作，但大数据具有数据量大、数据价值密度相对较低、数据类型多、处理速度快、时效性要求高等特征，人们无法使用常规处理数据的方式去处理大数据。而针对大数据的分析与处理，往往不是使用随机分析、抽样调查等方法对局部数据进行操作，而是对所有数据进行分析，从而得到数据整体的分析结果与处理方案。这就要求在大数据处理过程中，采用技术上具有可操作性、便捷高效的处理模式。因此，对大数据进行分析处理，要求具备从大量数据中抽丝剥茧地提取出有效的数据信息，对大批量数据从不同维度同时进行分析处理，并快速得到目标数据集的能力。

大数据涉及很多领域，其中具备科技及知识属性的大数据资源，被认为是科技大数据。科技大数据依托于信息技术的高速发展，加速了与经济社会的交汇融合，科技大数据因对社会生产、物流、消费等日常活动及经济运行机制、社会生活方式和国家治理能力产生越来越大的影响而成为国家基础性战略资源，所以构建针对大数据的工具，从而合理、高效地使用科技知识领域的大数据资源，就十分具有战略意义。

科技大数据有别于传统的数据资源领域，也并不是常见的网络及行业大数据。科技大数据主要是指包括科技成果数据、科技活动数据及互联网自媒体科技资讯数据在内的数据内容。其中，科技成果数据是指各学科内记录形成的数据、资料、文献、报告、网络科技报道等承载知识的数据。科技活动数据包括两类，一类是科技实体数据，科技实体数据包括科技项目、学术会议、科技团队、科技组织、科技人才、科技机构、科技奖项、科技主题、科技概念、研究设备、研究模型、研究方法等；另一类就是知识关系数据，知识关系数据包括语义关系及计量关系等。互联网自媒体科技资讯数据是指常见自媒体产生的数据，如微信数据或微博数据，其特征是及时、权威、互动性较好。

科技大数据理论与技术研究是一项顺应目前科技行业信息化技术水平发展、服务政府职能改革的科学研究工作，主要目标是强化科技与经济运行监测分析，并将分析结果提供给科技管理者、科研机构、企业和个人，从而有效推动科技创新的一站式的云管理和服务平台建设，推进科技数据共享和业务协同，以信息化提升数据化管理与服务能力，准确掌握科技发展在宏观和微观等多种维度的动态，及时并快速地响应科技政策的更新，并为其制定提供依据。

1.1.2 研究意义

本书针对科技服务对科技资源数据汇聚融合的需求，研究多源科技大数据资源融合的云计算系统平台分布式管理方法，形成协调统一的科技大数据分布式存储与处理模式。本书基于神经网络学习模型和特征表示学习的科技大数据融合处理方法，实现跨领域跨学科的科技大数据自动监测与采集。利用在线知识图谱中所蕴含的丰富结构化文本与链接信息，建立多源异构、碎片化数据之间的语义关联和多粒度层次之间的语义映射，完成科技大数据的实体识别和匹配；设计以多粒度知识服务为核心的大数据处理架构与引擎，实现从元数据记录层、知识实体层以及知识关系层的智能数据融合与演化分析；研究跨平台跨系统跨业务跨场景的大数据共享交换机制技术，构建支持数据交换、可信确权与追踪保护的科技大数据资源融合系统平台，实现科技大数据的生命周期管理，以期在跨媒体跨领域科技大数据的实体识别、汇聚融合与演化分析等一系列关键技术上取得进展。

1.2 国内外研究现状

1.2.1 多源异构数据融合研究现状

多源异构大数据融合的研究开始于美国，早在 20 世纪中期，美国军队就已经可以对多源传感器所获得的相关信息进行多源数据融合，进一步提高了决策的精确度。数据融合是一个针对多源异构数据信息的加工过程，该过程还包括自动化检测、相关互联以及多级组合等[5, 6]。Greif 在 1998 年将数据融合技术定义成一种通过融合算法以及相关工具方式对多源异构数据信息进行关联分析的形式框架[7]。该框架的意义不仅在于可以获得更加多源优质的数据信息资源，还在于可以有效改善决策的鲁棒性以及可靠性。在应用领域上，数据融合在工业控制领域、医疗识别领域、天气预测领域等相关领域有所应用，并逐渐向更多更广的交叉领域扩展。

为解决多源异构数据中存在的诸多问题，有一些研究成果通过给多源异构数据添加相应的规则，实现多源数据的融合。例如，"线性加权融合"运算、"最大值"运算、"最小值"运算、"求和"运算、"求或"运算以及"投票机制"。相关核心工作成果有如下几个。文献[8]通过$l_{2,1}$正则化项与铰链损失函数相结合对多模态数据进行特征选择,利用l_p正则化项引入不同的和函数学习不同来源数据中的互补信息。文献[9]提出了一种联合判别特征融合框架,该框架通过约束函数,最大化样本间的距离和最小化样本内的距离,实现特征融合。文献[10]提出了一种判别分析方法,主要通过学习多源异构数据之间、数据对之间的线性变化,引入约束条件加强多个线性变换视图的一致性。文献[11]利用线性组合技术对多源异构数据进行特征融合,从得到的融合特征中筛选出贡献率最大的特征,利用遗传算法进行特征加权。文献[12]提出了一种新的特征提取方法,即正态分布的贝叶斯误差和贝叶斯相结合的方法,能够实现特征融合和特征选择。文献[13]提出了一种基于相位一致性和能量加权的融合方法,通过 NSCT(non subsampled contourlet transform,非下采样轮廓波变换)滤波获得不同模态数据中不同频率的特征,其中高频特征通过相位一致性规则进行融合,低频特征通过能量加权进行融合。有的学者利用深度多项式网络[14]给多源异构数据添加线性约束,实现多源异构数据的融合。还有学者提出了一种新的深度学习结构[15],通过不断加权特征信息来实现特征融合。

除了基于规则的方法之外,还可以通过表征学习的方法,将多源异构数据投影到一个公共的子空间中。代表性工作有如下几个。文献[16]通过对多项式网络进行叠加完成数据的融合:第一层多项式网络提取多源异构数据的高层语义特征,第二层多项式用于学习多源异构数据间的相互联系。文献[17]提出在统一的框架下识别和选择出各个模态中有用的特征,通过子空间学习的方法学习数据的内部结构特征。这是一种特征选择和子空间学习相结合的方法。文献[18]提出了一种新的多类型诊断框架,该框架由自动编码器和 softmax 层组成,通过自动编码器网络学习多源异构数据空间共享表示。Huddar 等在双向 LSTM(long-short term memory,长短期记忆)神经网络中加入多个注意力机制,对多源异构数据进行多次融合得到融合信息[19]。一部分学者利用深度学习在高维空间中表示多源异构数据之间的关系,获得多源异构数据的在高维空间中的融合表示,完成分类任务[20, 21]。还有一部分学者通过稀疏表示将多源异构数据映射到统一表示空间[22, 23]。另外有研究者提出了一种基于联合训练框架的方法,并证明了该方法的成功性和适用性[24, 25]。最近,有研究者提出了一种基于典型相关分析的共享隐空间学习方法[26],也存在一些表征学习的框架旨在充分利用多模态不完全异构数据[27, 28]。

虽然我国很重视这方面的发展,但与国际水平相比还有一些差距,为了缩小数据融合在运算精度以及速度方面的差距,还需要再接再厉,促进科技发展与进步。

1.2.2 科技大数据知识图谱的应用

知识图谱(knowledge graph)[29]的主要目的是针对其搜索引擎,通过分析描述真实世界中存在的各种实体以及概念,找到并以图的形式描述这些实体、概念之间的关联关系,从而改善搜索结果,将知识系统化地呈现给用户,提高用户目标搜索结果的命中率。

知识图谱可以显示知识发展进程与结构关系的一系列各种不同的图形,利用可视化技术描述知识资源及其载体,挖掘、分析、构建、绘制和显示知识及它们之间的相互联系。应用知识图谱时,通常是将应用数学、图形学、信息可视化技术、信息科学等学科的理论与方法和计量学引文分析、共现分析等方法结合,并利用可视化的图谱形象地展示学科的核心结构、发展历史、前沿领域以及整体知识架构,达到多学科融合目的。基于上述原因,知识图谱适用于科技大数据的分析研究,其可以实现对知识持续增量的自动获取,具备概念识别、实体发现、属性预测、知识演化建模和关系挖掘能力,可以形成涵盖数十亿实体规模的多源、多学科和多数据类型的跨媒体知识图谱[30]。刘峤等指出科技大数据与传统的数据信息有很大区别,主要原因在于科技大数据内容包括各学科内的记录数据、资料、文献、报告、网络科技报道等科技成果数据,除以上成果类内容之外,还常常包含科技领域中涉及的项目、学术会议、人才、机构、奖项、主题、概念等特色数据,以及研究领域相关的设备、模型、方法等实体及其语义关系的活动数据[31]。

知识图谱被广泛用于语义搜索,即用户搜索次数越多,范围越广,搜索引擎越能获得更多的信息和内容;知识图谱被广泛用于智能问答,运用知识图谱可以融合所有学科,以保证用户搜索时具有连贯性,从而实现智能问答;知识图谱被广泛用于数据挖掘,运用知识图谱可以从整个互联网汲取有用的信息让用户获得更多相关的数据资源;知识图谱被广泛应用于推荐系统,知识图谱可以综合用户特征,把与关键字相关的知识化体系系统化地展示给用户。

在数字图书馆领域,一些大型出版商也已开始以科技文献数据为基础构建知识图谱。例如,Springer Nature 的 SciGraph 一直在尝试从多个方面扩展数据,如学术领域相关的文章、书籍、机构等,又如研究领域相关的资助、临床试验、数据集等,取得了不错的成果。其目标是创建学术领域最先进的关联数据聚合平台,从内部和外部数据仓储中摄取数据,将其转换为整个企业和研究领域可重用的知识[32]。Elsevier 基于类似的学科核心数据和内容资源构建了面向研究、生命科学和医疗健康的知识图谱[33]。Taylor & Francis 开发了知识图谱工具 wizdom.ai,其中了包含出版物、专利、作者、机构、大量事实等元素构成的重要数据,数据总量达 150 TB[34]。清华大学 AMiner 利用信息抽取方法，实现了从海量互联网信息和定向补充的文献资料中，主动抓取相关的研究者详细信息，并提供搜索、学术评估、合作者推荐、审稿人推荐、话题趋势分析等多样化服务，目前 AMiner 中包括 2.3 亿篇论文、1.3 亿位研究人员、800 万个概念、7.5 亿种引文关系[35]。

科技大数据具有大数据的基本特征，因此它有不同类型的来源和数据结构，我们对不同类型的数据一般会采用不同的方法对知识进行抽取。科技大数据可分为三种类型，分别是结构化数据、半结构化数据以及非结构化数据。其中，结构化数据具有较好的组织特性，而半结构化和非结构化的科技数据往往是由异构数据混合组成的，具有多来源和多类型的特征。因此，进行科技大数据的知识抽取，需要建立一个多来源异构数据的集成实体抽取系统。

在相关工作上，文献[36]提出了一个分两步的科技实体抽取策略，首先使用基于查找的抽取方法将半结构化的文献中的片段与已有的数据库比对识别出所有的候选实体，其次通过候选实体的上下文关系让候选实体与已有的实体匹配。文献[37]提出了一种基于规则的方法，从科学出版物的 PDF（portable document format，便携文件格式）文件中根据文本信息抽取布局上的分块实体。除了基于规则匹配的方法，基于机器学习的方法也广泛应用于半结构化数据的科研实体抽取，在文献[38]中，Kovacevic 等基于支持向量机的模型从 PDF 格式的科学论文数据中抽取 8 种类型的科研实体。文献[39]提出了一个基于 Web 的平台 SmartPub，该平台可从不同的科技数据来源[如 DBLP（database systems and logic programming，数据库系统和逻辑编程）和 arXiv 数据库]中提取特定领域的命名实体，同时对于罕见的实体类型，可以在较少的人工监督情况下使用多种命名实体识别方法训练模型并抽取实体。文献[40]提出了一种新颖的无监督的集体推理方法，将实体从非结构化的生物医学文献全文中提取出来，并将其链接到已有的知识库中的实体。文献[41]包含了条件随机场和最大熵方法两种模型，从包含文本文档和外部参考注释的 131 页细菌种类的网页实验数据中抽取生物医学实体。

1.2.3 数据清洗研究现状

在数据挖掘过程中，经汇聚集成的多源异构数据可能存在数据缺失、数据错误、数据不一致等数据质量问题。这些存在数据质量问题的数据被称为脏数据，会对企业挖掘数据潜在价值的过程产生不利的影响。根据数据仓库研究所（The Data Warehousing Institute）的数据，脏数据最终导致美国公司每年损失约 6000 亿美元[42]。在 2011 年，走进数据科学（Towards Data Science）指出，糟糕的数据质量使得美国遭受约 3.1 万亿美元的经济损失[43]。因此，数据清洗是一个不容忽视的环节。

数据清洗是对缺少、损坏或不准确的数据集进行巩固或去除的过程,数据清洗的任务是去除数据集里的问题以及不一致数据,从而使数据的质量有所提高[44]。由于数据仓库中的数据集是面向某一标准主题的数据集合,数据是从多个业务体系中抽取而来的,可能会包括一些历史性的数据,这样就会出现一些数据是错误的、一些数据之间存在冲突的情况,所以数据清洗是非常有必要的。

科技创新大数据的特点是数据来源广泛、数据表数量多。数据表的结构多种多样,包括各类科技数据表以及年鉴数据表,数据表之间的关联关系也比较复杂,所以,针对不同的数据表结构及其关联关系,需要选择相应的数据清洗框架、清洗规则以及清洗算法,实现清洗"脏数据"的目标。数据清洗的主要任务是按照科技大数据标准化处理与应用系统的规定,对不符合规定的数据记录进行过滤,把清洗结果交给相关部门处理,确认是否需要过滤、是否需要进行修改以及调整等,最终对数据记录进行提取。

目前数据清洗的方法主要有基于完整性约束[45,46]、基于规则[47]、基于统计[48]以及基于人机结合[49,50]等几类。基于完整性约束的方法,多用在数据清洗的错误发现阶段,用于检测数据的冲突,而其在数据的修复阶段往往效果不佳,需要人工或者外部数据的介入。基于规则的方法需要引入外部可信的数据源,常见的外部数据源有主数据(master data)、知识库等,来定义出规则的正例和负例,然后对负例的结果按规则修复。基于统计的方法常用在数据分布存在一定规律的情况下,该类方法能将数据清洗问题转化为统计机器学习问题,但需要依赖大量的标注数据。基于人机结合的方法在数据清洗的流程中需要大量的人机交互。这几类方法要完成数据的正确清洗,都需要依赖额外的数据或者知识才能完成。

在中国,数据清洗技术的研究仍然处于初级阶段,虽然在学术期刊或会议上能够看到一些关于数据清洗相关理论的论文或相关报道,但是直接针对中文数据清洗的研究相对较少[51]。大多数学术研究也只是在数据挖掘、数据仓库以及决策支持等方面,对数据清洗进行一些简单的说明,并没有对数据清洗理论进行相对深入的研究。

随着各类信息系统的应用,我国对数据清洗的要求也变得越来越迫切,但是,关于数据清洗的研究主要集中在国外,并且主要集中在国外的英文资料,所以,这类数据清洗的方法不一定适用于使用中文表示的数据资料。在中国信息技术飞速发展的过程当中,数据质量问题依然吸引了人们的注意力,对于数据清洗的钻研也就随之开展,而且获得了一些成果。

值得一提的是,最先认识到数据清洗研究对提高数据质量的重要性的是复旦大学以周傲英教授为首的研究团队,他们对数据清洗进行了深入的研究,包含以下核心研究内容。

1. 可扩展的数据清洗框架[52]

使用术语模型、处理过程描述语言、共享库等概念和技术完成该数据清洗框架模块功用的定制，从而提高了体系的开放性和可扩展性。

2. 相似重复记录检测方法[53]

估计对比数据表中每条数据记录的 N-Gram 值，而后将其当作排序键对全部的数据记录进行排序，再采用一种与应用毫无关联关系的对比算法，评估数据表中每两个数据记录之间的编辑间隔，并判断数据记录是否为相似记录，利用优先队列算法来聚类重复记录。其好处是可以在一定程度上有效解决检测相似重复记录的问题，缺点是如果数据集的数据量较大且问题较多，初步的聚类结果就会大大受损。

3. 重复多语种数据记录归纳检测方法[54]

中文数据库环境能够有效地处理多语种数据记录的初级聚类和记录对比的问题。北京大学的研究小组在整合客户数据的过程中，对客户关系管理中的数据清洗问题进行了研究[55]。在数据清洗方面，东南大学的研究团队所做的研究是数据仓库中数据转换和数据清洗的过程[56]。

1.3 研究目标和内容

1.3.1 研究目标

本书研究数据采集层中的多源异构数据采集和清洗技术、数据存储层中的各类科技资源数据结构分类技术、数据交换层中的高效流转及安全可靠交换机制、服务构件层中的科技服务规则设计与科技服务构件加工，以及服务应用层中的多维度、多场景、多粒度的科技大数据挖掘和分析技术。本书基于神经网络学习模型的科技大数据对齐融合技术，挖掘科技大数据在科技服务方面的时空序列特征，为构建人机融合的数据汇聚与融合提供核心引擎。本书基于特征表示学习的人机融合数据处理方法，依据数据特征表示进行相关性推理从而对原始数据进行有效区分并高效存储。本书研究动态化的数据与服务需求管理、数据分布多样化和数据流动关联化的科技大数据汇聚融合方法，以提升科技大数据的智能汇聚融合效率。

研究科技大数据智能探测与汇聚融合技术，利用大数据结合 AI 技术实现对科技大数据的实时自动监测、自动采集与多类型数据智能汇聚，完成科技大数据智能探测与汇聚融合。研究科技大数据外部特征与内容语义特征关联机制，构建融合知识库、规则模式、隐含狄利克雷分配（latent dirichlet allocation，LDA）模型及有监督的混合数据融合学习算法，形成一套对多源异构知识进行解析、筛选、映射、知识融合、知识对齐的有机关联机制。研究多源异构数据的智能融合处理技术，设计以多粒度知识服务为核心的大数据处理架构与引擎，实现元数据记录层、知识实体层以及知识关系层的智能数据融合，构建面向科技认知的融合数据基础设施，为科技大数据的检索、知识关联推理、科技情报智能分析等奠定高质量、可计算的数据基础。研究符合科技大数据的生命周期的采集和跟踪方法，并构建演化分析模型，实现动态、实时地刻画数据的演进变化过程。

1.3.2 研究内容

1. 科技大数据的云计算分布式存储

研究科技大数据的云计算分布式存储框架构建方法，实现分布式存储中的一致性、可用性、分区容错性等应用需求。研究开放协同的科技大数据服务平台架构，为数据汇聚融合、实体识别及多维度数据分析奠定基础。研究多源科技大数据资源融合的云计算系统平台分布式管理方法，对采集到的海量多源异构科技资源数据进行分布式存储。

2. 科技大数据资源融合系统平台

研究多源异构数据采集和清洗、科技资源数据结构分类、高效流转及安全可靠交换机制以及科技服务规则设计与科技服务构件加工技术。研究基于神经网络学习模型的科技大数据对齐融合技术、基于特征表示学习的人机融合数据处理方法。研究动态化的数据与服务需求管理、数据分布多样化和数据流动关联化的科技大数据汇聚融合方法，提升科技大数据的智能汇聚融合效率。

3. 科技大数据的实体识别与匹配

研究科技大数据实体识别技术，形成科技大数据在多维度上的统一描述。研究语义映射的模糊性问题，建立以模糊度为目标变量的多元逻辑回归模型，构建人工标注数据学习的模糊度。研究科技大数据实体的智能匹配技术，物化大数据摘要到粒度层次的映射，确保科技大数据多粒度映射的语义敏感性。

4. 科技大数据的汇聚融合与演化分析

研究科技大数据智能探测与汇聚融合技术，实现实时自动监测、自动采集与多类型数据智能汇聚。研究科技大数据外部特征与内容语义特征关联机制，形成一套对多源异构知识进行解析、筛选的有机关联机制。研究从元数据记录层、知识实体层以及知识关系层的智能数据融合技术。研究符合科技大数据的生命周期采集和跟踪方法，实现动态、实时地刻画数据的演进变化过程。

5. 科技大数据的数据交换、可信确权、追踪保护与生命周期管理

研究跨平台、跨系统、跨业务、跨场景的大数据共享交换机制技术，实现多源异构业务数据的无缝接入等。研究数据可信确权与追踪保护和科技大数据的生命周期划分及管理方法，实现跨时空、跨系统、跨平台数据的动态生命周期划分、生命周期的数据侵权监控与实时侵权取证。

1.4 研究创新和预期效益

1.4.1 研究创新

本书围绕科技大数据价值评估的难题，综合考虑数据、信息、知识的集层式增值建模方法，形成科技大数据价值链的全过程刻画，构建基于特征选择和人机协同的第三方价值评估指标体系，通过构建交易机制与盈利模式、定价策略及价值分摊模型，为科技大数据交易与服务进行协同设计、构建科技大数据价值链、探索发展商业服务模式，提供坚实的理论基础与支撑。本书的主要创新点总结如下。

（1）提出基于特征组合的实体识别方法，通过知识推理、迁移学习与分布式动态预测，实现多源异构科技大数据实体匹配、模式管理、知识融合与演化分析，突破传统的基于知识库与边界距离计算进行相似匹配导致的数据遗漏量大的局限。

（2）提出基于知识库、规则模式、LDA 模型以及神经网络模型构建有监督的混合数据汇聚融合算法模型，采用人机融合的数据汇聚融合服务架构，识别科技大数据中的实体应用分词和词性标注，并基于科技大数据的时空深度特征进行实体识别，建立科技大数据与学科及领域的实体关系图谱，实现跨领域跨学科的科技大数据的汇聚融合。

（3）提出符合科技大数据的生命周期采集和跟踪方法，并构建演化分析模型，实现动态、实时地刻画数据的演进变化过程。提出科技大数据的安全可信保护策略，以及跨领域大数据交互管控方法和云安全科技大数据服务确权追踪方法，实现科技服务实时可检测，保证大数据边界访问控制与安全可控，通过科技大数据跨领域服务的多级封装，实现数据的安全统一验证，最终形成支持数据交换、可信确权与追踪保护的科技大数据服务平台。

1.4.2 预期效益

本书围绕开放协同的科技大数据服务平台构建与数据资源融合亟待解决的关键问题，在科技大数据分布式存储、实体识别和匹配、汇聚融合与演化分析等方面开展体系化理论研究，解决了科技大数据主题融合度低、时空分布不一致的问题，提出了以云计算分布式存储和多粒度知识服务为核心的科技大数据处理方法，实现了科技大数据的生命周期管理，提高了科技衍生数据的利用价值，为科技服务产品创新、科技大数据价值链构建、科技创新生态打造等场景的大数据分析与精准服务提供坚实的理论基础与支撑。

本书将突破跨媒体跨领域科技大数据的实体识别、汇聚融合与演化分析技术，形成科技大数据资源融合系统，获得发明专利或登记软件著作权等具有自主知识产权的系列成果，提升我国科技服务业对科技创新和数字经济发展的支撑能力，具有显著技术价值。本书的研究成果主要服务于互联网企业和中小微企业的技术协同创新，同时为科技知识查询、产学研用协同和国家科技战略咨询提供理论方法和技术支撑，提升科技成果的转化率。

第 2 章　多源异构科技大数据资源体系建设与应用场景

本章阐述科技大数据的概念定义、内容和特征，分别设计科技数据表示模型、存储模型以及面向不同应用场景的知识图谱模型。在此基础上，分别设计基于微服务架构的科技数据服务体系、基于科技大数据的智能知识服务以及基于数据分析平台的数据服务体系，为面向开放协同的科技大数据汇聚融合和演化分析工作提供基础。

2.1　科技大数据的概念定义

科技大数据不同于传统期刊论文数据，也不同于一般意义上的网络及行业大数据，其是面向现代科技服务业需求的多源异构的多模态数据与知识，包括科技信息数据、产业数据、专业领域数据、特色主题数据、开源网络数据、用户行为数据、知识组织数据及科技创新主体数据，可以用于满足我国科研机构、政府以及企业对"管理、研究、决策、创新与服务"的重大迫切发展需求，构建集"知识获取、人才发现、技术识别、成果转化、产业咨询、决策支持"于一体的开放数据新生态体系。

2.1.1　科技大数据内容与知识分类

基于科技大数据的总体概念定义，科技大数据主要包括六大维度的数据，如图 2.1 所示。科技大数据的内容具体阐述如下。

（1）科技主体数据：包括研究学者、科研机构、科研团队、资助机构、学术微信号以及出版平台等。

（2）科研活动数据：包括科研项目、学术会议、科技政策、法律法规、指南规范、社交活动、微信推文、科技大赛等。

（3）科研成果数据：包括论文、专利、研究报告、标准规范、软件著作、专著、科技成果等。

（4）科研装置数据：包括大科学装置、仪器设备及耗材制剂等。

（5）科学数据：包括大科学原始数据、研究过程数据、规范化科学数据以及基于文献抽取的细粒度数据等。

（6）产业数据：包括公司企业数据、创新园区数据、投资融资数据、交易数据、营销数据、产品品牌数据、劳动力数据以及生产率数据等。

科技大数据知识分类，主要从科技知识实体与知识关系方面进行梳理。

科技主体数据	科研活动数据	科研成果数据	科研装置数据	科学数据	产业数据
• 研究学者 • 科研机构 • 科研团队 • 资助机构 • 学术微信 • 出版平台 ……	• 科研项目 • 学术会议 • 科技政策 • 法律法规 • 指南规范 • 社交活动 • 微信推文 • 科技大赛 ……	• 论文 • 专利 • 研究报告 • 标准规范 • 软件著作 • 专著 • 科技成果 ……	• 大科学装置 • 仪器设备 • 耗材制剂 ……	• 大科学原始数据 • 研究过程数据 • 规范化科学数据 • 基于文献抽取的细粒度数据 ……	• 公司企业数据 • 创新园区数据 • 投资融资数据 • 交易数据 • 营销数据 • 产品品牌数据 • 劳动力数据 • 生产率数据 ……
知识分类	①科技知识实体：可分为通用知识实体与科研知识实体，通用知识实体包括机构、人员、地点、时间等，而科研知识实体包括面向领域的知识，如技术、方法、模型、结论、结果、药物、药方等； ②知识关系：从科学计量的合作、引证、共现、共著等到语义关联的语义关系，知识关系更多是在垂直领域的纵向知识关联计算与关系的表示及表达					

图 2.1 科技大数据内容与知识分类架构

2.1.2 科技大数据载体与结构特征

科技大数据与其他行业大数据在载体及结构特征上基本一致，同样具备异质异构的多模态特征，在此基础上结合科技大数据的表象特征，对科技大数据的载体与结构进行划分，包括科技文献结构化的规范文档，开放网络的新闻报道、舆论、图片、视频数据，经过转换的增值企业、金融、投融资与市场数据，大科学装置实验产生的科学数据，行业领域内经过专家智慧总结的具有推理验证的知识。不同应用领域的科技大数据通过不同载体和结构，记录不同模态和特征的信息和知识，并经过数据分析和挖掘，在不同阶段产生不同的数据价值。科技大数据为各个领域提供面向科研的知识发现服务，面向科技的创新发展的决策支持服务，面向产业发展、技术创新的全价值链的竞争情报服务。

其中，在科技大数据内容结构方面分为结构化、半结构化和非结构化三种：结构化的科技大数据具有事先组织好的格式，一般由关系型数据库进行表示和存储，表现为二维形式的数据，一行数据表示一个实体的信息，每一行数据的属性都是相同的，这类数据之间存在明确的关系名称和关系类型，因此用基于规则的方法即可对其进行处理。半结构化的科技大数据是结构化数据的一种形式,不同之处在于其为自描述的结构,一般具有基本的结构框架,但是具体的内容形式会因为数据来源的不同而相异,典型地如 Web 集群、电子邮件数据等,半结构化数据种类繁多,缺少固定的模式,因此需要针对不同类别设计不同的处理方式。非结构化的科技大数据结构不规范或不完整,没有预定的数据模型,计算机难以将其标准化,如文本数据、影像数据等,因此需要采用机器学习、深度学习等智能化的方法对其进行分析处理。

2.2 科技大数据模型框架设计

科技大数据模型是从全生命周期角度把科技大数据生态科学合理管理起来,依托科技大数据知识服务生态体系,利用工业级验证的、开放成熟的大数据技术工具,搭建支撑科技大数据采集、分布式存储、分布式计算以及高性能服务的基础支撑平台,涵盖"采、治、存、查、智"完整闭环流程,让生产者、数据加工与组织者以及消费者等多角色主体参与进来,在平台服务中建设数据资源,建立嵌入科研过程的数据服务生态,创建科技大数据资源建设的新模式,在科技大数据数据流的驱动与技术平台的支撑下,稳定、高效、协同释放科技大数据价值,保障数据安全与数据计算以及服务效率。下面主要从数据表示模型设计、数据存储模型设计与知识图谱模型设计三大方面进行介绍。

2.2.1 数据表示模型设计

科技大数据的内容与知识分类需要对科技大数据的六大维度进行元数据模型设计与结构化描述,从而建立科技大数据的主数据模型以及细粒度的业务数据模型。本章参考国家信息标准组织(National Information Standards Organization,NISO)、Journal Article of Tag Suite、都柏林核心元素集、Web of Science 的数据模型以及国家科技图书文献中心(National Science and Technology Library,NSTL)发布的 NSTL 统一文献元数据标准 3.0.1(测试版)等国内外核心标准规范,同时根据现代科技服务业务对科技大数据的需求,通过元素和属性的灵活组合来描述多样化、多层次的资源,形成不同的资源类型和实体的数据字段模型,覆盖元数据内容、辅助字段内容,每个模型的数据管理增加了更新时间、处理人并标注来源,支持精确检索、模糊检索和排序等,进而综合设计了科技大数据的数据表示模型,由于类型较多,本章主要介绍文献类型、产业类型、实体类型与实体关系类型四大类型的数据表示模型。

(1)文献类型的数据表示模型,主要包括包含来源、单篇文献、主题/分类/

关键词、贡献者/机构、会议、基金、操作信息、获取管理、全文文件、图、表、附加资料、参考文献、检索辅助字段等共计 568 个字段。另外，文献资源数据字段同样适用于专利、报告、标准等类型数据。

（2）产业类型的数据表示模型，以公司企业为例，主要包括统一纳税人识别号、企业名称、企业所在区域、企业简介、英文名称、组织机构代码、注册号、经营状态、所属领域、成立日期、公司类型、营业期限-开始、营业期限-结束、法定代表人、核准日期、注册资本、登记机关、经营范围、高管人数、雇员人数、律师事务所、会计事务所、联系电话、企业邮箱、企业网址、传真、企业注册地址、企业规模、企业地址编码、企业性质、企业商标等共计 300 个字段。

（3）实体类型的数据表示模型，以三大重要创新实体为例，即学者实体主要包含贡献者全名、贡献者名、贡献者姓、贡献者类型、个人简介、贡献者荣誉、研究方向、专业、学位、国家、州或省、城市、电子邮箱、外部链接、贡献者机构、地址信息描述、来源、UUID（universally unique identifier，通用唯一识别码）等共计 142 个字段；机构实体主要包含贡献者机构、贡献者机构链接、贡献者机构介绍、贡献者机构缩写、国家、州或省、城市、二级机构名称、国家代码、地址信息描述、来源、UUID 等共计 111 个字段；基金/项目主要包含基金项目名称、基金项目名称缩写、基金项目类型、基金项目申请摘要、基金项目关键词、基金项目简介、基金项目日期、基金项目资助机构、基金项目资助机构地址、资助说明、资助金额、资助金额货币类型、基金项目结语、来源、UUID 等共计 120 个字段。

（4）实体关系类型的数据表示模型，主要包含主体实体索引名、主体实体唯一标识符、客体实体索引名、客体实体唯一标识符、关系取值、关系类型唯一标识符、日期、合作作者数量、UUID 等共计 18 个字段。

2.2.2　数据存储模型设计

根据科技大数据在整个科技服务全价值链所具有的多模态特征，以及存储与计算的技术架构设计，数据存储模型可分为非结构化文件数据存储、支持大规模计算的数据存储、结构化分布式存储与关系型业务数据存储四大类型，具体如下所述。

1. 非结构化文件数据存储

此类数据主要存储原始采集、接收的文件文档型数据，一方面保障数据解析，另一方面保障数据溯源，为数据安全提供保障，非结构化数据存储模型基于

Hadoop 大数据存储生态进行提供。其中基于 HDFS（Hadoop distributed file system，Hadoop 分布式文件系统）与 FastDFS（fast distributed file system，轻量级分布式文件系统）分别识别对大文件及小文件的分布式存储，在存储容量扩容以及数据安全方面提供了较好的技术方案。

2. 支持大规模计算的数据存储

此类数据主要是在 Hadoop 文件数据中进行数据提取、转化与存储的数据，基于 Hive 数据仓库工具进行存储，可以有效存储、查询和分析存储在 Hadoop 中的大规模数据。Hive 数据仓库工具能将结构化的数据文件映射为一张数据库表，并提供 SQL（structured query language，结构化查询语言）查询功能，能将 SQL 语句转变成 MapReduce 任务来执行。Hive 的优点是学习成本低，可以通过类似 SQL 语句实现快速 MapReduce 统计，使 MapReduce 变得更加简单，而不必开发专门的 MapReduce 应用程序，而且 Hive 十分适合对数据仓库进行统计分析。

3. 结构化分布式存储

此类数据主要由 Elastic Search 数据存储模型来实现，Elastic Search 是一个分布式、高扩展、高实时的搜索与数据分析引擎，其基于 Lucene 实现全文搜索，并提供了一个分布式多用户能力的全文搜索引擎，基于 RESTful Web 接口提供数据服务，而且 Elastic Search 用于云计算中，能够做到实时搜索，稳定、可靠、快速、安装使用方便。

4. 关系型业务数据存储

此类数据主要由 MySQL 或 SQL Server 数据存储模型来实现，解决类似用户信息、权限、功能配置等基础业务类数据的统一存储，既方便管理，又可以快速与其他存储模型实现数据的更新与关联。

2.2.3 知识图谱模型设计

现阶段，基于科技大数据的部分数据内容进行知识图谱设计，构建了学术知识图谱 1.0 版本。其中，知识实体包括论文、专利、科技资讯、图书专著、学术期刊、学术会议、科技项目、标准规范、研究学者、科研机构等。知识实体之间的关联关系包括贡献关系、隶属关系、资助关系、举办关系、发表关系、收录关系、共著关系等。学术知识图谱的实体和模型如图 2.2 所示。

(a) 学术知识图谱实体

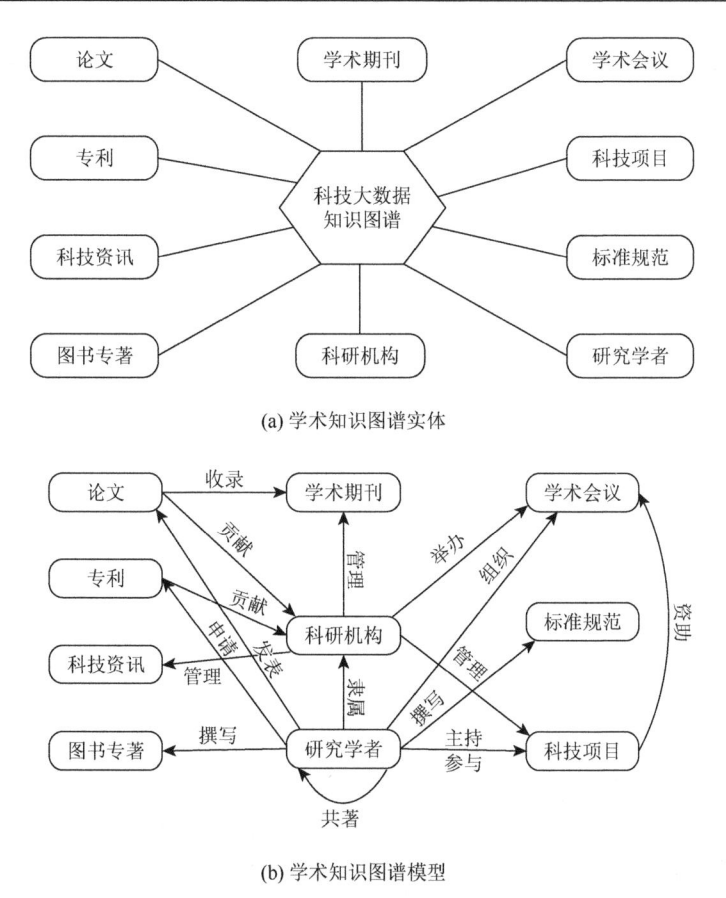

(b) 学术知识图谱模型

图 2.2　学术知识图谱的实体和模型

2.3　科技大数据资源体系建设

AI 和大数据已经成为影响社会各个领域的通用技术,正在颠覆和改变它所触及的每一个行业。同样,它们也以一种全新的模式推动了科学研究的突破,并为知识服务提供了一种全新范式,同时也激发出面向现代科技服务业的智慧知识服务的强烈需求,即围绕智慧知识服务场景,实现现有工作模式的变革升级,如"数据智能清洗""信息智能加工""知识智能生成""决策智能制定",使科技情报工作能够快速洞悉变化、凝练问题、聚焦目标、形成解决方案,极大地弥补了人类智能上的不足,增强了人们应对复杂问题与任务的能力。

面对上述大的发展背景与需求,科技大数据资源体系如何建设至关重要,因为扎实的数据基础是第一要素,可靠的数据流程、便捷的数据工具也是 AI 应用的关键,高质量的海量数据是 AI 应用成功的关键。艾瑞咨询在《2020 年中国 AI 基础数据服务行业研究报告》中指出："目前人工智能商业化在算力、算法和技术方面基本达到阶段性成熟，想要更加落地，解决行业具体痛点，需要大量经过标注处理的相关数据做算法训练支撑。"

2.3.1 科技大数据建设主体思路

1. 科技大数据顶层设计

科技大数据中心的建设是一个有计划、有步骤的协作共建过程，从全生命周期角度把科技大数据生态科学合理管理起来，让生产者、数据加工与组织者以及消费者等多角色用户参与进来，同时面向科技服务的全价值链设计建设，以分布式大数据中心模式构建，从而协同推动数据化、平台化、知识化、普适化和智能化的科技情报智能服务平台研发。科技大数据顶层设计方案如图2.3所示。

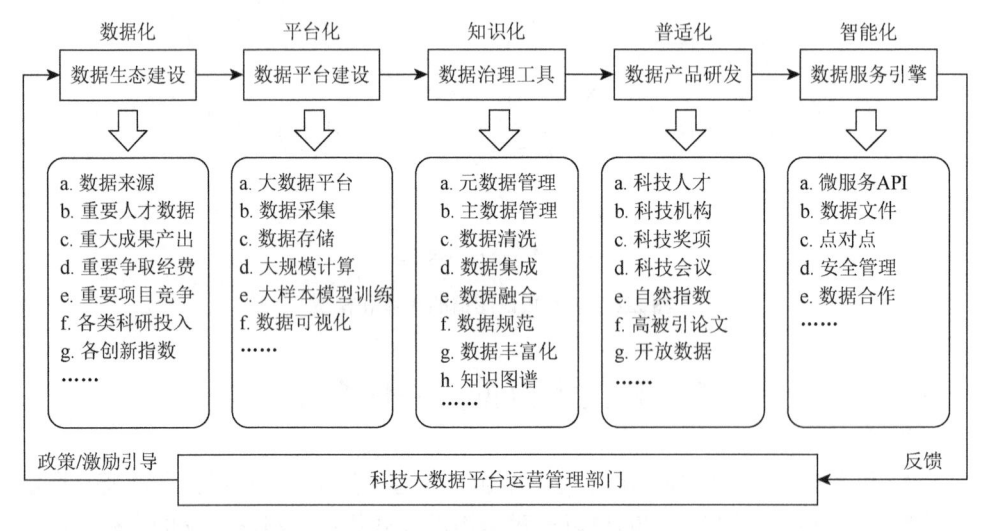

图 2.3 科技大数据顶层设计方案

API（application program interface，应用程序接口）

科技大数据中心的顶层设计体系主要包括五大部分。

（1）数据生态建设：实现业务工作数据化。面向领域学科分类体系、产业行业方向，充分引入领域科学家与情报专家，梳理与构建权威、全面、可获取的数据源，并制订具有针对性的数据源评估与遴选方案，建立起覆盖多类型、多渠道、多用户的"文献+资讯+专业数据集+科研实体"的数据生态，实现业务工作数据化。

（2）数据平台建设：实现建设模式平台化。实现数据生态中的数据资源采集、数据存储、数据计算与数据管理的平台化运营，达到高效、及时与协作建设的目的。

（3）数据治理工具：实现数据知识化。将多源异构数据按照统一表征汇聚、融合与计算，实现数据增值，包括元数据管理、主数据管理、数据融合、数据清洗、数据规范、知识抽取、关系抽取以及知识图谱构建等。

（4）数据产品研发：实现数据价值释放普适化。数据产品就是将数据、模型以及业务分析逻辑嵌入到服务平台中，以自动化、精准化与智能化的方式发挥数据价值，同时更具普适性，让科技大众都能享受数据价值。

（5）数据服务引擎：实现数据利用智能化。面向不同类型的用户及应用场景，研发大数据微服务引擎，为个性化用户及服务平台提供智能数据交换服务。

2. 科技大数据服务生态建设

科技大数据资源体系以分析好数据类型、做好数据管理、保障数据治理及提供数据服务的主体思路，采用自下至上与自上至下相结合的混合方式，构建科技大数据资源体系建设新模式，其中自下至上是从数据资源入手建设，实现数据积累，自上至下是从服务入手，以服务换取数据，最终共同建设出一个嵌入科研过程的数据服务生态。科技大数据服务生态建设方案如图 2.4 所示。

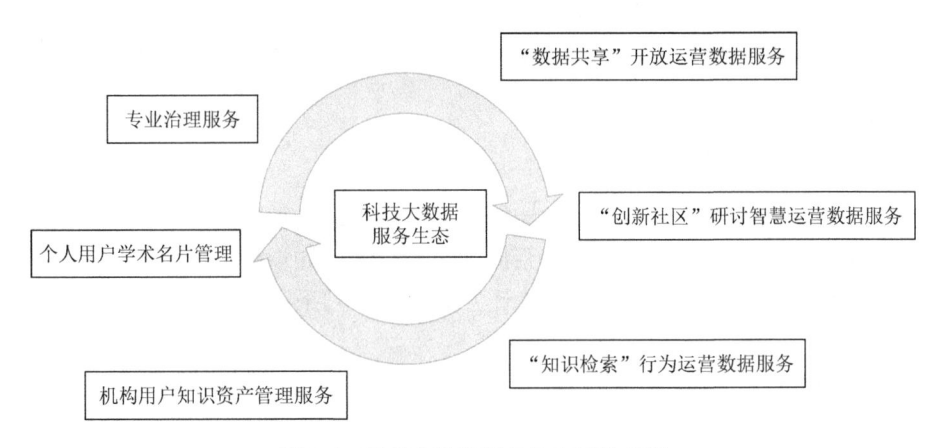

图 2.4 科技大数据服务生态建设方案

2.3.2 科技大数据资源体系层次设计

面向上述科技大数据服务需求，基于业务数据化、数据业务化与业务智能化的总体发展目标，本书将科技大数据资源体系建设分为四层架构，自低至高分为科技大数据基础原始数据（底层数据）、数据治理规范基础数据（质量控制基础数据）、融合集成高质量数据（应用数据）和学术知识图谱数据（科技知识计算增值数据）。

1. 科技大数据基础原始数据

科技大数据基础原始数据主要包括商业出版社资源、开放获取资源、中国科学院体系资源、网络采集资源、相关机构交互资源、科技活动数据、社交媒体数据等，类型从论文、专利到科技资讯以及研究学者、科研机构等规范数据，为后续的数据清洗、计算与利用提供原始素材。

2. 数据治理规范基础数据

数据治理规范基础数据主要用于数据质量控制的知识库数据，如机构名称规范库、学者名称规范库、期刊名录规范库、基金项目规范库、数据治理规则库、术语词表以及知识概念等，一方面可以支撑数据清洗与融合关联，另一方面可以增强数据分析效果。

3. 融合集成高质量数据

融合集成高质量数据主要指多源异构数据基于规范库及规则库，从记录层面、字段层面以及实体消歧层面进行去重、补充与融合，最终形成一个高质量数据，其支持数据检索发现与知识挖掘计算以及情报分析等，以提供更好的数据服务。

4. 学术知识图谱数据

学术知识图谱数据即科技知识计算增值数据，通过抽取、挖掘、计算而获得的学术知识图谱数据，以实体与关系提供知识检索、知识推理以及知识演化等科技服务。科技大数据资源体系层次设计方案如图 2.5 所示。

2.3.3 科技大数据采集与获取

以科技大数据采集与获取为基础，实现科技大数据的数据资产建设与管理，灵活进行数据挖掘、知识重组以及数据服务。其中，较为常见的数据采集与获取方法有如下九种。

（1）购买第三方数据：通过购买科技大数据元数据或全文数据，以本地化存储的方式，进行数据解析、结构化保存，以供后续的数据分析及知识挖掘使用，也可以通过购买第三方数据服务 API，实现实时数据检索，方便快捷，但使用功能受限。

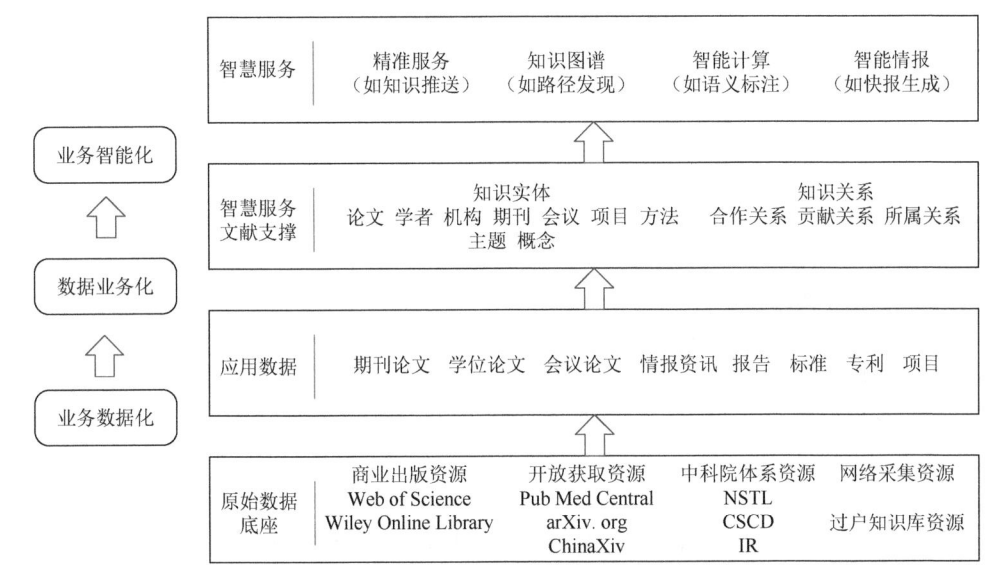

图 2.5 科技大数据资源体系层次设计方案

CSCD（Chinese Science Citation Database，中国科学引文数据库）；IR（Institutional Repository，机构知识库）

（2）出版社或合作单位免费提供：大多数出版社会为订购用户免费提供文献元数据[如 FTP（file transfer protocol，文件传送协议）方式]，一些出版商或集成商也会将文献全文或者摘要以提供存储库存款的简单 Web 服务（simple web-service offering repository deposit，SWORD）的内存屏障——缓存一致性协议方式推送到机构知识库中，也可以通过数字资源长期保存机制，实现本地存储。例如，文章一旦在 BioMed Central 正式出版就通过 SWORD 输入机构仓储库，这个过程避免了著者多次重复提交自己的文章到不同数据库中的过程。同样的，科学信息研究所-科学网（Institute for Scientific Information-Web of Science，ISI-WOS）也支持通过 SWORD 协议将机构的篇名文摘信息传送到指定的仓储库。

（3）网络爬虫采集：当前网络上有多学科多领域高价值、鲜活度高的数据信息，如网站发布的研究报告、科技动态等，但这些网站不提供标准的接口，这时就需要通过网络爬虫技术来抓取有用的网页信息或文件，如定向页面抓取、指定主题抓取、通过 RSS（really simple syndication，简易信息聚合）协议抓取、全站抓取等。例如，本地服务器云采集[模仿人操作，但爬取速度要控制。同时在多个 IP（internet protocol，网际协议）间进行转换]，部署代理服务器采集（可以借助阿里云服务器，在境外部署数据采集点，主要针对境外不能访问的站点信息）。

（4）开放获取资源的下载与收割：随着开放获取运动的不断开展，开放获取资源越来越多。2015 年，开放获取期刊数量超过 1.2 万种，PubMed Central 存储的开放论文超过 370 万篇，Dryad 包括 10 274 个数据包、32 979 个数据文件。一般开放获取资源的提供者都会发布免费的数据包或提供 OAI（open archives initiative，开放档案计划）协议，大多数开放获取资源都遵循 CC-BY（creative commons-by，知识共享-署名）协议，任何人都可以免费试用。而数据集的获取，Pub Med 开放获取数据集可用通过 FTP 方式下载，DOAJ（Directory of Open Access Journals，开放存取期刊目录）数据集可以通过 OAI 协议进行收割。

（5）开放关联数据的免费获取：目前，互联网上存在很多链接开放数据，提供免费的数据包（如维基数据、DBLP、Nature 等）或 SPARQL 查询等。例如，维基数据的数据获取可分为两类，即单条或多条数据的获取及数据转储。其中单条或多条数据的获取可以通过关联数据接口、Media Wiki API、维基数据查询（Wikidata query，WDQ）、SPARQL 查询四种方式。

（6）通过接口实时访问：基于互联网的应用正变得越来越普及，在这个过程中，有更多的站点将自身的资源通过 API 开放给开发者来调用，如 Crossref 提供 API 查询接口，可以通过多种检索字段查询元数据。

（7）众包模式：众包模式是把传统上由机构或企业内部员工承担的工作，通过互联网以自由自愿的形式转交给机构或企业外部的大众群体来完成的一种组织模式。在这一过程中，机构或企业只需要为贡献者支付少量报酬，而有时这种贡献甚至完全免费。例如，维基百科、YouTube 这样的 UGC（user generated content，用户生成内容）网站就采用了众包方式。

（8）日志数据获取：日志数据主要是用户的访问和行为数据，来自多种数据源，如不同终端[Web、App（application，应用程序）、桌面软件]用户日志、后端系统日志（web server log）、业务数据等。日志文件需要从各个服务系统中 Log 文件获取，如果日志文件遵循 COUNTER 标准，也可以采用 OAI 方式获取。

（9）社交媒体数据的获取：社交媒体发展迅速，随着用户的增加其数量呈现出不断上涨的趋势。社交媒体数据主要通过其提供的 API（如 Altmetric、Mendeley）访问或通过网络爬虫（如微信公众号）方式获取题目、作者、正文、发布时间及用户评论、转发或转载数量等信息点。例如，以免费 API 的方式，搜集文章和数据集的 Altmetric 数据，实时监测用户所关注研究领域的发展动态。

2.3.4 科技大数据治理

1. 科技大数据规范化治理流程

科技大数据资源体系是对多源异构的科技大数据进行数据采集、融合、管理与治理，对知识资源进行从无到有、从杂乱无章到井然有序、从资源点线到资源网络的进一步治理，利用治理后的知识资源对用户展开服务，收集用户层基于系统、数据、服务产生的反馈，继续通过平台重要节点更新知识资源数据和服务，从而构成从数据到用户的服务闭环，从多个维度扩展和丰富大数据资源体系，实现增值化服务，让知识资源真正地被利用，以支持基于科技大数据的智慧知识服务的研发与服务。根据上述治理思路，结合科技大数据生态全生命周期的管理要求，本书中的科技大数据汇聚融合与演化分析系统重塑了覆盖数据生态全生命周期的精细化数据治理流程，形成了包括数据源登记、数据收割、数据仓库、集成融汇、知识图谱构建、微服务六个主要阶段的标准化过程，嵌入了基于大数据、机器学习、知识挖掘等技术开发的多种智能化治理功能模块，实现了数据的精细化治理。科技大数据规范化治理流程如图 2.6 所示。

（1）数据源登记：数据源登记是落实数据源的甄选、接入方式、商务合作形式等基础信息。

（2）数据收割：数据收割是根据数据源的释放方式进行对应的获取处理。目前主要的获取方式包括：OAI 接口访问、数据库直连访问、FTP 文件服务、存储介质手动获取。每类数据都有匹配的配置模板，各数据源配置好目标字段在各个来源中的路径，便能进行新数据源的抽取，大大提升了接收效率。

（3）数据仓库：数据仓库是基于 Hive 数据仓库的外表式存储。通过分布式 MapReduce 进行 ETL（extract transform load，抽取、转换、加载）并将计算后的结构化数据存储在数据仓库中。数据存储是后续计算的数据基础。

（4）集成融汇：集成融汇是对解析后的结构化数据进行去重和字符互补，并进行必要的信息转换和填充，具体主要从数据唯一识别［如 ORCID（open researcher and contributor identity document，开放研究者与贡献者身份识别码）］、数据记录滤重［如 MD5（message-digest algorithm 5，信息摘要算法 5）码］、字段映射与互补［如 JATS（the journal archive and interchange tag set）、都柏林核心元素集］、重名区分（如利用规范文档）、别名识别（如利用规范文档）以及异构数据加权等多个方面操作。例如，论文的融汇规则是以"标题＋期刊＋年份"作为唯一识别法。专利则采用专利号、申请号。采集数据则采用 URL（uniform resource locater，统一资源定位地址）的 MD5 码。资源汇聚模块采用多级规则模式进行处理，面向大批量数据融汇更能体现其高效性。

（5）知识图谱构建：知识图谱构建包括数据丰富化、实体抽取、关系构建三个子过程。数据丰富化是为了提高实体识别的准确率，主要通过爬虫采集、定向加工、多源择优对比等手段完成数据丰富化处理。实体抽取主要是基于源数据进行处理，按照实体定义，通过抽取与分裂，构建实体对象。目前通过抽取得到的实体有学者、机构、期刊、科研主题、会议、基金项目六大类。关系构建是知识图谱的重要环节，在完成文献中实体分离后，保留实体之间的关系，并通过对关系数据的统计分析完成权重计算，固化实体间关系的权重值。

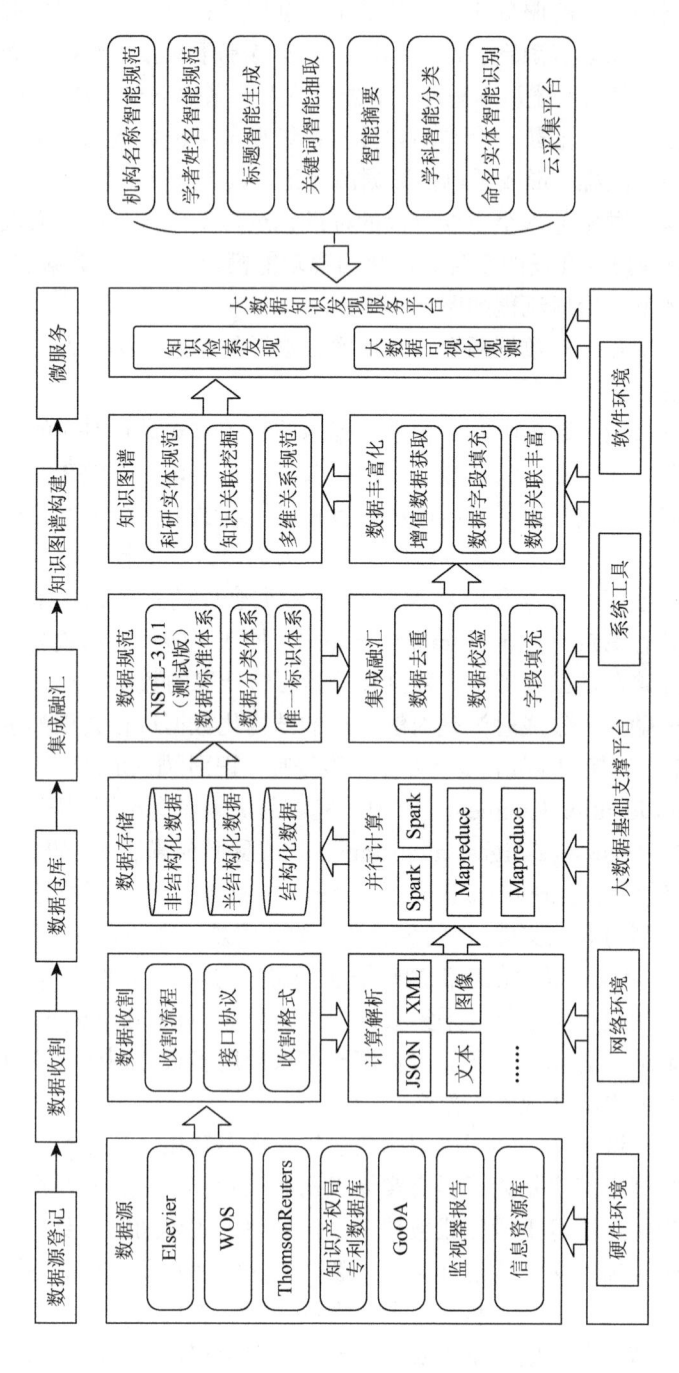

图 2.6 科技大数据规范化治理流程

（6）微服务：科技文献大数据体系通过 Restful API 提供数据获取服务。目前采用的分布式技术，具有弹性扩展性、热注册、高性能、防爬虫等优点。

2. 多重质量控制机制

采用多重质量控制机制，构建符合科技文献大数据体系的质量控制和数据管理流程，通过刻画数据特征，进行标准化、监控和校验，切实改善数据质量和可靠性。

（1）统一元数据标准：科技文献大数据体系基于 NSTL 统一文献元数据标准 3.0.1（测试版），元数据共包含 13 个元素集：来源、单篇文献、主题/分类/关键词、贡献者/机构、会议、基金、操作信息、获取管理、全文文件、图、表、附加资料和参考文献元素集。

（2）规范库建设：整合汇集来自不同机构和项目的规范库数据，目前形成机构规范库、人名库、期刊库、基金项目库共 4 种实体规范库。

（3）精细化的数据清洗规则：针对具体资源和资源特定属性的质量控制，如来源国家/地区、城市、机构名称、期刊名称、出版年、数据类型字段、学科分类信息、学者姓名、关键词等字段进行规范。

（4）可重复的数据清洗过程：这一过程提供了可重复的清洗流程，保障了数据在各个阶段的重复可操作，循环提升了数据质量。

（5）融入专家智慧的数据加工工具与工作机制：主要通过数据管理加工系统实现对机构、学者、期刊、主题词等进行深加工，同时由专业人员参与以确保数据质量有效控制的工作机制。

2.3.5 学术知识图谱建设

知识图谱是一种用于描述概念和实体及其语义关系所构成的大型知识库，通常使用资源描述框架（resource description framework，RDF）、RDF 模式语言（RDF schema，RDFS）、网络本体语言等网络知识表达语言来描述的。学术知识图谱主要基于科技大数据，面向现代科技服务业领域的需求场景，进行精细化知识提取与知识组织的知识库。学术知识图谱对深度学习、语义理解、语义搜索、智能问答、数据分析、自然语言处理、视觉理解等前沿技术领域的发展具有重要贡献意义。

学术知识图谱建设的主体思路是以数据汇聚（多来源、多类型的海量数据，按照统一表征的元数据模型进行汇聚与集成融汇）、计算抽取（从数据规范、知识抽取与知识关联等维度进行计算，实现数据增值）和知识组织（以以结构化与语义化进行组织构建的知识图谱为核心引擎，支持领域、数据、人才、项目、专利、机构、成果以及技术方法等知识的快速发现与定位）三大技术体系为基础，构建科技大数据知识图谱，实现科技大数据资源体系的增值。学术知识图谱架构如图 2.7 所示。

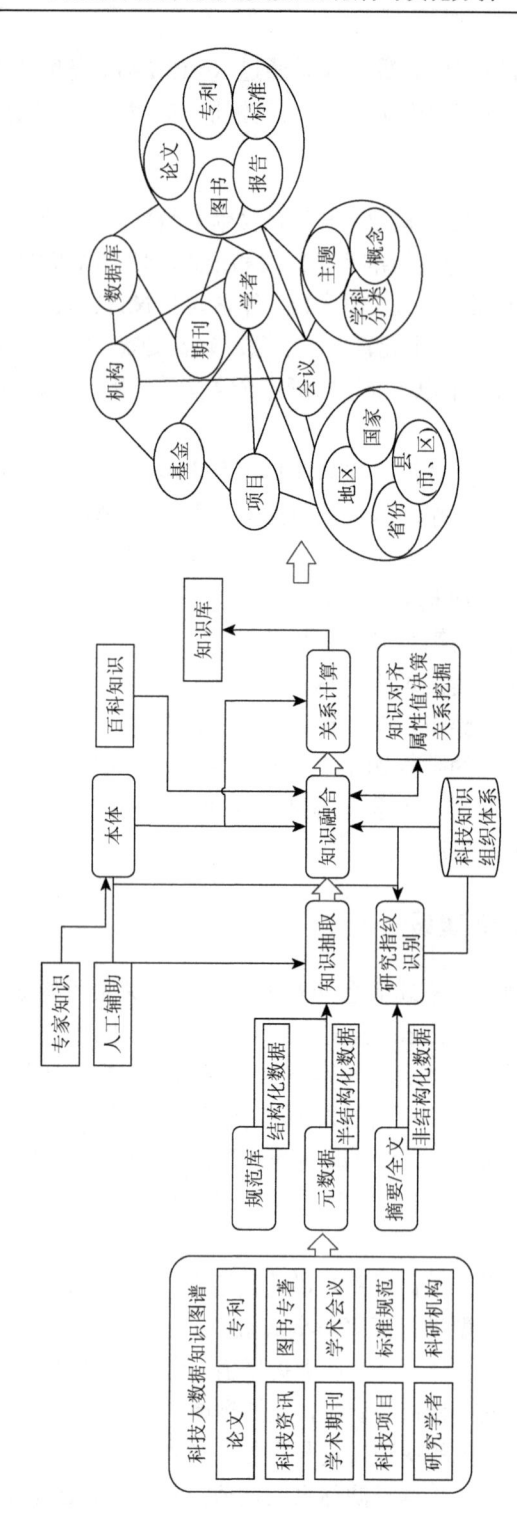

图 2.7 学术知识图谱架构

1. 科技大数据资源整合

制定一套数据描述标准和存储规范,对期刊论文、学位论文、会议论文、科技报告、专利、基金项目等科技大数据进行资源汇聚和整合。

2. 学术知识图谱知识实体抽取

科技文献情报资源作为科学产出,蕴含着丰富的科技知识,是科技大数据知识图谱构建的基本数据资源。可以从科技文献情报资源中的科技文献元数据和外部资源分别抽取数据实体,以构建学术知识图谱。一是从科技文献元数据中提取结构化数据,生成不同类型的实体,获得实体的属性值。科技文献数据的知识实体抽取示例如图 2.8 所示。将一篇期刊论文作为一个实体,并提取标题、作者、机构、摘要、关键词、出版卷期等属性信息,每个论文作者新建为研究学者,具有属性信息如邮箱、机构地址等,按照同样的方法提取机构实体、期刊实体等,并建立期刊论文与期刊之间的来源关系、与研究学者之间的贡献关系,研究学者与机构之间的所属关系等。二是从外部资源如维基百科的 infobox 和百度百科的属性表格、机构网站、个人主页等半结构化网页中解析更为丰富的属性信息,对实体属性和关系进行补充,针对各垂直站点分别制定规则生成包装器(或称为模板),并根据包装器提取属性信息。例如,从某研究学者个人主页中获取出生年月、国籍、教育背景、研究领域、联系方式等。三是利用自然语言处理技术从非结构化文本中提取实体或概念如任务、方法、指标、工具等,发现实体之间的语义关系并建立实体与论文实体之间的关联。

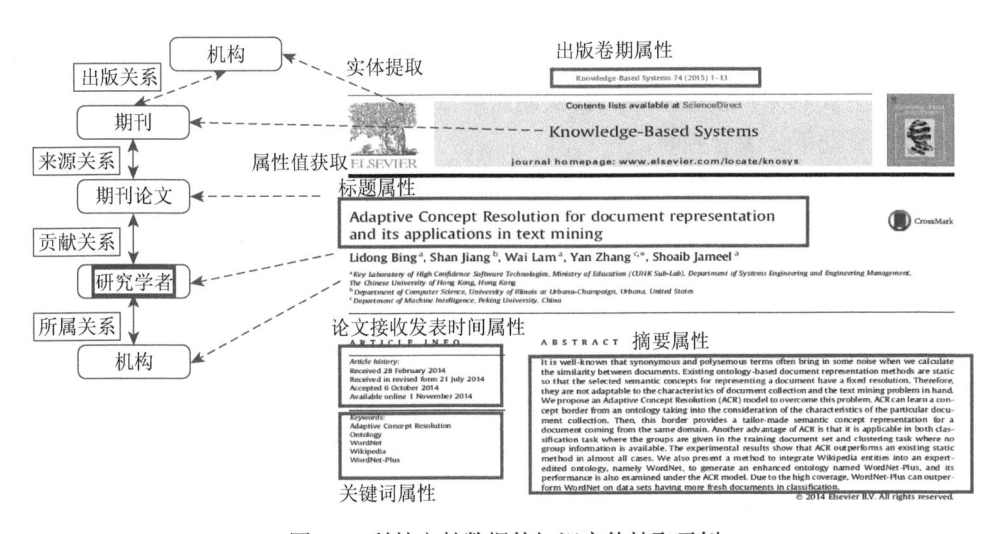

图 2.8 科技文献数据的知识实体抽取示例

3. 学术知识抽取与计算总体流程

利用 Apache Spark 等高性能计算技术完成知识图谱加工过程的数据计算，在本体和知识组织体系（叙词表、分类体系、词典等）的指导下对结构化元数据、半结构化数据、文本数据进行信息抽取，获得实体、属性和实体之间的关系，形成知识图谱的实体网络，并对其进行数据规范、实体对齐、属性值决策、关系挖掘以及外部知识融合（如 DBpedia、机构网页、百科数据）等。此外，采用自动检测和人工辅助的方式对知识图谱中的数据进行校验，不断提高数据的质量。学术知识抽取与计算的总体流程如图 2.9 所示。

4. 实体对齐与关系发现

由于不同来源数据的描述方式存在差异，并且存在不同作者具有相同的名称、机构缩写或别名、期刊名称全拼缩写等中英文名称的歧义问题，需要对知识抽取获得的实体进行对齐和共指消歧。为此，针对不同的实体类型提出如表 2.1 所示的基础去重要素，对不同来源的实体进行甄别、筛选和区分，将不同数据来源中表示同一对象的实体归并为一个具有统一标识的实体添加到知识图谱中。例如使用 DOI（digital object unique identifier，数字对象唯一标识符）、ISSN（international standard serial number，国际标准连续出版物号）、ISBN（international standard book number，国际标准书号）、ORCID 等唯一标识符分别进行期刊论文、期刊、图书、研究学者实体去重，使用标题、作者、出版年份确定同一篇期刊论文，使用论文名称、会议名称、地点、日期等区分会议论文，使用标题、作者、毕业院校、年份、指导教师区别学位论文，使用标题和日期区分科技资讯，研究学者也可通过邮箱、姓名、所属机构区分判断，科研机构通过机构名称和机构地点区分判断，会议通过会议名称、会议时间、会议地点区分判断，科技项目通过资助编号、项目名称和资助年份区分判断。

相比论文、报告、会议、项目实体，机构、研究学者、概念/术语由于存在同名异义、多种名称变形、同义词等问题，并且从科技数据资源中获得的信息量有限，进行实体对齐难度较大。因此，需要在基础去重规则的基础上进一步设计各自的处理规则。针对机构借助已有规范库和词表进行数据清洗和规范：①城市、国家、邮编提取；②大学、院系、实验室拆分；③研究所、实验室、部门拆分；④缩略形式规范化；⑤映射规范机构库。针对研究学者进行邮箱拆分、多个所属机构拆分。采用基于规则的算法，设定强规则相同 ORCID、相同电子邮箱为同一人，弱规则中英名称变体、一级机构、二级机构、合作关系、研究领域（关键词、主题词）等进行相似度计算，此外考虑研究学者其他背景信息如研究学者简历等，借助其个人主页的出版物进行反向对比。对概念/术语分别采取原型化处理、中英

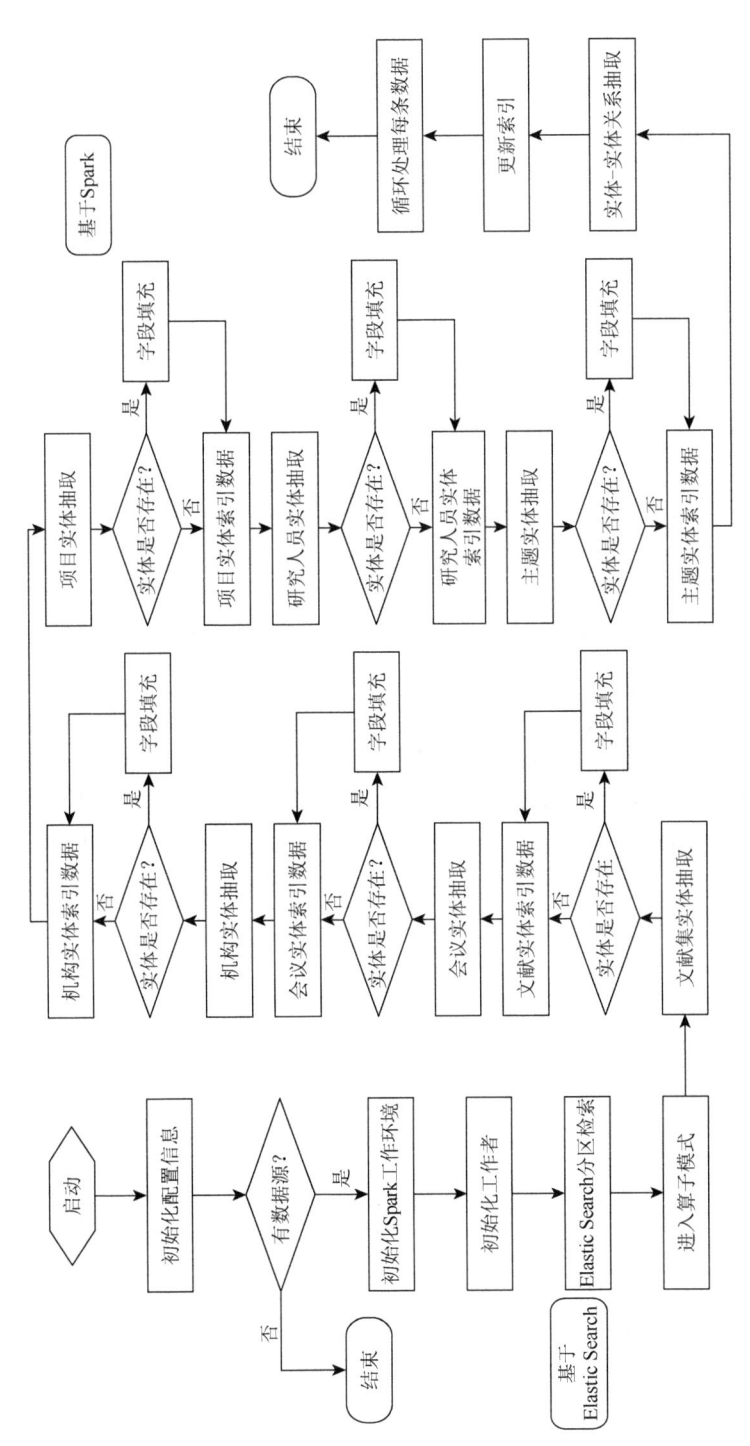

图 2.9 学术知识抽取与计算的总体流程

表 2.1 数据实体基础去重要素

序号	实体类型	基础去重要素
1	论文	DOI、论文标题、作者姓名、出版年份
2	专利	专利申请号、公开号、专利名称
3	科技资讯	标题、日期
4	图书专著	ISBN、E-ISBN、图书名称
5	学术期刊	ISSN、期刊名称、出版机构
6	学术会议	论文名称、会议名称、会议地点、会议时间
7	科技项目	资助编号、项目名称、资助年份
8	标准规范	规范编号、规范名称、适用领域
9	研究学者	ORCID、邮箱、姓名、所属机构
10	科研机构	机构名称、机构地点

注：E-ISBN 即电子期刊的 ISBN

文翻译、利用现有叙词表如 STKOS（scientific and technology knowledge organizing system，科技知识组织体系）、WordNet 等进行映射处理，并进行共现计算、聚类分析等，计算获得同义词、主题词关联等。当融合来自不同数据源的信息构成知识图谱时，有一些实体会同时属于两个互斥的类别或某个实体的一个属性对应多个值，需要决定选用哪个类别或哪个值，即进行属性值决策。为此本书根据各实体类型分别考虑数据源的可靠性和丰富度以及不同信息在各个数据源中出现的频度等因素。此外，本书还开展了关系挖掘工作，利用原始关系推理生成新的数据，建立更多的实体间的链接关系，增加知识图谱中边的密度，如同一篇论文的贡献者的合作关系、论文作者的机构与该论文之间的贡献关系、具有相同合作者的研究学者之间潜在合作关系等。

5. 知识融合与语义丰富化

为完善从科技文献和其他资源中抽取的实体信息，从多个来源获取数据，进行知识融合和语义丰富化。例如，采集和下载中国科学院机构名录、教育部高校名录作为规范库，并利用百度百科、GRID、DBpedia 等机构数据对知识图谱中机构的属性信息进行补充；利用中国科学院专家人才数据库、研究学者个人主页等补充研究学者的属性信息；采集中国学术会议在线等信息源来完善学术会议的特征属性；从中国知网、维普、Elsevier、Springer 中的期刊主页获取期刊详细信息；从美国、日本、英国、加拿大、中国等多个国家的基金资助机构（如美国国家科学基金会、国家自然科学基金委员会、美国农业部有机认证机构、英国生物技术与生物科学研究理事会）中获得基金项目数据。知识体系丰富化来源示例如图 2.10 所示。

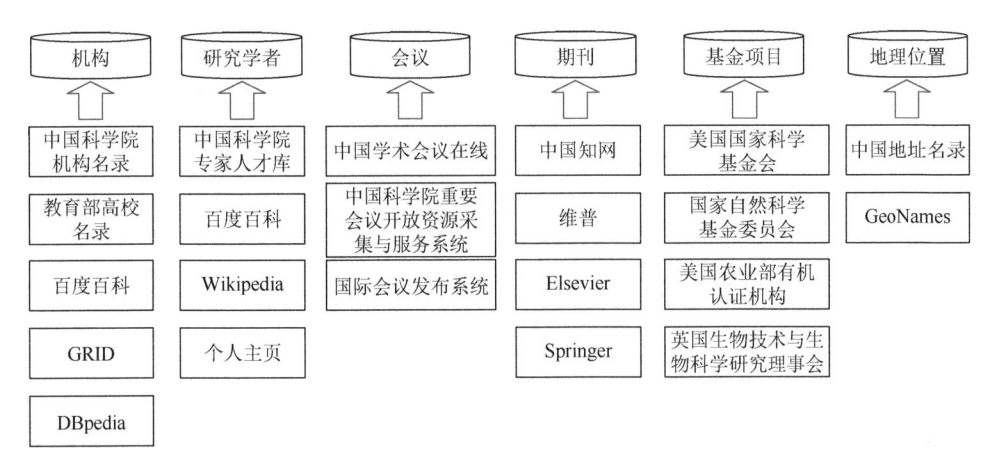

图 2.10　知识体系丰富化来源示例

6. 知识图谱表示与存储

如何对知识图谱进行表示与存储是构建和应用知识图谱过程中需要解决的重点问题。知识图谱本质上是一种复杂网络，网络的每个节点带有实体标签和属性信息，节点之间的每条边都带有有向关系标签，并且知识图谱的相关应用往往需要借助于图算法完成，因此知识图谱一般采用图数据库或网络方式存储。然而基于网络的表示方法面临很多困难，如数据稀疏问题、图算法计算复杂度问题等，大规模知识图谱需面向具体数据情况和应用需求进行设计。由于科技大数据知识图谱中各实体的属性信息比较丰富，属性信息的数据量远大于关系的数据量，在实际应用中对实体属性信息的检索需求也较大。

利用大数据平台快速存取和处理技术对知识图谱数据进行存储和管理。将知识图谱数据分成实体属性信息、实体关系两部分分别存储，以宽表的形式将实体各个属性作为存储字段，如文献集、单篇文献、主题、研究学者、机构、会议、基金项目等，创建 Elastic Search 索引进行存储。通过创建关系 Elastic Search 索引扩展三元组（uuid，s，s_index，p，o，o_index，rel_note，rel_value，rel_time，rel_seq）存储实体关系数据。在关系计算方面，采用图算法和离线计算预存储的方式提高图计算的效率。此外，为减少检索多次查询或遍历引起的时效问题的出现，对数据字段进行冗余处理，如文献索引中仍存储研究学者及机构信息并保证与研究学者、机构索引的数据一致性，在检索时避免了对实体关系表的多次查询操作。

2.4　科技大数据服务体系建设

目前中国科学院文献情报中心在长期的科研活动、数据加工、情报服务及网络数据抓取中产生和积累了大量多领域科技服务、多层次的大数据信息，并与科睿唯安、Springer、Elsevier、维普等数据库商在元数据层面进行合作，对其中的科技创新要素进行采集汇聚、知识抽取与知识计算，从基础数据库、领域知识库与知识图谱三大层次创建了支撑科技创新的"科技大数据知识发现平台"[57]，为精准服务、知识图谱、智能计算、智能情报提供不同阶段及不同层次的数据支撑。截止到2021年1月，建成了覆盖各类实体数据4亿个，建成领域专题数据200多个，人才数据超9000万个，机构数据超1100万个，重要国家地区项目数据超600万个，知识图谱关系数据超100亿个。同时，科技大数据知识发现平台也集成了NSTL研制的STKOS，其中规范概念达到65万条，规范术语达到230万条，覆盖理工农医等学科。建成的基础数据资源，从学科分类、产业分类、主题分类、STKOS范畴分类进行深度标引，从机构名称及学者名称进行了自动规范，为知识分类计算提供了基础高质量数据。

2.4.1　基于微服务架构提供数据服务

微服务平台采用产业界最先进的Spring Cloud技术，配合Redis高速缓存，以Restful API方式提供数据服务，达到了理想效果。其主要优点如下：①新接口热注册，不停机更新；②容错性强，个别服务器异常不影响整体服务；③动态扩展提升性能；④天然的负载均衡。

微服务平台的技术架构为"Spring Boot + Boot strap + My SQL"，为微服务接口提供管理功能，包括微服务接口的用户管理、权限管理、访问频次管理及对外接口监控等功能。微服务平台建立的目标是方便的接口管理和监控，微服务平台以Web服务形式提供对外服务，用户可以通过访问平台地址进入系统，使用用户注册、接口申请、API实例监控等功能满足所需需求，如图2.11所示。

研发实现微服务分为管理平台、服务接口两部分，基于Elastic Search集群提供对外服务的管理系统。为提高Elastic Search集群的安全性和高可用性，缓解访问高峰给Elastic Search集群造成的压力，微服务的管理平台和服务接口独立部署，技术方案具有灵活扩展性和容错性，为用户呈现最优数据服务解决方案。

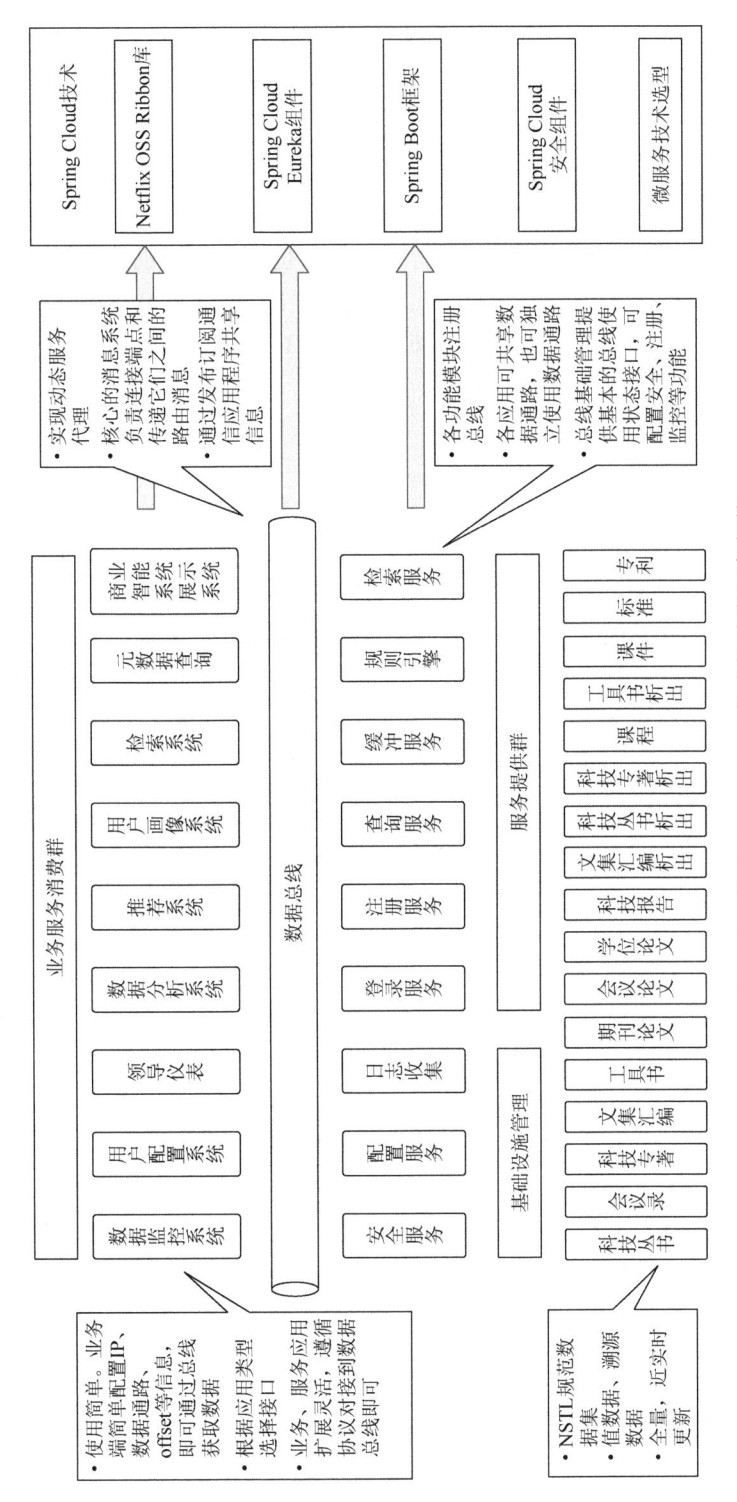

第 2 章 多源异构科技大数据资源体系建设与应用场景

图 2.11 基于 Spring Cloud 技术构建微服务架构

2.4.2 基于科技大数据的智能知识服务案例

基于科技大数据，研发面向科研人员与科研机构的智能知识服务平台，一方面通过平台快速、精准释放科技大数据价值，另一方面通过平台可以收集科研人员个人的科研成果、科技动态以及智慧观点，也可以收集机构的科研知识数据，从而构建一套数据驱动的、开放的、智能的、主动的智慧知识服务平台，实现数据的自动汇聚、共同治理、按需流动、关联计算的数据生态，创建人与人、知识与知识、人与知识之间的生态链接。

1. 慧科研：智能随身科研助理

基于用户画像与 AI 计算技术，研发了智能随身科研助理——慧科研[58]提供基于 ID 认证的知识检索、学术名片、智能推送、创新社区、智能工具等服务。其中，学术名片是基于文献情报数据库，精准分发学术成果、智能计算学术画像而自动创建的，并提供学术成果、科研活动、科研团队、荣誉奖项等数据的数据化管理功能。慧科研基于用户学术画像、行为信息、订阅信息等知识线索，实现了主动推送文章等知识，努力打造科技界的今日头条。同时，慧科研也提供了一系列智能工具，包括支持基金项目指南发布的智能立项选题、科研差旅、科技查新、申报项目的智能评估、论文格式的智能审核等。慧科研：智能随身科研助理平台界面如图 2.12 所示。

2. 面向知识管理的机构数字资产管理与分析平台

基于科技大数据知识资源，利用大数据与 AI 技术，在机构名称智能规范、科研成果智能精准分发、人名智能规范等关键技术环节突破的基础上，以数据驱动的理念，研发了面向知识管理的机构数字资产管理与分析平台，实现了科研成果按照机构维度进行智能精准分发，并提供机构画像、科研队伍、科研项目、科研成果以及机构订购数据库权限管理与分析服务，从而实现机构知识资产的数据化、自动化、精准化与关联化管理以及智能化分析，特别是智能汇聚并精准分发科研机构科技成果数据，对机构进行全方位、多视角的分析评估，辅助机构管理者管理机构知识资产[58]。慧科研：机构知识管理与分析服务平台的运行界面如图 2.13 所示。

2.4.3 基于数据分析平台提供数据服务

基于科技大数据资源，利用大数据与 AI 技术，以"数据＋平台＋专家"的混合智能模式，研发了"AI＋面向情报分析的智能分析平台"，解决数据分散、

第 2 章 多源异构科技大数据资源体系建设与应用场景 ·35·

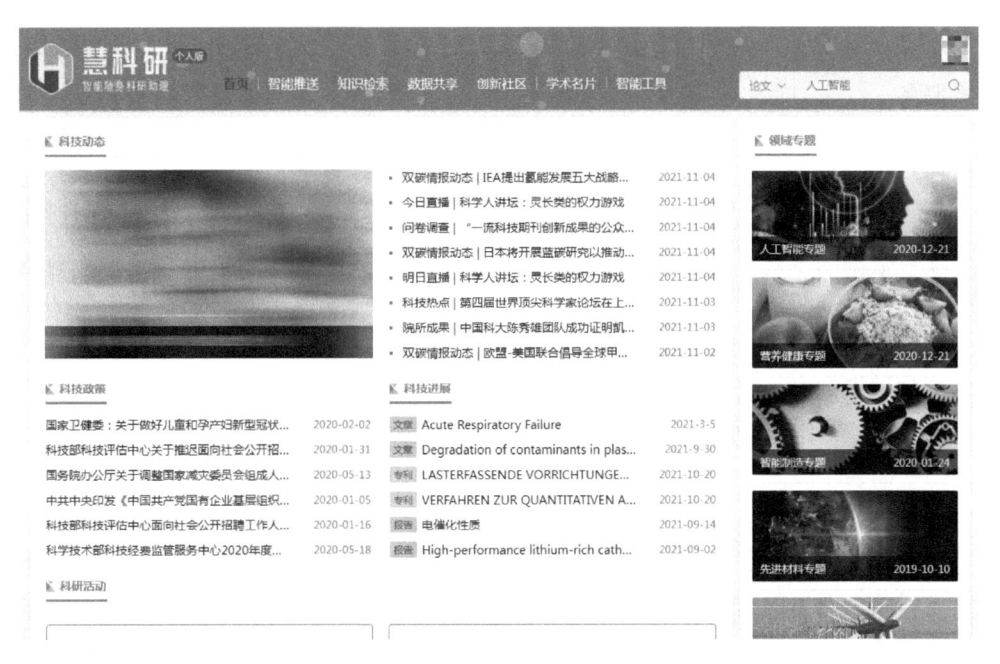

图 2.12 慧科研：智能随身科研助理平台

图 2.13 慧科研：机构知识管理与分析服务平台

无法积累重用，无法共享、快速分析以及方便数据服务的问题，实现数据自动汇聚、报告自动生成，进而基于科技情报智能分析平台，快速生成"数据型情报分析报告"，加快情报生产速度与对科研情报需求的响应速度。同时，也实现了对项目的先进性进行多维度智能研判与评估。其中，提供了两大类型的分析服务。

（1）基于科学计量学的统计分析服务：论文数据的发展态势分析、机构分析、地域分析、期刊分析、关键词分析、热点分析。专利数据的发展态势分析、技术分析、专利权人分析、发明人分析、地域分析、关键词分析与研究热点分析。基金项目数据的发展态势分析、资助单位分析、负责人分析、承担机构分析、地域分析、关键词分析、研究热点分析。

（2）基于语义计算的面向内容分析的服务：研究问题分析、关键技术分析、问题与技术关联分析以及研究热点技术识别。

2.5 本章小结

本章重点阐述了多源异构科技大数据的资源体系建设与应用场景。首先，介绍了科技大数据的概念定义，包括科技大数据内容与知识分类，以及科技大数据的载体与结构特征。其次，分别设计了数据表示模型、数据存储模型以及知识图谱模型。在此基础上，提出科技大数据资源体系建设方案，包括科技大数建设主体思路、科技大数资源体系层次设计、科技大数据采集与获取、科技大数据治理、学术知识图谱建设等方面。最后，提出科技大数据服务体系建设方案，包括基于微服务架构提供数据服务、基于科技大数据的智能知识服务案例、基于数据分析平台提供数据服务。

第 3 章　多源异构科技大数据分布式存储关键技术

数据联合难以在不同组织之间直接共享数据，因此给提供抽象的数据接口，以实现不同组织之间的数据相关合作带来了新的机遇。随着云计算的发展，组织将数据存储在云上，以实现数据处理的弹性和可扩展性。现有的数据放置方法通常只考虑一个方面，即通信成本或时间成本，而不考虑数据处理工作的特性。本章提出一种在云上使用来自不同组织的数据进行安全数据处理的方法。该方法包括一个用于在云上进行安全数据处理的数据联邦平台和一个具有大量数据置入的算法，根据成本模型创建在云上存储数据的计划，以实现多个目标，如减少货币成本和执行时间，之后，将所提出的数据置入算法与现有的基于数据联邦平台的方法进行比较。

3.1　面向大数据分析的分布式文件系统关键技术

3.1.1　基于云计算平台的分布式数据存储技术

数据共享是不同组织之间进行数据相关协作的第一步。例如，使用来自多方的数据进行联合建模[59]。同时，由于大量和/或所有权问题，很难与协作者直接共享原始数据。数据联邦[60]实际上聚合了来自不同组织的数据，这是在不直接共享原始数据的情况下支持数据相关协作的适当解决方案。数据联邦以云服务为基础，作为建立抽象数据接口的中间层，它提供了一个虚拟数据视图，参与的组织可以在该视图上协作存储、共享和处理数据。

高效率和低成本使得大规模租赁计算、存储和网络等资源成为可能，越来越多的组织倾向于将数据外包到云上。通过现收现付模式，云计算为组织存储和处理大量数据提供了便利。云服务为不同的层带来了大量的资源。云上通常有三种类型的服务，即基础设施即服务（infrastructure as a service，IaaS）、平台即服务（platform as a service，PaaS）和软件即服务（software as a service，SaaS）。例如，可以处理数据的虚拟机（virtual machine，VM）是在 IaaS 层提供的。VM是计算机的仿真器，可以看作网络中的计算节点。数据存储服务是在 PaaS 层提供的。通过数据存储服务，可以将无限的数据存储在云端。云提供商承诺提供三个功能，即随时可用的无限计算资源、随时可用的动态硬件资源供应、机器和按需支付及释放的存储。动态供应使租户/用户能够在云上以合理的成本构建可延展的系统。有了这些特性，不同组织之间在云上的科学协作就成为一个切实可行的解决方案。

尽管云计算有很多优点，但云上的数据安全问题比较严重。当数据存储在云上时，保密性至关重要。为确保数据的安全性和保密性，采用不同的数据保密方式进行加密，如同态加密、基于身份的加密和认证机制。只有经过授权的租户/用户才能访问云平台上的数据。此外，隔离技术（通过特定的访问控制为不同的任务提供安全的执行空间）也用于控制对云上数据的访问。一个任务由一个数据处理程序或一组数据处理程序构成，这些程序将在云计算平台上执行，以便从输入的数据中生成新的知识。基于存储在云计算平台上的数据进行科学协作时，可以结合加密算法和隔离技术，保证云上数据的保密性和安全性。在使用云服务时，租户/用户必须为此付费。例如，当租户/用户直接将数据存储在云上时，他们需要为云存储服务付费。目前广泛使用的云服务提供商，如 Amazon Web Services、Microsoft Azure、百度，提供了不同的数据存储类型，如热数据存储、低频率数据存储、冷数据存储、存档数据存储等数据存储服务。在云计算平台上存储数据的成本因类型而异，为了降低在云上存储和处理数据的货币成本，需要基于数据放置算法[61]选择合适的数据存储类型。然而，在构建云上数据存储的数据放置算法时，没有很好地利用任务执行规则。

本章提出了一种解决方案，使数据处理能够在云计算平台上进行，可用于不同组织之间的科学协作。它由一个基于云的安全数据处理平台、一个多目标成本模型和一个数据置入算法组成。该平台支持使用存储在云上的加密数据进行安全数据处理，以便不同组织之间进行协作。多目标成本模型由货币成本和执行时间组成。数据放置算法基于成本模型创建数据存储计划，以降低成本和任务的执行时间。在云计算平台上通过模拟和大量实验验证了所提出的算法[62]。

3.1.2 云端数据置入方法和安全技术

数据置入对于任务的货币成本和执行时间都至关重要。为了减少执行时间，可以基于图划分算法来减少数据传输。此外，可以利用不同任务之间的数据依赖性来减少传输数据的时间和金钱成本。但是，这些方法只考虑一个目标，即减少执行时间。它们不能用于将数据放在云上的不同存储类型中。多重成本的加权函数可用于实现多个目标，这可以生成最优解决方案，而作者没有考虑在云上存储数据的成本，提出了负载均衡算法和动态配置算法，在不考虑云上数据存储类型的情况下，生成最优配置计划以最小化货币成本。数据安全对于云用户来说非常重要。为了保护数据安全，通过赋予不同级别的权限来控制数据的可访问性,以避免未经授权或恶意访问云上的数据。同时,还可以利用加密技术和基于数据分区的分布式数据存储计划。联邦学习是为了在训练模型的同时保证数据的保密性,但它并不适用于云上不同组织之间的一般数据处理。此外,还提出了安全隔离的数据处理空间,以保证数据的访问控制和保密性。分离的数据处理空间与公共网络断开连接,确保了本地网络内数据的保密性和安全性。

3.2 分布式计算环境下科技大数据协同存储机制

本节提出一个名为数据联邦的安全数据处理平台,首先解释了平台的架构设计,其次展示了用户账户和将要执行的任务的生命周期。

3.2.1 数据联邦平台架构设计

数据联邦为租户/用户提供云上的安全数据处理服务。租户/用户可以将他们的数据上传到平台上,并在百度智能云上执行自己编写的程序。此外,只要租户/用户获得了数据所有者的许可,就可以利用来自其他组织的数据来完成自己的数据处理任务。数据联邦的体系结构如图 3.1 所示。

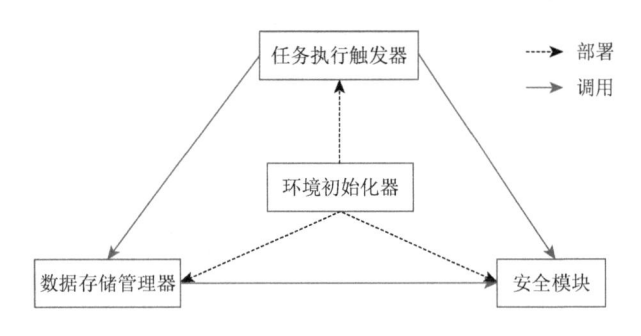

图 3.1 数据联邦的体系结构

平台的功能架构包括四个模块,各个模块的功能阐述如下。

1. 环境初始化器

环境初始化器在协调节点上创建用户账户及其执行空间。创建的用户账户用于用户的安全配置,如设置其他用户对某些数据的访问权限。用户账户还与安全执行空间相关联,用于在集群中执行提交的任务。安全执行空间是不连接任何公网的工作空间,可以保证局域网内数据的保密性和安全性。

2. 数据存储管理器

数据存储管理器为用户在云上创建一个存储桶和数据存储账户。存储桶是一个独立的存储空间，用于使用自己的权限策略存储数据。数据存储账户用于在平台和用户设备（如计算机）之间传输数据。每个账户与五个存储桶相关联，即用户数据桶、用户程序桶、输出数据桶、下载数据桶和执行空间桶。每个账户都有独立的授权密钥和秘密密钥，租户/用户可以使用它们发送或检索存储在桶中的数据。此外，访问权限策略因桶而异。例如，用户对用户数据桶和用户程序桶有读写权限，而对下载数据桶只有读权限。用户可以在用户数据桶中存储数据，同时向用户程序桶提交自己编写的代码。租户/用户对输出数据桶和执行空间桶没有读写权限。根据提交的代码生成的程序执行后，输出数据存储在输出数据桶中。输出数据经过保密性审查后，将输出数据传输到下载数据桶。评审由任务输入数据的所有者进行，以避免原始数据或敏感信息出现在任务输出数据中的风险。执行空间桶用于缓存任务的中间数据，这对于后续执行很有用，可以减少无用的重复执行。

3. 任务执行触发器

任务执行触发器启动计算集群中任务的执行。用户可以通过 Web 门户将用户编写的代码上传到平台上。然后可以使用任务执行触发器开始执行程序。一旦触发了程序的执行，就会创建、部署和配置一个计算集群，并在计算集群的计算节点中执行任务。当多个任务在同一个计算集群中同时启动时，任务执行触发器将创建与任务相同数量的执行空间，以便启用并行执行而不发生冲突。当程序的输入数据由来自其他数据所有者的数据组成时，使用相应的数据接口以避免直接的原始数据共享。以两个租户/用户为例：用户 U_1 和用户 U_2。数据接口（I_1）是由数据所有者（用户 U_1）定义的，它与平台上的数据（D_1）相关联。当用户 U_2 获得使用 D_1 的权限后，根据用户 U_2 提交的代码生成的程序可以使用接口 I_1 对数据 D_1 进行处理。当需要前一次执行的结果时，也可以使用存储在执行桶中的中间数据。

4. 安全模块

数据联邦使用了四种机制来保证数据的安全。第一种机制是在将数据存储到云中之前对其进行加密，加密基于 Rijndael 加密算法。第二种机制是将计算节点与公共网络（如互联网）分开，这确保了集群与云上的外部设备（如服务器）之间没有数据通信。第三种机制是统一的数据访问控制。当用户申请其他用户拥有的数据的权限时，数据所有者提供数据访问接口，而不是直接共享原始数据。第四种机制是由数据所有者检查代码和输出数据,以确保没有数据从输出数据中泄漏。通过这些机制,数据所有者定义的数据接口确保了数据的机密性和安全性,同时确保了不同组织之间的高效合作。

本章所设计的数据联邦平台的基础设计架构如图 3.2 所示。

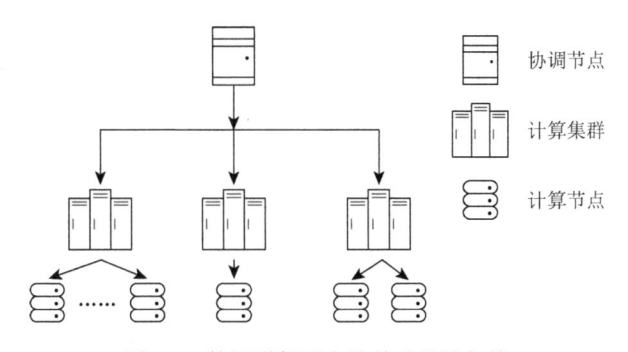

图 3.2 数据联邦平台的基础设计架构

3.2.2 数据联邦生命周期设计

假设有 n 个科学合作者,每个合作者都有需要保密的私有数据。通过生命周期,展示 n 个科学合作者如何处理平台上的数据。

1. 账户生命周期

账户生命周期包括账户创建、数据处理和账户清理三个阶段。首先,创建与平台用户相关的账户。其次,用户可以处理平台上的数据。最后,当用户不再需要该平台时,删除与该账户相关的数据。

(1) 账户创建阶段:当新用户需要使用平台时,创建一个账户并使用环境初始化器模块配置平台,如图 3.1 所示。对于上述场景中的 n 名科学合作者,为平台上的每个科学合作者创建 n 个账户(U_n,n 表示科学合作者的数量)。首先,为协调节点中的每个用户部署任务执行触发器。其次,数据存储管理器为每个用户创建一个存储账户和五个存储桶。最后,环境初始化器为每个用户部署安全模块。安全模块包含每个用户的加密和解密信息。请注意,加密和解密信息对不同的用户是不同的。

(2) 数据处理阶段:账号创建完成后,租户/用户可以在平台上进行数据处理。在处理数据之前,每个用户上传自己的数据和数据接口文件到用户数据桶。如图 3.3 所示,如果用户 U_i 需要利用来自另一个用户 U_j 的数据,用户 U_i 可以申请该权限。一旦用户 U_i 从用户 U_j 获得权限,他还将获得必要的信息,如模拟数据,以便使用相应的数据接口访问数据。模拟数据包含原始数据的数据模式和一些随机生成的示例，而原始数据从未与用户共享。用户 U_i 可能同时使用来自其他几个租户/用户的数据。然后，用户 U_i 可以提交代码来处理数据。为了处理数据，用户 U_i 触发与提交代码相关的任务执行，对应的任务在平台上的执行。在任务执行期间，可以直接使用任务的不同执行所生成的中间数据。执行完并查看完输出数据后，用户 U_i 可以从用户下载桶中下载任务 j 的输出数据。

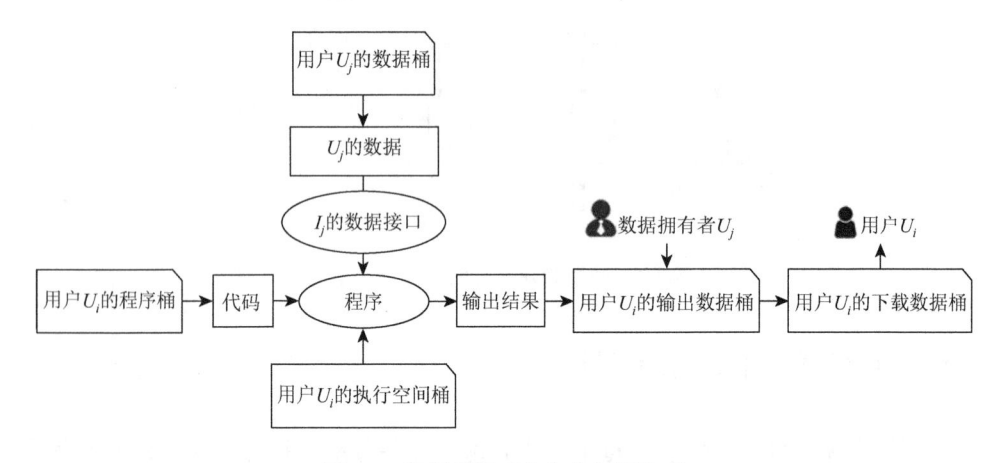

图 3.3 数据联邦平台生命周期管理

（3）账户清理阶段：当用户不再需要平台时，环境初始化器模块将从平台中删除相应的数据、存储桶和账户。

2. 任务生命周期

任务生命周期由初始化、数据同步、任务执行和终结四个阶段组成。

（1）初始化阶段：初始化阶段是为在平台上执行任务准备环境。准备工作包含三个步骤：供应、部署和配置。首先，VM 作为计算节点配给任务。在两种情况下，可以为任务配置现有的 VM。第一种情况是平台上有足够的实时计算节点，这些节点对应于同一用户执行相同或其他任务。第二种情况是其他租户/用户的程序有足够的实时计算节点，所有相关租户/用户都允许共享计算节点。否则，环境初始化器模块将动态创建新的 VM 作为计算节点，其中包含执行任务所需的工具。然后，为了执行任务，在分配的 VM 上部署适当的执行空间。为了启用数据访问，每个节点中都配置了执行空间。例如，授权密钥和私钥文件被转移到计算节点，以使数据同步。

（2）数据同步阶段：在数据同步阶段，数据存储管理器模块对存储在云上的数据或数据接口进行同步。此外，与提交的代码对应的脚本或文件也被传输到在初始化阶段创建的执行空间中。

（3）任务执行阶段：任务执行阶段是在相应 VM 的执行空间中执行任务的周期。平台可以动态监控每个任务的执行频率，计算数据存储成本。如图 3.3 所示，在同步来自存储桶的数据之后，与提交的代码对应的程序将处理输入数据，在单个计算节点或多个计算节点中执行，以减少总体执行时间。执行之后，输出数据被传输到用户的输出数据桶中。一旦数据被输入数据的数据所有者审查和批准，它就会被安全模块加密，并传输到下载数据桶供用户访问。

（4）终结阶段：在终结阶段，数据存储管理器上传任务的加密中间文件，然后，环境初始化器模块删除相应的执行空间。如果一个节点不包含任何执行空间，则环境初始化器会释放该节点，即删除该节点，以减少租用相应 VM 的货币成本。

3.3 基于分布式计算的科技大数据可扩展存储机制

本节将阐述基于分布式计算的科技大数据可扩展存储机制以及数据联邦平台使用的核心算法，包括多目标数据放置算法和基于贪心算法的数据放置策略。

3.3.1 多目标数据放置算法

首先，在本节中进行问题定义。其次，提出基于货币成本和时间成本的成本模型。最后，提出一个多目标数据放置算法，生成一个以最小的成本存储数据的方案。

1. 数据放置问题定义

科技大数据项目解决的问题是数据放置问题，即如何选择一种存储类型并在云上存储数据以降低总成本，其中包括货币成本和时间成本。数据放置问题是典型的 NP 难题[1]。用户定义的代码更新或参数更新会使一个任务被多次执行。如表 3.1 所示，云上存储服务的不同数据存储类型对应不同的价格。具有更高期望数据访问频率的存储类型具有更高的价格和更高的数据访问速度，而数据访问频率取决于任务执行的执行频率。另外，执行一次任务的总成本根据数据存储类型的不同而有所不同。因此，本节要解决的问题是如何基于成本模型来找到所有数据集的最佳存储方案，以降低执行具有不同执行频率的任务的总成本。

---

① NP 的英文全称是 non-deterministic polynomial，NP 难题即多项式复杂程度的非确定性问题。

表 3.1　云上数据存储货币成本

项目	标准频率	低频率	中频率	高频率
数据存储成本/(美元/GB/月)	0.0155	0.0113	0.0120	0.0150
数据访问成本/(美元/GB)	N/A	0.0042	0.0544	0.1200

注：标准频率表示每个月访问次数为 500~1500 次，低频率表示每个月访问次数不足 100 次，中频率表示每个月访问次数为 101~1000 次，高频率为每个月访问次数超过 1000 次

2. 多目标成本模型

受文献[63]的启发，提出一个多目标成本模型。多目标成本模型包括货币成本模型和时间成本模型，即工作的执行时间。为了找到合适的存储方案，需要一个多目标成本模型来估计存储输入数据以执行任务的成本。多目标成本模型通常在数据存储模块中和特定的执行环境下实现。在本节的情况下，执行环境是数据联邦平台。表 3.2 总结了本节中提到的参数的来源。具有数据放置方案的一组任务的总成本定义如下：

$$\text{Cost}(\text{Jobs}, \text{Plan}) = \sum_{j \in \text{Jobs}} \text{Cost}(j, i) \tag{3.1}$$

其中，Jobs 为一组任务；Plan 为 Jobs 的数据放置方案。在本章的其余部分中，总成本表示执行单位时间内具有数据放置方案的一组任务的标准化成本。每单位时间执行一项任务的总成本由以下方式定义：

$$\text{Cost}(j, i) = (w_t \times \text{Time}_n(j, i) + w_m \times \text{Money}_n(j, i) \times f(j)) \tag{3.2}$$

其中，$\text{Time}_n(j, i)$ 和 $\text{Money}_n(j, i)$ 分别为归一化的时间成本和货币成本；$\text{Time}_n(j, i)$ 和 $\text{Money}_n(j, i)$ 分别由式（3.3）和式（3.7）定义；j 为一项任务；w_t 和 w_m 分别是任务 j 的时间成本和货币成本的权重；$f(j)$ 为任务执行的平均频率，可以根据任务执行之前的历史记录进行动态测量，如每天、每月、每季度和每年。由于时间成本和货币成本已归一化，因此它们都不具有单位。

表 3.2　数据联邦平台算法符号与变量

参数	含义	来源
预期时间	执行作业的估计执行时间	用户端
预期成本	执行一项工作所需的估计资金	用户端
β	增加标准化时间的惩罚参数	用户端
初始化时间	初始化计算节点的时间	云端
平均初始化时间	初始化一个计算节点的平均时间	云端
数据传输时间	将数据从云传输到计算节点的时间	云端

续表

参数	含义	来源
每个 CPU 的计算速度	每个计算节点的平均计算性能	云端
工作量	一项工作的工作量	云端
执行时间	作业的执行时间	云端
时间量子	用于向云中的租户/用户收费的时间量	云端
α	可在并行云中执行的工作负载的百分比	云端

注：CPU（central processing unit，中央处理器）

1）时间成本模型

首先计算时间成本，标准化时间成本的定义如下：

$$\text{Time}_n(j,i) = \frac{\text{Time}(j,i)}{\text{DesiredTime}} + \text{Penalty} \tag{3.3}$$

Penalty 的值由以下公式计算得到

$$\text{Penalty} = \begin{cases} \beta \times (\text{Time}(j,i) - \text{DesiredTime}), & \text{Time}(j,i) > \text{DesiredTime} \\ 0, & \text{otherwise} \end{cases} \tag{3.4}$$

其中，Time(j,t) 为任务的执行时间，而 DesiredTime 为用户定义的此任务的预期时间。预期时间可以大于或小于实际的执行时间 Time(j,t)。$\beta > 1$ 是惩罚参数，当 Time(j,t) 长于 DesiredTime 时，标准化时间成本增加。否则，标准化时间成本 Penalty 的值为 0。执行时间由三部分组成，可以通过以下方式定义：

$$\begin{aligned}\text{Time}(j,i) = {} & \text{InitializationTime}(j) \\ & + \text{DataTransferTime}(j,t) \\ & + \text{ExecutionTime}(j)\end{aligned} \tag{3.5}$$

其中，InitializationTime(j) 为初始化任务 j 的计算节点的时间，即初始化时间；DataTransferTime(j,t) 为将数据从云传输到计算节点的时间，即数据传输时间；ExecutionTime(j) 为任务 j 的执行时间。任务 j 的计算节点的初始化可以由用户指定或由平台实现，而时间可以基于任务 j 来计算。例如，$n \times \text{averageInitializationTime}$，其中 n 为计算节点的数量，averageInitializationTime 为平均初始化时间。可以根据任务 j 的输入数据的大小和数据存储类型 t 计算数据传输时间。根据阿姆达尔定律（Amdahl's law）[64]，可以通过式（3.6）估算任务 j 的执行时间：

$$\text{ExecutionTime}(j) = \frac{\left(\dfrac{\alpha}{n} + (1+\alpha)\right) \times \text{workload}(j)}{\text{ComputingSpeedPerCPU}} \tag{3.6}$$

其中，α 为可在并行云中执行的工作负载的百分比；n 为计算节点的数量，由用户配置；workload(j)为任务 j 的工作量，可以通过每秒浮点操作数（floating point operations per second，FLOPS）来衡量；ComputingSpeedPerCPU 为每个 CPU 的计算速度，指每个计算节点的平均计算性能，可以通过 FLOPS 来衡量。

2）货币成本模型

标准化的货币成本由以下公式定义：

$$\text{Money}_n(j,i) = \frac{\text{Money}(j,t)}{\text{DesiredMoney}} \tag{3.7}$$

其中，Money(j,t)为在云计算平台上租用虚拟服务器作为计算节点的货币成本；DesiredMoney 为该任务的预期成本，可由用户配置。DesiredMoney 可以大于或小于实际货币成本 Money(j,t)。Money(j,t)可以根据以下公式估算：

$$\begin{aligned}\text{Money}(j,i) = &\text{ExecutionMoney}(j,t) \\ &+ \text{DataStorageMoney}(j,t) \\ &+ \text{DataAccessMoney}(j,t)\end{aligned} \tag{3.8}$$

其中，ExecutionMoney(j,t)为使用计算节点执行任务的货币成本；DataStorageMoney(j,t)为将数据存储在云上的货币成本；DataAccessMoney(j,t)表示访问数据的货币成本。ExecutionMoney(j,t)可通过以下公式估算：

$$\text{ExecutionMoney}(j,t) = \text{VMPrice}(j) \times n \times \frac{\text{Time}(j,t) - \text{InitializationTime}(j)}{\text{TimeQuantum}} \tag{3.9}$$

其中，VMPrice(j)为任务 j 的每个计算节点的平均成本；n 为执行任务的计算节点数；TimeQuantum 为用于向云中的租户/用户收费的时间量；Time(j,t)和 InitializationTime(j)与在式（3.5）中的定义相同。根据工作负载将数据集的存储货币成本分配给任务。DataStorageMoney(j,t)由以下公式定义：

$$\text{DataStorageMoney}(j,t) = \left(\sum_{i \in \text{dataset}(j)} \left((\text{workload}(j) \times f(j)) \times \frac{\text{StoragePrice}(t) \times \text{size}(i)}{\sum_{k \in \text{Job}(j)} \text{workload}(k) \times f(k)} \right) \right) \Big/ f(j) \tag{3.10}$$

其中，workload(j)为任务 j 的工作量；dataset(j)为任务 j 使用的数据集；Job(j)为将数据 i 作为输入数据的任务；StoragePrice(t)为将存储类型为 t 的数据存储在云上的货币成本；size(i)为输入数据 i 的大小。DataAccessMoney(j,t)由以下公式定义：

$$\text{DataAccessMoney}(j,t) = \text{ReadPrice}(t) \times \text{size}(j) \quad (3.11)$$

其中，ReadPrice(t)为从云端读取数据的货币成本；size(j)为任务j的输入数据的大小。

3.3.2 基于贪心算法的数据放置策略

用户通过基于多目标成本模型，提出了一种基于贪心算法的数据放置算法，以减少在数据联邦平台上执行一组任务的总成本，如表3.3所示。在该算法中，对每个数据 d，选择一种存储类型，以最大限度地减少执行一组执行频率不同的任务的总成本。第4~14行选择与数据 d 相关的一组任务 J 的存储类型。对于这组任务 J，第6~8行使用成本模型来计算当前存储类型下所有相关任务的总成本。第9~10行将 J 的成本与当前最小成本进行比较，然后选择较小的一个作为最小成本。第11行使用较小的成本获得当前的存储类型。在计算了所有相关任务的每种存储类型之后，该算法为该数据集 D 选择出总成本最低的存储类型。然后，为数据集 D 生成一个数据存储方案。假设有 m 个输入数据，n 种数据存储类型，并且每个输入数据平均与 k 个任务相关，要解决的问题的搜索空间为 n^m，所提出的算法的复杂度为 $m \times k \times n$，比作为一般情况（$n^{m-1} < m \times k$）下的 n^m 小得多。

表3.3 基于贪心算法的数据放置策略

输入：
D：数据集；J：D 中与任务相关的数据集；t：储存类型；StorageTypeList：数据储存类型的列表

输出：
S：使 D 中数据达到最小储存成本的数据类型
$\text{cost}_{\min}$：D 中各数据的最小成本

```
1:   for each Data d in D do
2:       S = ∅ ;
3:       cost_min ← +∞ ;
4:       for each Storage Type t in StorageTypeList do
5:           cost_tmp = 0 ;
6:           for each Job j in J do
7:               根据式(3.2)计算 cost_tmp = cost_tmp + cost(j,t) ;
8:           end for
9:           if ( cost_tmp < cost_min ) then
10:              cost_min ← cost_tmp ;
11:              S ← S ∪ t ;
12:          end if
13:      end for
14:  end for
```

3.4　异构科技数据安全可信交换模型

本节模拟了贪心算法（brute force）和暴力算法存储的执行时间。在提出的算法中，考虑了四种存储类型，即标准存储、低频存储、冷存储和存档存储。这四种存储类型由百度云上的存储服务提供。然后，比较了四种存储方法的总成本，四种存储方法分别为贪心算法、暴力算法、标准存储方法和存档存储方法。暴力算法是在整个搜索空间中搜索最小成本，这意味着暴力算法的结果是最佳解决方案。标准存储方法使用标准存储来始终存储数据，而存档存储方法则是使用"存档"策略对数据进行长久保存。以标准存储方法为基准，然后用一种广泛使用的数据处理基准（即 Hadoop 上的 Wordcount）和一种用于科技文献[65]的相关性分析的真实数据处理程序，对四种存储方法之间的总成本进行比较。本节数据是从与新冠疫情相关的工作中选出的。在实验中，考虑了 Wordcount 和科技文献分析的五个执行频率（每天、每半月、每月、每季度和每年）。

3.4.1　模拟环境设置

本节在执行时间和总成本方面比较了贪心算法与暴力算法。将 15 个数据集（平均大小为 5.5 GB）作为任务的输入数据。执行 15 个任务来处理输入数据。每个任务与不同的数据集相关联，包括字数统计、grep 等。每个任务都具有不同的频率和不同的设置，如 DesiredTime、w_t。数据集包括 DBLP XML 文件和来自百度的一些数据集。DBLP XML 文件包含基于计算机的英语文章的元数据，如作者、出版者的名称。对比实验结果如图 3.4 所示。

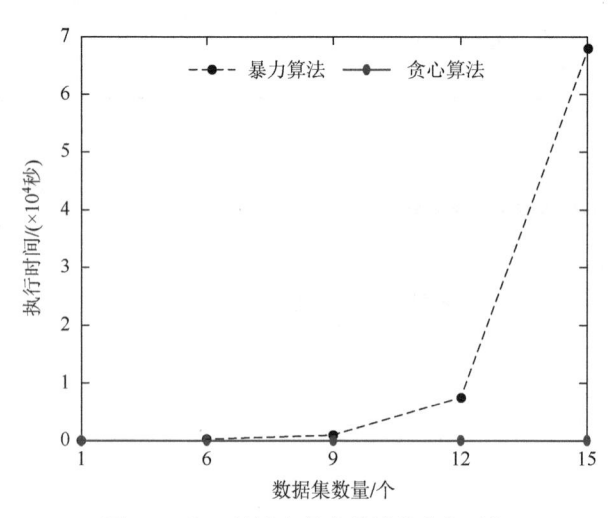

图 3.4　贪心算法和暴力算法的执行时间

图 3.4 显示了不同方法执行时间的结果。为了生成具有 15 个任务的 6 个数据集的数据放置方案，贪心算法的执行时间短于 0.0001 秒，而暴力算法的执行时间短于 0.08 秒。当数据集的数量增加时，暴力算法的执行时间将成倍增加。当数据集数量变为 15 个时，暴力算法的执行时间为 67 839 秒，而所提出的贪心算法的执行时间保持在 0.0001 秒之内。

图 3.5 显示了四种方法之间的比较：贪心算法、暴力算法、标准存储方法和存档存储方法之间的日均成本比较结果。所提出的贪心算法与暴力算法具有相同的总成本，分别比标准存储方法和存档存储方法节约 8.2%和 30.6%。仿真实验表明，贪心算法的结果与暴力算法相同，这意味着贪心算法的结果是在这种情况下的最优解。

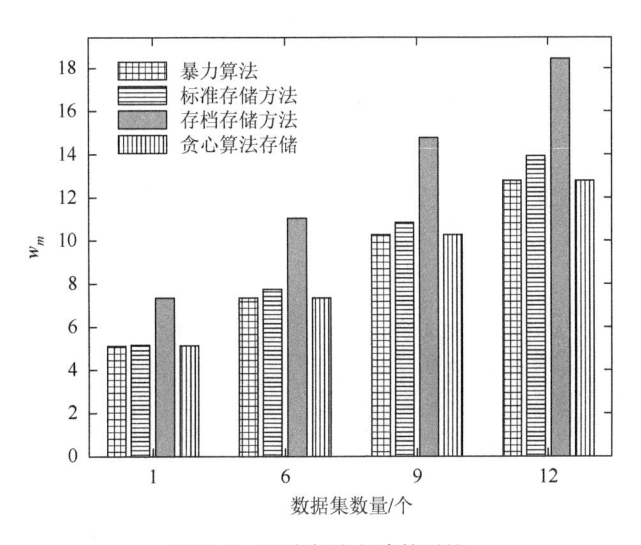

图 3.5 四种存储方法的对比

3.4.2 字数统计任务

Apache Hadoop[65]是一个在商品服务器集群上并行处理大数据的框架。Hadoop 包含两个组件，即 HDFS 和 MapReduce。HDFS 是具有主从架构的分布式文件系统。MapReduce 是用于分布式环境中并行数据处理的编程模型和实现。MapReduce 包含两个阶段，即 Map（映射）和 Reduce（归约）。在映射阶段，将处理输入数据并生成键值对。在归约阶段，将处理同一 Key 的键/值对。

字数统计是一种广泛使用的基准，它可以计算输入文件中每个字的频率。字数统计包含两个步骤，即映射和归约。在映射步骤中，先为输入数据中的每个作品生成<word, 1>。然后，在归约步骤中为每个作品计算<单词, 1>的数量。最后，计算每个单词的频率并将其存储在 HDFS 中。

在基于平台的三个计算节点上部署 Hadoop。每个节点都是一台具有一个 CPU 内核和 4 GB RAM（random access memory，随机存取内存）的 VM。使用 6.04 GB 的 DBLP 2019 XML 文件作为输入数据。

假设 Wordcount 任务以五种不同的频率执行：每天、每半月、每月、每季度和每年。将预期时间设置为 1200 秒，将预期成本设置为 1 美元。

图 3.6 显示了基于贪心算法的数据放置结果明显优于暴力算法存储、标准存储方法以及存档存储方法的数据放置结果。当频率为每天一次时，对应于不同方法的总成本如图 3.6（a）所示。当 w_t 为 0 且 w_m 为 1 时，与存档存储方法相比，贪心算法可将总成本降低 8.6%。与存档存储方法相比，当时间的权重（即 w_t）分别为 0.5 和 0.9 时，贪心算法可以将总成本降低 25.1%和 42.2%。当频率为季度时，如图 3.6（b）所示，当 w_t 为 0 时，与存档存储方法相比，贪心算法可使总成本降低 23.8%。贪心算法可以生成最佳存储方案，当 w_t 为 0.5 时，该存储方案的性能明显优于存档存储方法（总成本小 37.1%）。本章进一步考虑日均成本对各算法

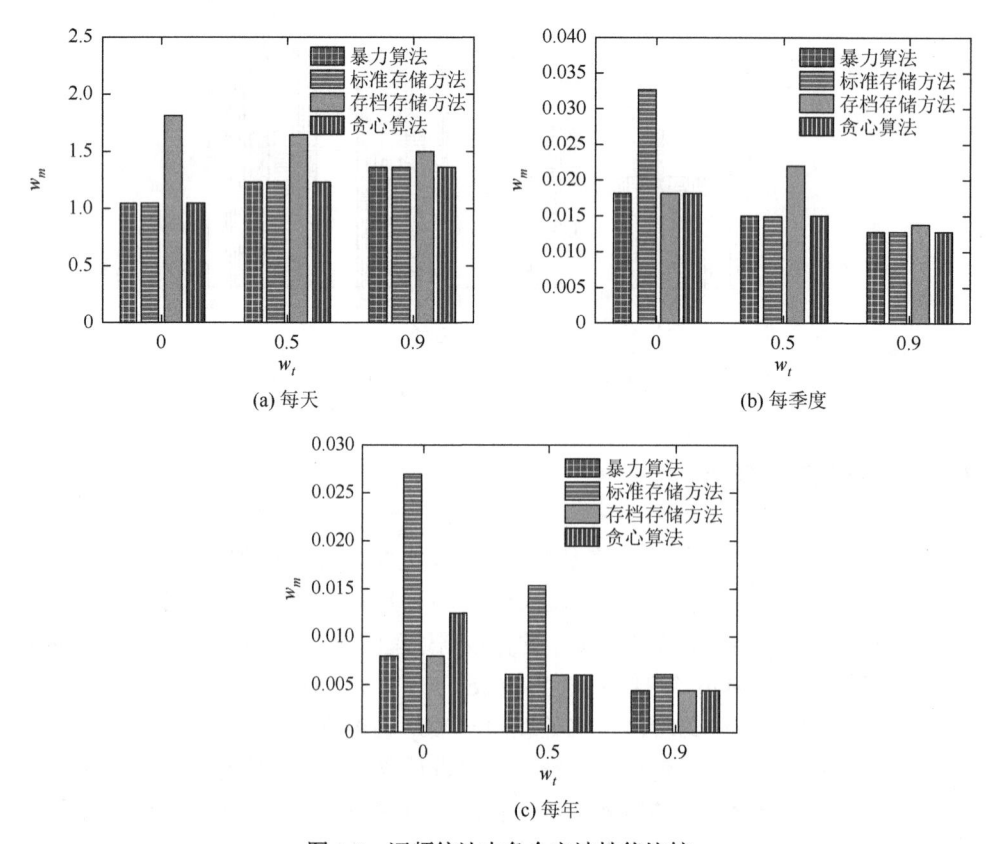

(a) 每天

(b) 每季度

(c) 每年

图 3.6　词频统计中各个方法性能比较

的影响，当 w_t 为 0.9 且日均成本的权重（w_m）为 0.1 时，与标准存储方法相比，使用贪心算法可将总成本降低 48.6%。图 3.6（c）展示了当频率为每年时所提出算法的效率。与标准存储方法相比，当 w_t 分别为 0.5 和 0.9 时，贪心算法可以将总成本降低 60.4%和 27.4%。实验表明，当 w_t 为 0 时，贪心算法的优势更为明显，与存档存储方法相比，总成本可降低 69.8%。

如图 3.6 所示，与标准存储相比，贪心算法最多可将总成本降低 60.4%。与存档存储方法相比，可将总成本降低 69.8%。随着任务执行频率的降低，贪心算法的优势变得显著。图 3.6 的比较表明，随着用户对时间的容忍度（即时间的权重 w_t）的增加，贪心算法的优势也变得十分明显，可以生成最佳解决方案。

3.5 延迟感知的科技数据自适应副本管理机制

自 2019 年底以来，医疗领域和科技行业收集了大量新冠疫情相关科技大数据（如地图数据、测绘数据、人口迁移数据）挖掘的需求。为了提高科技数据融合共享效率并确保百度数据资产安全，使用数据联邦平台向外赋能科技大数据服务，并且测试数据联邦平台性能，复制了数据处理程序，以显示与新冠疫情相关的搜索活动，涉及的数据包括每个城市中确诊病例的数量（$dataset_c$），每个城市中与新冠疫情相关的搜索活动的数量（$dataset_s$），每个城市的流入和流出量（$dataset_m$）以及每个城市（$dataset_p$）。$dataset_m$ 是城市间人口的流入和流出数据，其中城市间流动性的转变按起点-终点对进行了分类。$dataset_s$ 包括与 2020 年 1 月至 3 月流行病相关的关键字和词组。这些数据集的总量为 1.134 GB。

与新冠疫情相关的分析的数据处理包括以下三个步骤。首先，使用过滤操作选择数据。其次，使用连接运算符为每个城市生成要素，即已确诊病例数、流入量、流出量、搜索量、人口。最后，为每个城市计算任意两个特征之间的相关性。实验结果如图 3.7 所示。将预期时间设置为 600 秒，将预期成本设置为 0.5 美元。

如图 3.7 所示，当任务的输入数据的大小小于字数统计的大小时，贪心算法明显优于所对比的存储方法（最多 63%）。当使用频率为每天时，不同方法的总成本如图 3.7（a）所示。当 w_t 为 0 且 w_m 为 1 时，与存档存储方法相比，贪心算法可将总成本降低 30.5%。当 w_t 增加到 0.5 时，与存档存储方法相比，贪心算法可以将总成本降低 2.6%。当 w_t 增加到 0.7 时，贪心算法可以胜过存档存储方法，总成本可以降低 2.2%。图 3.7（b）展示了频率为季度时不同方法的总成本。当用户仅考虑金钱的重要性时，与标准存储方法相比，贪心算法可以将总成本降低 35.7%。随着 w_t 的增加，与 w_t 分别为 0.5 和 0.7 时的存档存储方法相比，贪心算法可以将总成本降低 3.7%和 1.9%。当频率为每年一次时，执行结果如图 3.7（c）所示。最显著的结果是，当 w_t 为 0 且 w_m 为 1 时，与标准存储方法相比，贪心算法可将总成本降低 63%。当 w_t 为 0.5 和 0.7 时，贪心算法可将总成本降低 18.2%和 7.7%。

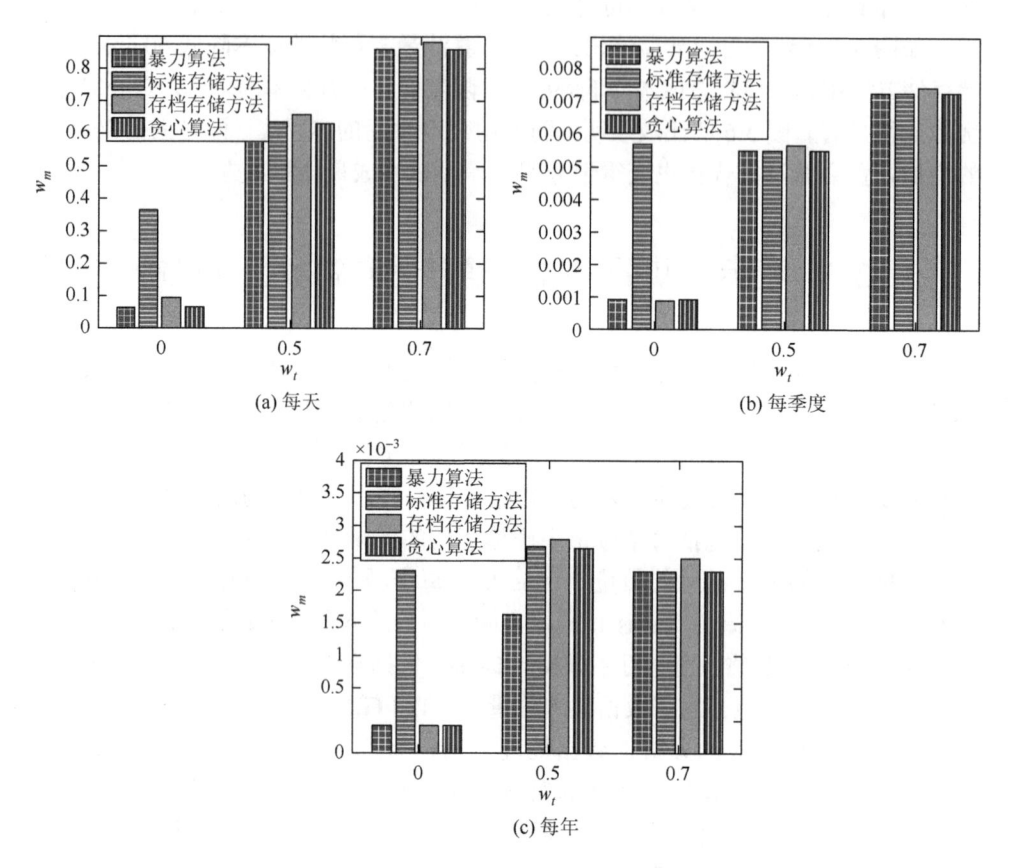

图 3.7　科技大数据任务数据处理中各种方法比较

当任务执行的频率很高并且输入的数据集很大时，贪心算法明显优于标准存储方法（最高达到 63%）和存档存储方法（最高 37.1%）这项工作的数据很大。

当机构将自有科技大数据向外融合集成时，选择适当的数据放置策略以降低成本至关重要。本节所提出的解决方案可使用来自不同组织的数据在云上进行数据处理。该方法包括三个部分：具有安全数据共享和安全数据计算的数据联邦平台、多目标成本模型以及基于贪心算法的数据放置算法。多目标成本模型包含了货币成本模型和时间成本模型，贪心算法基于多目标成本模型生成总成本最小的数据放置方案。本章进行了广泛的实验以验证所提出的算法。实验结果表明，贪心算法与存档存储方法相比,可将总成本降低 69.8%。实验表明,贪心算法可以在短时间内执行与暴力算法相同的最优解。

3.6 本 章 小 结

本章主要阐述多源异构科技大数据分布式存储关键技术,研究了面向大数据分析的分布式文件系统关键技术,包括基于云计算平台的分布式数据存储技术和云端数据置入方法和安全技术。接着,研究了分布式计算环境下科技大数据协同存储机制和可扩展存储机制。在此基础上,阐述了异构科技数据安全可信交换模型和延迟感知的科技数据自适应副本管理机制。

第 4 章　科技大数据汇聚融合与演化分析系统架构

本章研究科技大数据的资源融合与演化分析系统的设计方案,分别阐述了科技大数据汇聚融合需求、科技大数据汇聚融合与演化分析系统设计、科技大数据汇聚融合与演化分析功能模块详细设计、科技大数据汇聚融合与演化分析系统技术架构设计。

4.1　科技大数据汇聚融合需求分析

4.1.1　数据汇聚融合需求和挑战

科技成果数据囊括各学科记录所形成的数据、资料、文献、报告、网络科技报道等承载知识的数据。科技大数据及科技服务主要存在科技数据孤岛化、科技知识隐性化、科技价值断链化、科技服务盲目化等难题。本章深入分析了这些主要难题,提出科技大数据汇聚融合的需求,并进一步指出科技大数据汇聚融合过程中将面临的主要困难和挑战。本章中的科技大数据汇聚融合需求如图 4.1 所示。

针对科技大数据及科技服务当前存在的科技数据孤岛化、科技知识隐性化、科技价值断链化、科技服务盲目化等难题,本章分别提出四个需求,分别从多源科技数据汇聚、多媒体科技数据融合、多元价值评估以及精准个性服务等角度进行需求分析。其中,科技大数据汇聚融合系统主要面向多源科技数据汇聚和多媒体科技数据融合需求,实现科技大数据的智能融合和精准服务。

1. 多源科技数据汇聚

随着世界范围内科技事业的飞速发展,中国及其他国家都在各个科技领域取得了丰富的成就,产生了海量的科技数据。这些科技数据以多种媒质和格式存储在不同数据管理机构和单位,如万方数据电子出版社、中国科学院文献情报中心、中国知网、北京百度网讯科技有限公司、北京万方数据股份有限公司等。机构之间存在着数据流通性差、数据孤岛化等问题。为充分利用各个来源机构的海量科技大数据,提高数据利用效率,十分有必要使用多源科技数据汇聚技术,对多个来源的海量科技数据进行汇聚,以构建统一的面向大众用户和科研用户的大规模科技数据库。

第 4 章 科技大数据汇聚融合与演化分析系统架构 ·55·

四个难题	四个需求	四个挑战
科技数据孤岛化	**多源科技数据汇聚** 万方数据知识服务平台、中国知网等仅汇聚传统科技文献，需要补充互联网的数据，形成实时全面的数据	非结构化科技数据的实体识别缺失，导致其与结构化数据的融合困难，存在语义鸿沟	融不全
科技知识隐性化	**多媒体科技数据融合** 仅能检索查询文本，需要补充图像、视频等跨媒体科技数据，融合多源异构的数据资源	多源异构科技数据的知识图谱更新不及时、内容覆盖不全，导致搜索精度低	查不准
科技价值断链化	**多元价值评估** 缺乏科技大数据价值评估体系，需要建立第三方认证的多元化评估模型和评估指标	数据的多模态和跨时空特性，导致数据交易与服务协同的价值评估和认证困难	估不好
科技服务盲目化	**精准个性服务** 缺乏分类用户的精准画像，需要理解分类用户的需求，建立科技资源与用户的匹配关系	多服务、多目标的科技资源与分类用户动态需求不匹配，导致精准推荐与搜索困难	服不精

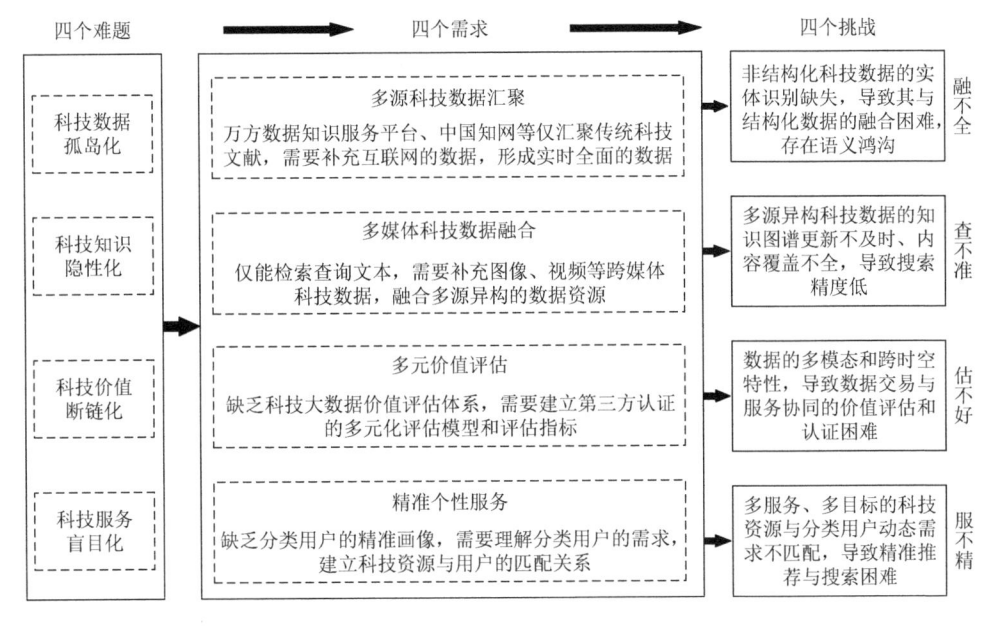

图 4.1 科技大数据汇聚融合需求

2. 多媒体科技数据融合

随着信息技术和多媒体技术的发展，各个领域的科技数据以不同媒质和格式被记录和存储，包括文本、图像、视频、语音等格式。同时，不同数据管理机构的科技数据存储格式也不尽相同。因此，本书不仅需要提供文本格式的科技数据检索和分析功能，还需要进一步提供图像、视频等跨媒体科技数据，融合多源异构的科技数据资源。

4.1.2 数据汇聚融合业务流程分析

根据科技大数据的应用场景、存储技术以及需求分析结果，本章整理了科技大数据汇聚融合业务流程，梳理了科技数据的检索和使用过程。科技大数据的汇聚融合业务流程如图 4.2 所示。

首先，来自不同机构和应用系统的用户通过本章所设计和实现的新技术大数据汇聚融合与演化分析系统提供的科技数据检索接口服务，提交各类数据检索请求。目前各个科技数据提供机构所存储的数据类别包括论文（期刊论文、会议论文、学位论文）、专利、科技资讯、图书专著、学术期刊、学术会议、科技项目、标准规范、科研机构、研究学者等。科技大数据汇聚融合与演化分析系统应当提供面向大众用户和合作科技机构用户的科技大数据检索接口服务，提供各类科技数据的普通检索和高级检索功能。

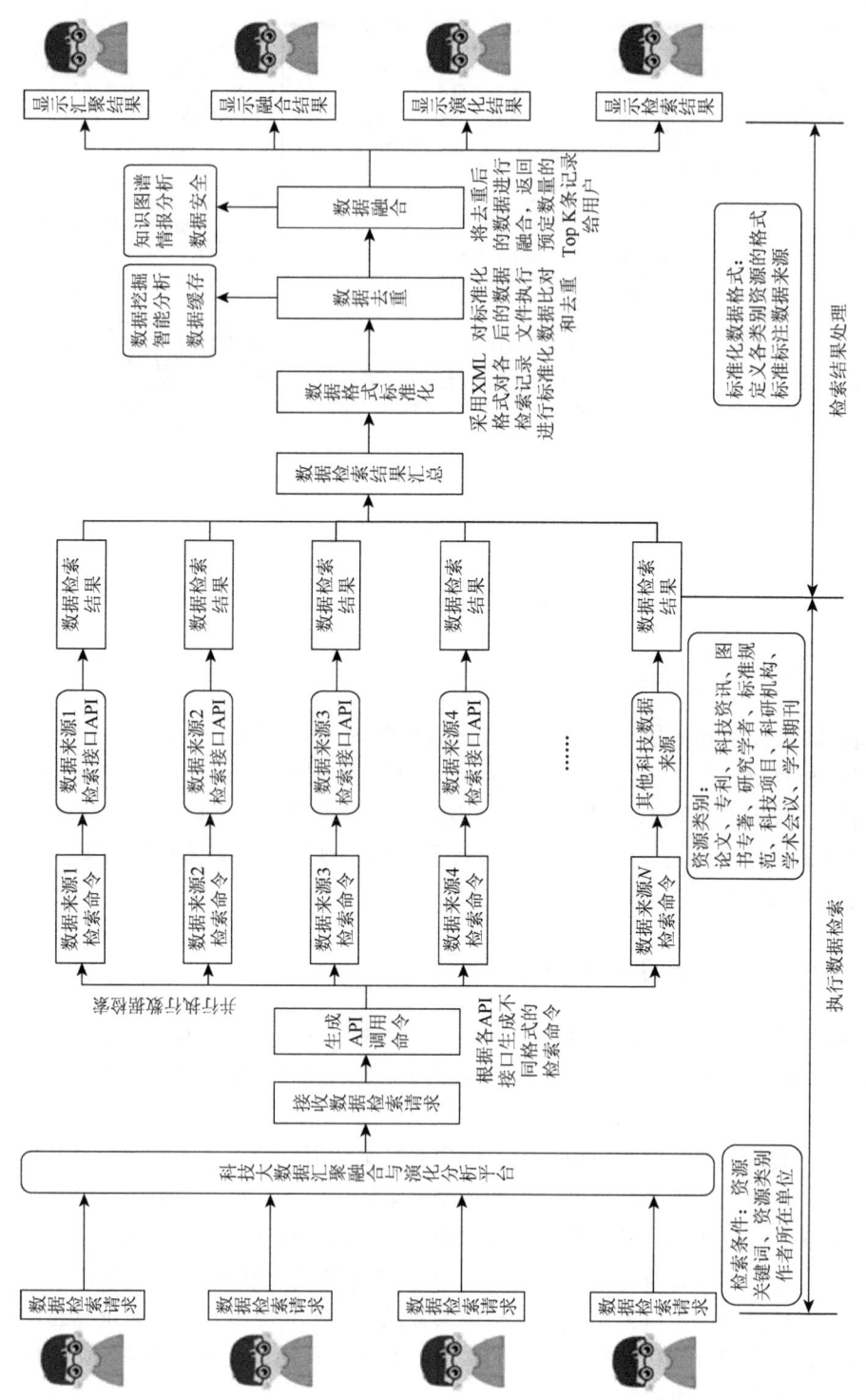

图 4.2 科技大数据的汇聚融合业务流程

其次，用户通过科技数据检索接口服务向系统提交检索请求之后，系统将根据当前用户所拥有的权限，读取其拥有的数据检索规则，根据该规则生成科技数据检索命令，接着根据科技数据检索命令和相应的检索规则，分别到指定的数据源并行执行数据检索操作。

对于每一次检索的每一个数据源，科技大数据汇聚融合与演化分析系统应当调用该数据源的检索接口，分别执行数据检索，并返回检索结果。值得注意的是，对于每一种数据类别，用户的权限不同，系统所执行的数据检索规则、检索数据源范围、检索条件也可能各不相同。因此，对于同一个检索关键词，不同权限的用户的检索结果可能各不相同，从而实现科技大数据的智能检索并满足不同用户的多样化、个性化数据检索需求。

在多源科技大数据的并行检索之后，需要对来自不同来源数据库返回的检索结果进行数据的汇聚和融合操作。具体地，科技数据汇聚和融合操作包含数据清洗、数据去重、数据融合等步骤。其中，数据清洗主要负责将含有缺失信息的科技数据进行过滤或者填充，以确保数据的关键特征属性的完整性。数据去重主要负责对多个来源的科技数据集合中重复的记录进行删除，以避免检索结果冗余。数据融合则是主要对来自多源数据集的异构数据进行特征提取和特征融合，打通不同来源的科技数据之间的媒质壁垒和格式壁垒，根据科技大数据的行业标准与相关规范，构建统一的、标准化的科技大数据。

最后，将汇聚融合之后的检索结果返回给用户，并确保数据传输过程中的可信性和安全性。因此，科技大数据汇聚融合与演化分析能够对多源异构科技大数据进行高效的汇聚融合，并为各类用户提供个性化、智能、精准的科技大数据检索服务。

4.2 系统设计

本节将研究多源异构科技数据的知识融合与演化分析方法，采用人机融合的数据汇聚融合服务架构，实现跨领域跨学科的科技大数据的汇聚融合。采用符合科技大数据的生命周期的采集和跟踪方法，构建演化分析模型，实现动态、实时地刻画数据的演进变化过程，创建科技大数据服务平台。

4.2.1 整体建设方案

研究多源异构科技数据采集和清洗、科技资源数据结构分类、高效流转及安全可靠交换机制以及科技服务规则设计与科技服务构件加工技术。研究基于神经网络学习模型的科技大数据对齐融合技术、基于特征表示学习的人机融合数据处理方法。研究动态化的数据与服务需求管理、数据分布多样化和数据流动关联化的科技大数据汇聚融合方法,提升科技大数据的智能汇聚融合效率。科技大数据汇聚融合与演化分析系统的整体架构及建设方案如图 4.3 所示。

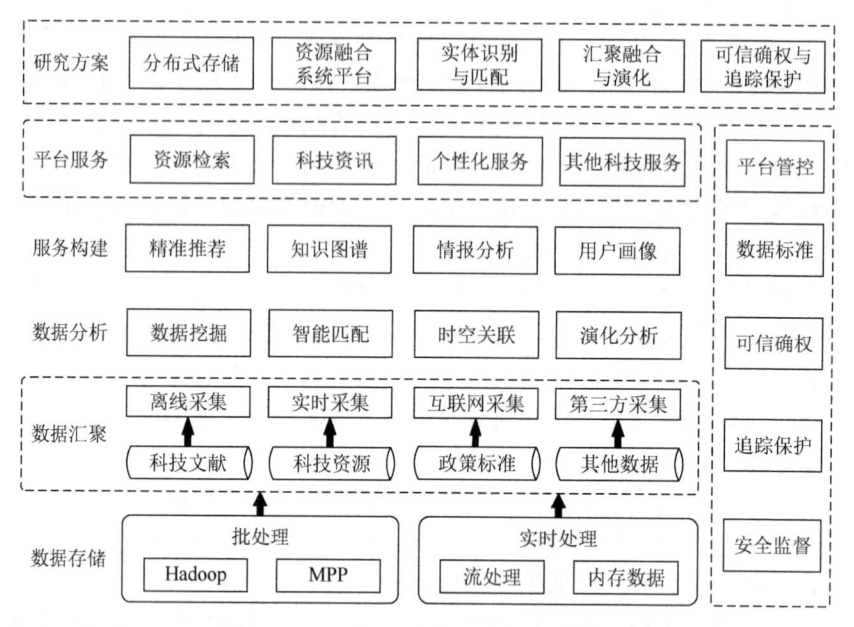

图 4.3 科技大数据汇聚融合与演化分析系统整体架构及建设方案

MPP:massively parallel processing,大规模并行处理

针对多源异构科技数据,将根据数据来源地、数据量、接收方式、接收频率,设计具有批量运行与理性执行的能力的数据处理组件,归纳出高复用的数据解析模块,研发基于 XML 和 JOSN 两套主要格式的数据解析引擎,形成一套无人值守的数据采集解析处理机制。流程分为四个模块。

(1)数据汇聚。对各类数据以离线采集和实时收集等方式进行汇聚。
(2)数据存储。将汇聚来的数据通过批处理或实时处理的形式进行存储。
(3)数据分析。通过数据挖掘、智能匹配等技术对数据进行分析。
(4)服务构建。根据需求提供相应的数据接口及服务。

4.2.2 功能模块设计方案

根据需求分析和整体建设方案,本节阐述科技大数据汇聚融合与演化分析系统的功能模块设计方案。科技大数据汇聚融合与演化分析系统的功能模块主要包括系统综合管理、基础数据管理、汇聚融合规则管理、数据检索服务、数据演化分析等。每一个功能模块又能进一步划分为若干子功能模块。科技大数据汇聚融合与演化分析系统的功能模块设计方案如图 4.4 所示。

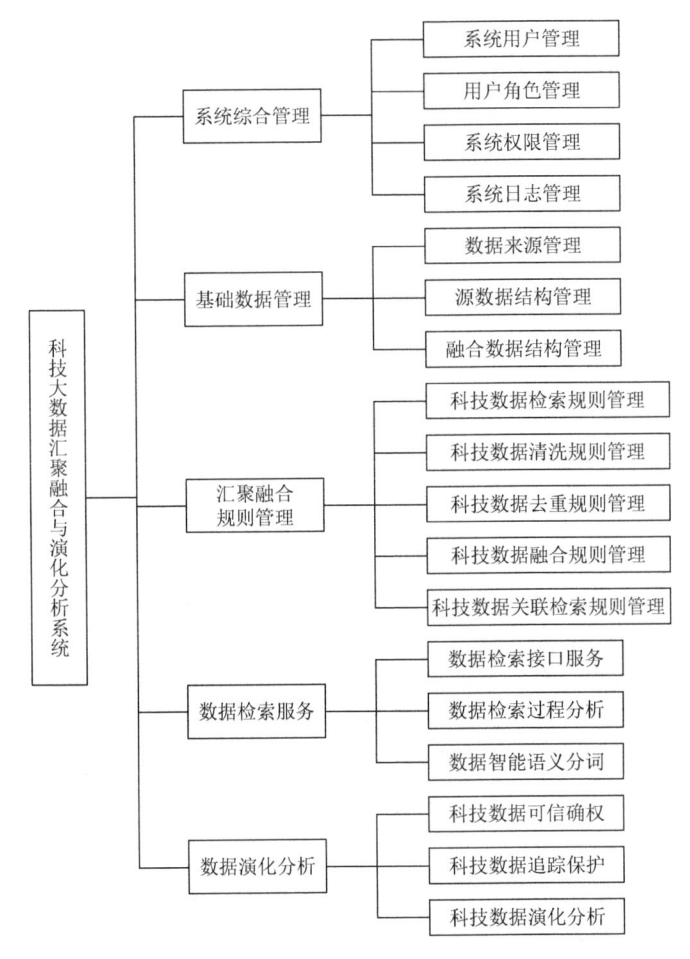

图 4.4 科技大数据汇聚融合与演化分析系统的功能模块设计方案

1. **系统综合管理**

系统综合管理模块主要负责对整个科技大数据汇聚融合与演化分析系统的用户、权限及运行状态进行综合管理。

（1）系统用户管理。系统用户管理主要负责科技大数据汇聚融合与演化分析系统所涉及的各类别操作用户的信息管理，但不包括调用数据检索接口服务的大众用户和合作机构的外部用户的信息管理。

（2）用户角色管理。系统根据功能模块设计方案和用户角色分配方案，设置系统用户的角色信息。每种用户角色拥有不同的操作权限,可以根据自身的权限管理各个相应的功能模块。

(3) 系统权限管理。该功能模块主要负责设置系统各个功能模块的访问和管理权限,并且将各个权限分配给相应的角色,赋予角色相应的操作权限。通过权限管理,可以动态控制每个用户及每种角色对各个功能模块的访问和管理。

(4) 系统日志管理。该功能模块主要负责记录每一个用户登录系统后的各种操作,以及系统的各项运行指标。通过系统日志管理,可以快速跟踪每个用户的历史操作记录,也可以快速对系统各项内容的变化进行精准溯源,确保系统的安全运行。

2. 基础数据管理

基础数据管理功能模块主要负责对整个系统中各类数据的来源机构、各类科技数据的原始数据结构和融合后的数据结构进行定义和管理。

(1) 数据来源管理。该功能模块主要负责维护各个科技数据提供机构,每个机构将根据课题项目计划,向系统开放各类科技数据检索和访问接口服务,共同提供丰富的科技大数据。通过该功能模块,可以动态地增加和管理数据提供机构和各个机构提供数据的方式。

(2) 源数据结构管理。该功能模块主要负责对每个科技数据提供机构所提供的原始数据的结构进行维护。在从数据源获取检索结果后,自动将源数据中的数据结构存储到系统数据库中,以便后续的数据清洗、数据去重和数据融合等功能的实现。

(3) 融合数据结构管理。该功能模块主要负责对各类多源异构科技数据在特征提取和特征融合之后的数据结构进行管理,即对规范化的多源异构科技数据结构进行数据清洗、数据去重和数据融合。系统将融合后的科技数据返回给各个用户,并用于后续的科技数据应用场景。

3. 汇聚融合规则管理

汇聚融合规则管理是系统的核心功能模块,主要负责对科技大数据汇聚融合过程和各项规则进行详细定义及综合管理。通过该功能模块,系统可以为不同业务场景和用户需求定义相应的多样化的数据汇聚融合规则,以满足用户的个性化的、丰富的科技数据使用需求。

(1) 科技数据检索规则管理。该功能模块负责为不同类型的科技数据的检索操作定义相应的详细的规则,包括要检索的科技数据类型,要访问的数据来源,检索过程中是否使用智能语义分词功能，数据检索后所需要执行的数据清洗、数据去重、数据融合等具体步骤。通过为不同用户分别定义相应的数据检索规则，可以最大限度地满足各类用户的科技数据使用需求。

（2）科技数据清洗规则管理。该功能模块主要负责对来自不同数据源的检索结果进行清洗，可以详细设置要清洗的数据来源、数据类别、每个数据特征属性的清洗条件，以及每一种数据清洗规则的制定时间、规则启用时间和规则停止时间。对同一种科技数据类别，系统可以根据用户实际需求，定义多种数据清洗规则，从而实现个性化科技数据清洗。

（3）科技数据去重规则管理。该功能模块主要负责对来自不同数据源的检索结果中重复的数据记录进行去重，以避免数据的冗余。系统可以详细设置要执行去重操作的数据来源、数据类别、每个数据特征属性的去重条件，以及每一种数据去重规则的制定时间、规则启用时间和规则停止时间。对同一种科技数据类别，系统可以根据用户实际需求，定义多种数据去重规则，从而实现个性化科技数据去重。

（4）科技数据融合规则管理。该功能模块主要负责对来自不同数据源的异构检索结果进行特征提取和特征融合，为每一类别的科技数据制定统一的科技数据标准。系统可以详细设置要执行融合操作的数据来源、数据类别、每个数据特征属性的融合条件，以及每一种数据融合规则的制定时间、规则启用时间和规则停止时间。对同一种科技数据类别，系统可以根据用户实际需求，定义多种数据融合规则，从而实现个性化科技数据融合。

（5）科技数据关联检索规则管理。该功能模块主要负责对不同类别的数据检索行为进行有效的关联，实现多种数据检索行为的关联检索。当用户在执行一次检索操作时，系统将会根据预定义的规则同时执行关联检索规则中的其他检索行为，为用户提供丰富的智能化的关联检索服务。

4. 数据检索服务

数据检索服务主要负责面向广大大众用户和各个合作用户提供丰富的科技数据检索服务，根据用户检索请求，将科技数据汇聚融合后返回给用户，用于各类科技数据分析和应用。

（1）数据检索接口服务。该功能模块负责根据用户的检索需求，分别为每一类科技数据定义相应的个性化的检索接口，并且与相应的检索规则进行对接。系统将提供各类科技数据的基础检索接口服务，也提供个性化的高级检索接口服务。

（2）数据检索过程分析。该功能模块负责对数据检索、数据清洗、数据去重和数据融合过程进行详细的跟踪和分析。通过该功能模块，可以详细跟踪用户发起的每一次数据检索请求,该请求分别从各个数据源中检索到的具体数据,以及数据在清洗、去重和融合等步骤中的具体状态。

(3)数据智能语义分词。该功能模块主要负责提供数据检索过程中的科技数据实体智能匹配和语义分词。对用户发起的检索请求的关键词进行语义分析和分词,并为每个分词分别执行检索操作,并对检索结果进行汇聚融合,从而实现智能化检索。

5. 数据演化分析

数据演化分析功能模块主要负责使用区块链技术对各类科技数据的生命周期进行管理,对科技数据的版权和可信性进行跟踪保护。

(1)科技数据可信确权。该功能模块主要负责对系统中的每一条科技数据信息进行可信确权,记录每一条科技数据的版权信息。通过区块链技术对数据的版权信息进行存储和管理。

(2)科技数据追踪保护。该功能模块主要负责对科技数据在产生、检索和流通过程中的状态进行追踪和保护,以确保科技数据在流通和使用过程中不被非法篡改,实现科技数据的安全和可信。

(3)科技数据演化分析。该功能模块主要负责对科技数据在其生命周期内的状态的演化进行分析,以观察每一条科技数据信息的演化进程和使用效率。

4.3 功能模块详细设计

根据整体建设方案和功能模块设计方案,本节以汇聚融合规则管理功能模块为例,阐述系统功能模块的详细设计过程。

4.3.1 科技数据检索规则管理

科技数据检索规则管理主要负责对不同类型科技数据的检索操作定义相应的详细规则,包括要检索的科技数据类型,要访问的数据来源,检索过程中是否使用智能语义分词功能,数据检索后所需要执行的数据清洗、数据去重、数据融合等具体步骤。通过为不同用户分别定义相应的数据检索规则,可以最大限度地满足各类用户的科技数据使用需求。

各个合作单位及用户可以通过调用系统所提供的数据检索服务接口分别执行相应的科技数据检索。同时,系统还提供面向广大公众用户的科技大数据检索服务平台,以供用户进行各类科技数据的检索。科技数据检索规则管理的具体设计方案如图4.5所示。

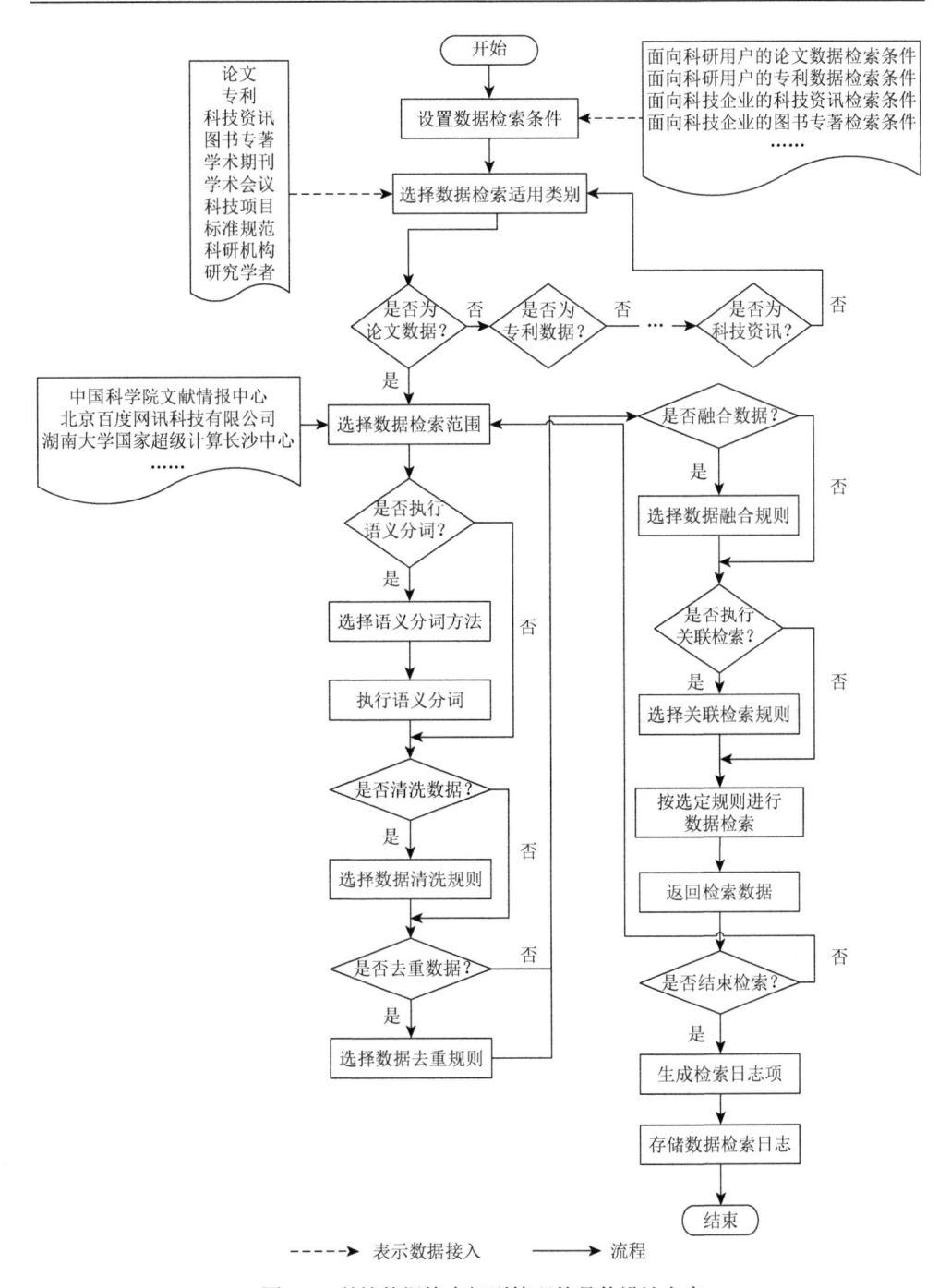

第4章 科技大数据汇聚融合与演化分析系统架构

图 4.5 科技数据检索规则管理的具体设计方案

科技数据检索规则管理的具体设计方案阐述如下。

（1）设置数据检索条件，系统可以为不同类型的用户分别定义相应的数据检索条件。例如，面向科研用户的论文数据检索条件、面向科研用户的专利数据检索条件、面向科技企业的科技资讯检索条件，以及面向科技企业的图书专著检索条件等。

（2）选择数据检索适用类别，包括论文、专利、科技资讯、图书专著、学术期刊、学术会议、科技项目、标准规范、科研机构、研究学者等。每一种数据类别将对应不同的检索规则和条件。

（3）对每一种数据类别，分别详细地定义其检索规则。例如，针对论文数据，选择当前数据检索的范围，即确定需要访问哪些数据来源机构，并从这些数据源获取相应的科技数据。

（4）在选择好数据检索条件和检索范围之后，接着判断当前检索是否执行智能语义分词功能。如果执行智能语义分词，则系统将调用智能语义分词功能模块，对用户输入的检索关键词进行实体匹配和智能分词，并对各个分词结果分别执行数据检索。

（5）分别选择检索结果所需要使用的数据清洗、数据去重、数据融合规则，从而完成数据检索流程，并将融合后的检索结果返回给用户。

4.3.2 科技数据清洗规则管理

科技数据清洗规则管理主要负责对来自不同数据源的检索结果进行清洗，可以详细设置要清洗的数据来源、数据类别、每个数据特征属性的清洗条件，以及每一种数据清洗规则的制定时间、规则启用时间和规则停止时间。对同一种科技数据类别，系统可以根据用户实际需求，定义多种数据清洗规则，从而实现个性化科技数据清洗。科技数据清洗规则管理的具体设计方案如图 4.6 所示。

科技数据清洗规则管理的具体设计方案阐述如下。

（1）设置数据清洗条件，系统可以为不同类型的用户分别定义相应的数据清洗条件。例如，面向科研用户的论文数据清洗条件、面向科研用户的专利数据清洗条件、面向科技企业的科技资讯清洗条件以及面向科技企业的图书专著清洗条件等。

（2）选择数据清洗适用类别，包括论文、专利、科技资讯、图书专著、学术期刊、学术会议、科技项目、标准规范、科研机构、研究学者等。每一种数据类别将对应不同的清洗规则和条件。

（3）对每一种数据类别，分别详细地定义其清洗规则。例如，针对论文数据，分别选择每一个需要判断清洗条件和执行清洗操作的数据特征属性（数据字段）。

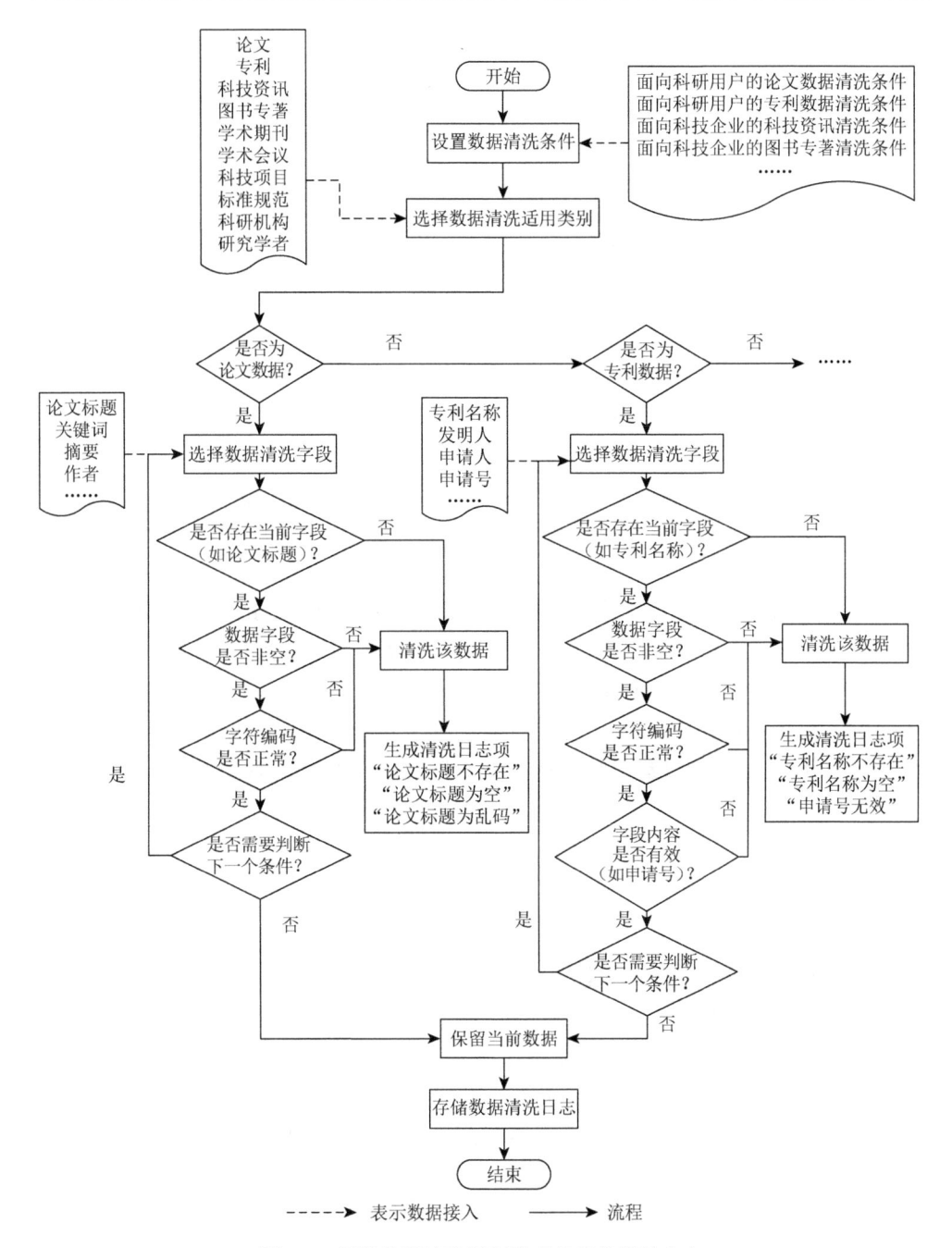

第4章 科技大数据汇聚融合与演化分析系统架构

图4.6 科技数据清洗规则管理的具体设计方案

（4）对每一个需要执行清洗的数据特征属性，进一步设置其要进行的判断操作，以及满足条件时所要执行的清洗操作。

4.3.3 科技数据去重规则管理

科技数据去重规则管理功能模块主要负责对来自不同数据源的检索结果中重复的数据记录进行去重，以避免数据的冗余。系统可以详细设置要执行去重操作的数据来源、数据类别、每个数据特征属性的去重条件，以及每一种数据去重规则的制定时间、规则启用时间和规则停止时间。对同一种科技数据类别，系统可以根据用户实际需求，定义多种数据去重规则，从而实现个性化科技数据去重。科技数据去重规则管理的具体设计方案如图 4.7 所示。

科技数据去重规则管理的具体设计方案阐述如下。

（1）设置数据去重条件，系统可以为不同类型的用户分别定义相应的数据去重条件。例如，面向科研用户的论文数据去重条件、面向科研用户的专利数据去重条件、面向科技企业的科技资讯去重条件以及面向科技企业的图书专著去重条件等。

（2）选择数据去重适用类别，包括论文、专利、科技资讯、图书专著、学术期刊、学术会议、科技项目、标准规范、科研机构、研究学者等。每一种数据类别将对应不同的去重规则和条件。

（3）对每一种数据类别，分别详细地定义其去重规则。例如，针对论文数据，分别选择每一个需要判断去重条件和执行去重操作的数据特征属性（数据字段）。

（4）对每一个需要执行去重的数据特征属性，进一步设置其要进行的判断操作，以及满足条件时所要执行的去重操作。

4.3.4 科技数据融合规则管理

科技数据融合规则管理功能模块主要负责对来自不同数据源的异构检索结果进行特征提取和特征融合，为每一类别的科技数据制定统一的科技数据标准。系统可以详细设置要执行融合操作的数据来源、数据类别、每个数据特征属性的融合条件，以及每一种数据融合规则的制定时间、规则启用时间和规则停止时间。对同一种科技数据类别，系统可以根据用户实际需求，定义多种数据融合规则，从而实现个性化科技数据融合。科技数据融合规则管理的具体设计方案如图 4.8 所示。

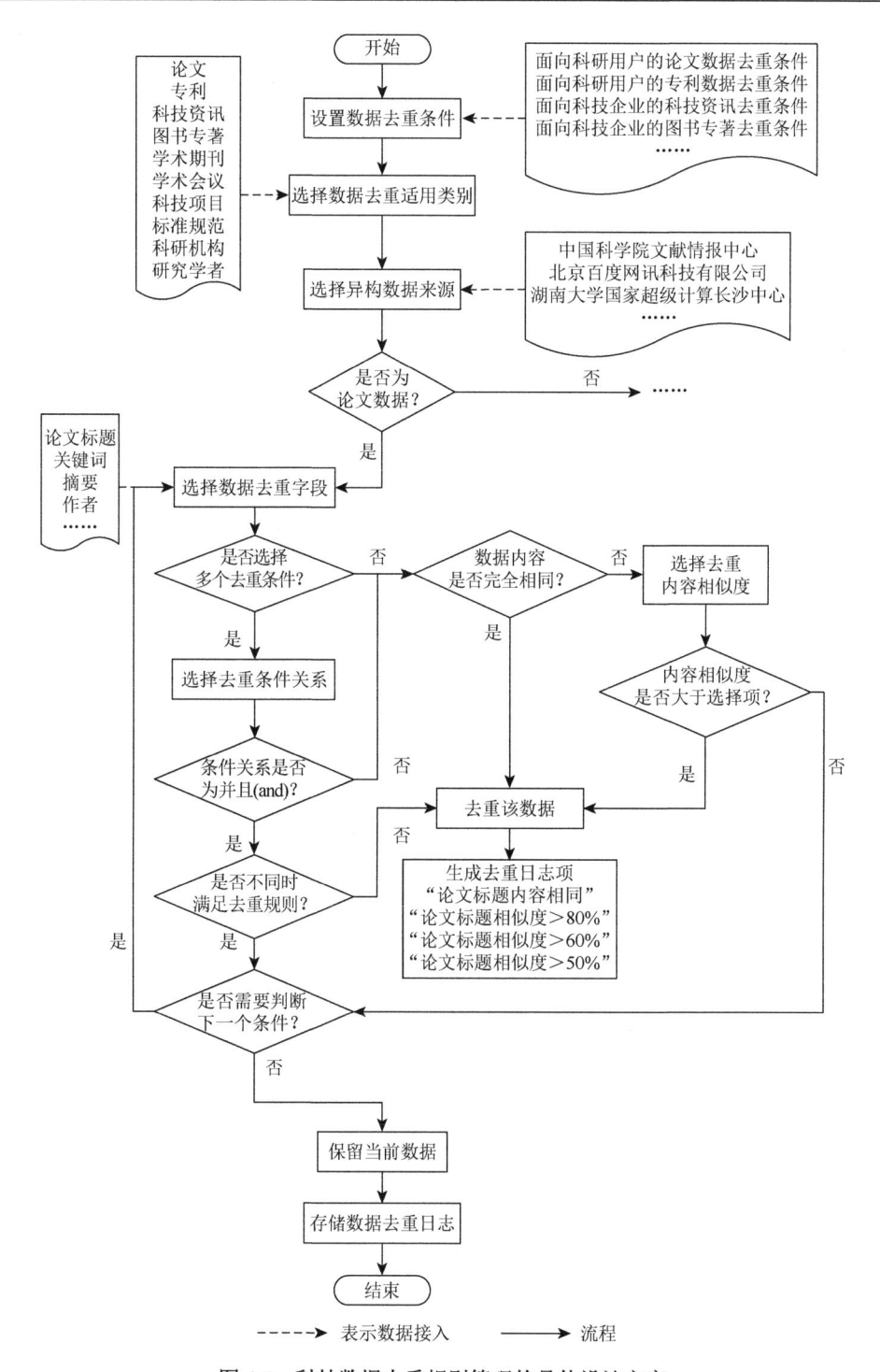

第4章 科技大数据汇聚融合与演化分析系统架构

图4.7 科技数据去重规则管理的具体设计方案

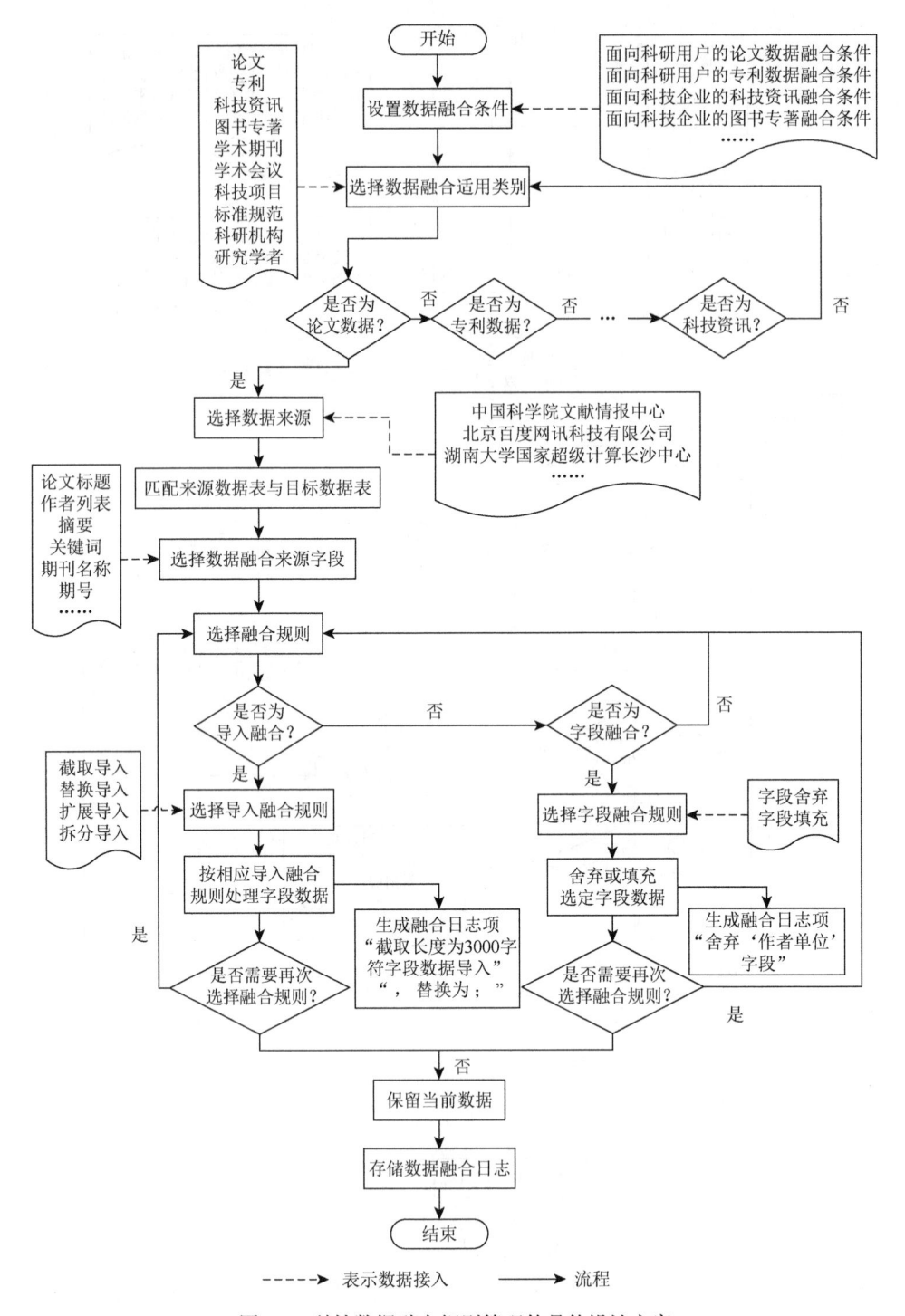

图 4.8　科技数据融合规则管理的具体设计方案

科技数据融合规则管理的具体设计方案阐述如下。

（1）设置数据融合条件，系统可以为不同类型的用户分别定义相应的数据融合条件。例如，面向科研用户的论文数据融合条件、面向科研用户的专利数据融合条件、面向科技企业的科技资讯融合条件，以及面向科技企业的图书专著融合条件等。

（2）选择数据融合适用类别，包括论文、专利、科技资讯、图书专著、学术期刊、学术会议、科技项目、标准规范、科研机构、研究学者等。每一种数据类别将对应不同的融合规则和条件。

（3）对每一种数据类别，分别详细地定义其融合规则。例如，针对论文数据，选择当前数据来源的范围，即需要对哪些数据来源机构的源数据执行数据融合操作。每个数据来源的源数据格式和特征可能各不相同。

（4）分别设置需要执行数据融合的特征属性，以及每一个特征属性的具体融合行为。

（5）根据融合规则，对多源异构科技数据执行数据融合，生成统一标准的科技数据，并返回给用户。

4.3.5 科技数据关联检索规则管理

科技数据关联检索规则管理功能模块主要负责对不同类别的数据检索行为进行有效的关联，实现多种数据检索行为的关联检索。通过关联检索，当用户在执行一次检索操作时，系统将会根据预定义的规则同时执行关联检索规则中的其他检索行为，为用户提供丰富的智能化的关联检索服务。科技数据关联检索规则管理的具体设计方案如图 4.9 所示。

科技数据关联检索规则管理的具体设计方案阐述如下。

（1）设置数据关联条件，系统可以为不同类型的用户分别定义相应的数据关联检索条件。例如，面向科研用户的论文数据关联检索条件、面向科研用户的专利数据关联检索条件、面向科技企业的科技资讯关联检索条件，以及面向科技企业的图书专著关联检索条件等。

（2）选择数据关联检索范围，包括论文、专利、科技资讯、图书专著、学术期刊、学术会议、科技项目、标准规范、科研机构、研究学者等。每一种数据类别将对应不同的关联检索规则和条件。

（3）对每一种数据类别，分别详细地定义其关联检索规则。例如，针对论文数据，选择当前数据检索的范围，即确定需要访问哪些数据来源机构，并从这些数据源获取相应的科技数据。

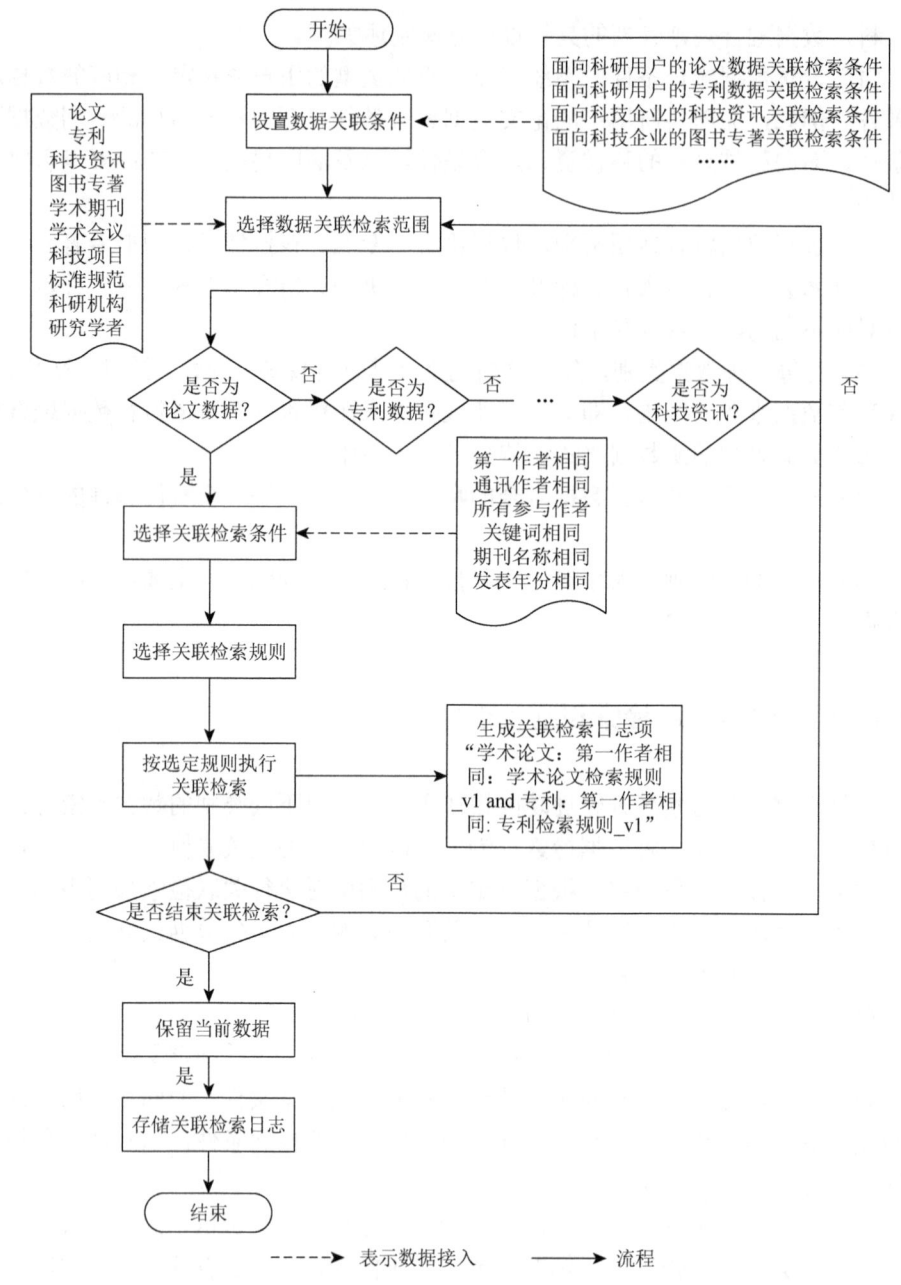

图 4.9 科技数据关联检索规则管理的具体设计方案

（4）在选择好数据检索条件和检索范围之后，接着分别选择要关联的检索条件。例如，"第一作者相同"的关联条件表示当用户检索某一篇论文时，系统将自动提取该论文的第一作者的信息，并且进一步以该作者姓名为检索关键词，继续检索该作者发表的其他相关论文。"关键词相同"的关联条件表示当用户检索某一篇论文时,系统将自动提取该论文的关键词信息,并且进一步以这些关键词信息为检索关键词,继续检索相关的论文信息。

(5)系统将根据所制定的关联检索规则,执行相应的检索操作,并且将检索过程存储到系统关联检索日志中。

4.4 系统技术架构设计

4.4.1 系统整体技术架构

科技大数据汇聚融合与演化分析系统通过建立数据交换共享平台完成各个平台系统的数据对接互访及交换共享,存储归集到的数据,利用统一的基础数据及第三方认证系统对数据进行认证清洗,建立大数据处理模型并采用相应数据处理算法对数据进行处理分析,以此形成对数据的抽取、整理、清洗、存储、分析和服务共享的全过程大数据综合处理。系统整体技术架构如图 4.10 所示。

表现层	HTML5	JSP	AJAX	jQuery	CSS
数据交换层	HTTP/HTTPS		JSON		XML
服务支持层	nginx		微服务		负载均衡
服务实现层	Spring	SpringMVC	SpringBoot		SOAP
	RESTful	Log4j	Hibernate		Druid
存储层	Oracle		MySQL		SQL Server
基础设施层	Tomcat		Weblogic		Windows

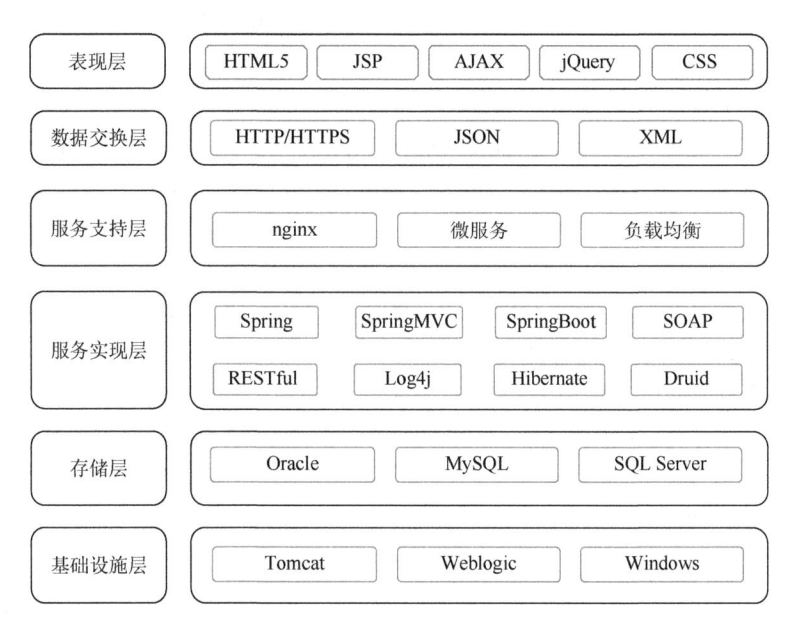

图 4.10 系统整体技术架构

JSP(Java server pages,Java 服务器页面);AJAX 是 asynchronous Javascript and XML 的简称,即基于 XML 的异步 JavaScript;CSS(cascading style sheets,串联样式表);HTTP(hypertext transfer protocol,超文本传送协议);HTTPS(hypertext transfer protocol secure,超文本传输安全协议);SOAP(simple object access protocol,简单对象访问协议)

从图 4.10 可以看出，整个系统的整体技术架构由基础设施层、存储层、服务实现层、服务支持层、数据交换层、表现层构成。其中，采用 SpringMVC 技术实现整体结构及前端控制，Hibernate 主要负责数据访问，Spring 负责将各大组件黏合在一起组成一个完整的软件架构。

在基础设施层中，使用 Tomcat 和 Weblogic 作为服务器部署整个 Web 项目，相比于 Tomcat，Weblogic 更加强大。常用的 J2EE[①]应用服务器 Weblogic 包含 WML（wireless markup language，无线标记语言）、JDBC（Java database connectivity，Java 数据库连接）、XML 等。整个系统都是在 Windows 系统上进行开发的。

在存储层中，使用 MySQL/SQL Server 数据库对数据进行存储，MySQL/SQL Server 采用 SQL 语言浏览数据库。在 Web 运用层面，最优的 RDBMS（relational database management system，关系数据库管理系统）为 MySQL，而 SQL Server 可跨越多平台应用。

在服务实现层中，使用"Spring + SpringMVC + SpringBoot"框架搭建整个 Web 项目，SOAP 协议来交换信息，并采用 RESTful 风格形式作为 Web 数据接口的设计，使用 Hibernate 数据访问层框架对 JDBC 进行了封装，达到间接访问数据库的目的，最后通过 Druid，一个高效的数据查询系统，来解决对大量的基于时序的数据进行聚合查询问题。

在服务支持层中，nginx 作为一个高性能的 HTTP 和反向代理 Web 服务器，同时也提供了 IMAP（internet mail access protocol，电子邮件访问协议）、POP3（post office protocol 3，邮局协议 3）、SMTP（simple mail transfer protocol，简单邮件传输协议）服务。使用微服务作为开发系统的架构和组织方法，将应用程序构建成独立组件，并将各个应用程序进程作为一项服务运行。使用负载均衡来提供一类高效低价的方法扩展服务器及网络设备的带宽、提升网络数据的处理能力、提高吞吐量、增强网络的有效性及敏捷性。

在数据交换层中，使用 HTTP/HTTPS 协议来规定浏览器和服务器之间的相互通信，通过基于 TCP/IP（transmission control protocol/internet protocol，传输控制协议/网际协议）来传递数据，并使用 JSON 与 XML 数据交换格式，JSON 格式不仅易于阅读和理解，也易于机器解析和生成。XML 格式更加简单，在任何应用程序中都能简单地读写数据。

在表现层中，使用 HTML5、JSP、AJAX、jQuery、CSS 等用于呈现系统所有的页面。

---

① J2EE 的全称是 Java 2 platform enterprise edition，它是由 SUN 公司领导、各厂家共同制定的工业标准。

1. SpringMVC 技术的整体控制流程

（1）客户端向分发器发送请求。
（2）由分发器控制器查询 HandlerMapping，找到处理请求的控制器。
（3）控制器调用业务逻辑处理之后，返回 ModelAndView 对象。
（4）分发器对视图解析器进行查询，找出 ModelAndView 对象指定的视图。
（5）视图负责将结果显示到客户端。

2. Hibernate 技术

作为开放源代码的对象关系映射框架，Hibernate 对 JDBC 的对象封装是轻量级的，它建立了数据库表和 POJO（plain ordinary Java object，简单的 Java 对象）的映射关系。它是一个全自动的 ORM（object relation mapping，对象关系映射）框架，能自动生成并执行 SQL 语句，让 Java 程序员能灵活地用对象编程的思维操作数据库。

3. Spring 技术

Spring 框架是系统的核心部分，系统各部分的整合由它来完成。IOC（inversion of control，控制反转）容器由 Spring 提供，它是数据访问对象（data access object，DAO）组件及业务逻辑组件的工厂，担当生产和管理实例的责任。

4.4.2 系统实现技术方案

系统的实现技术方案如图 4.11 所示。
系统的详细实现技术具体设计流程阐述如下。
（1）在展示层中，用户可以通过访问系统后台或者网站，向浏览器发送请求，浏览器则会将请求发送至对应的控制层中，如论文检索控制层、专利检索控制接层、研究学者检索控制层、科研机构检索控制层等。
（2）控制层则会调用业务层中的具体方法，包括统计论文数量、展示论文列表、修改论文内容、删除论文等。
（3）当业务层中的方法需要访问数据库时，业务层会调用数据访问层，以进行数据库的增删改查等操作。
（4）存储层中，使用 MySQL/SQL Server 数据库对数据进行存储，方便数据访问层进行访问，并将数据传输到数据访问层中。
（5）基础设施层作为整个系统的基础，使用 Tomcat 和 Weblogic 等作为服务器部署整个 Web 项目。
系统的实现技术流程如图 4.12 所示。

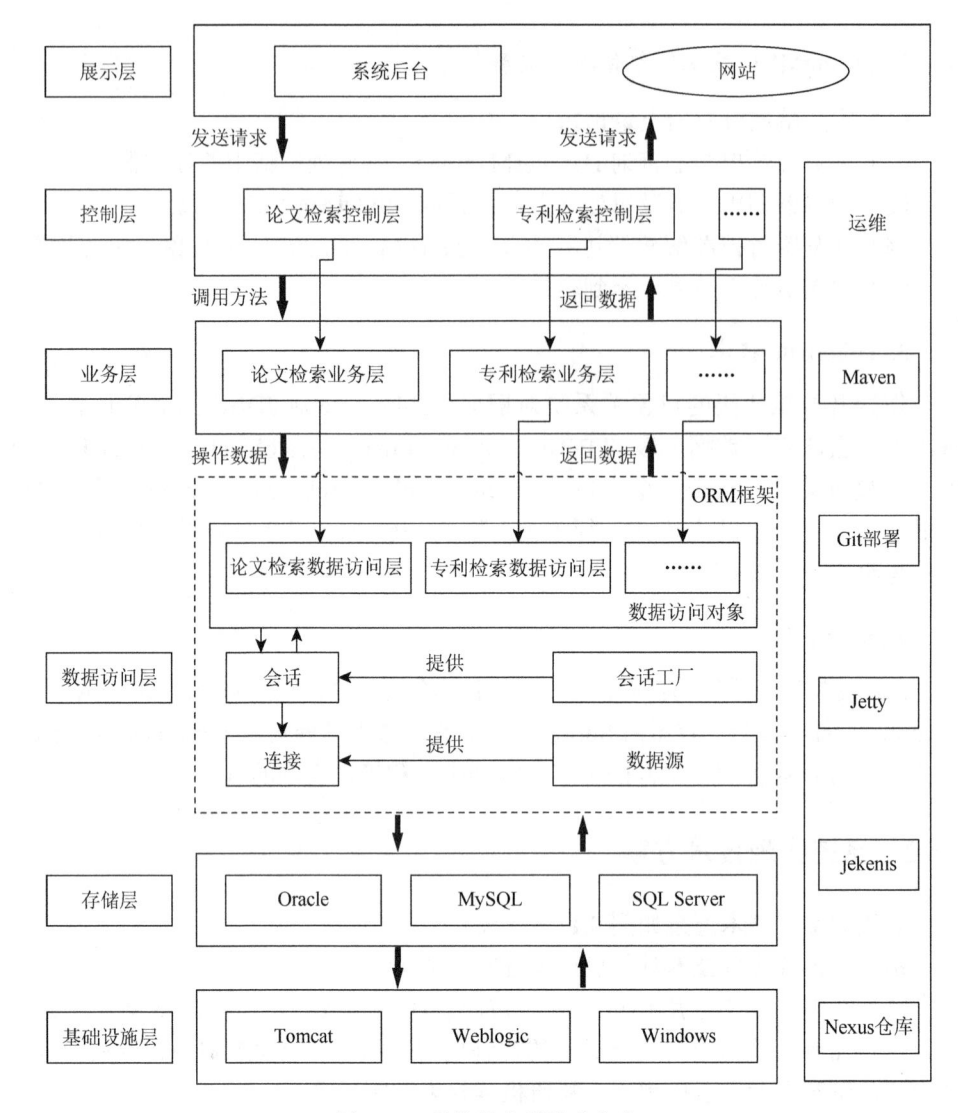

图 4.11　系统的实现技术方案

以论文检索模块为例，系统的实现技术具体设计流程如下所述。

（1）用户通过访问系统主页，选择检索论文跳转到论文检索界面，并向浏览器发出请求。

（2）检索界面提交访问论文检索接口请求到控制层，控制层则会向检索界面返回对应的页面和数据。

（3）控制层接着调用业务层的方法进行处理，而业务层则会向控制层返回对应的数据。

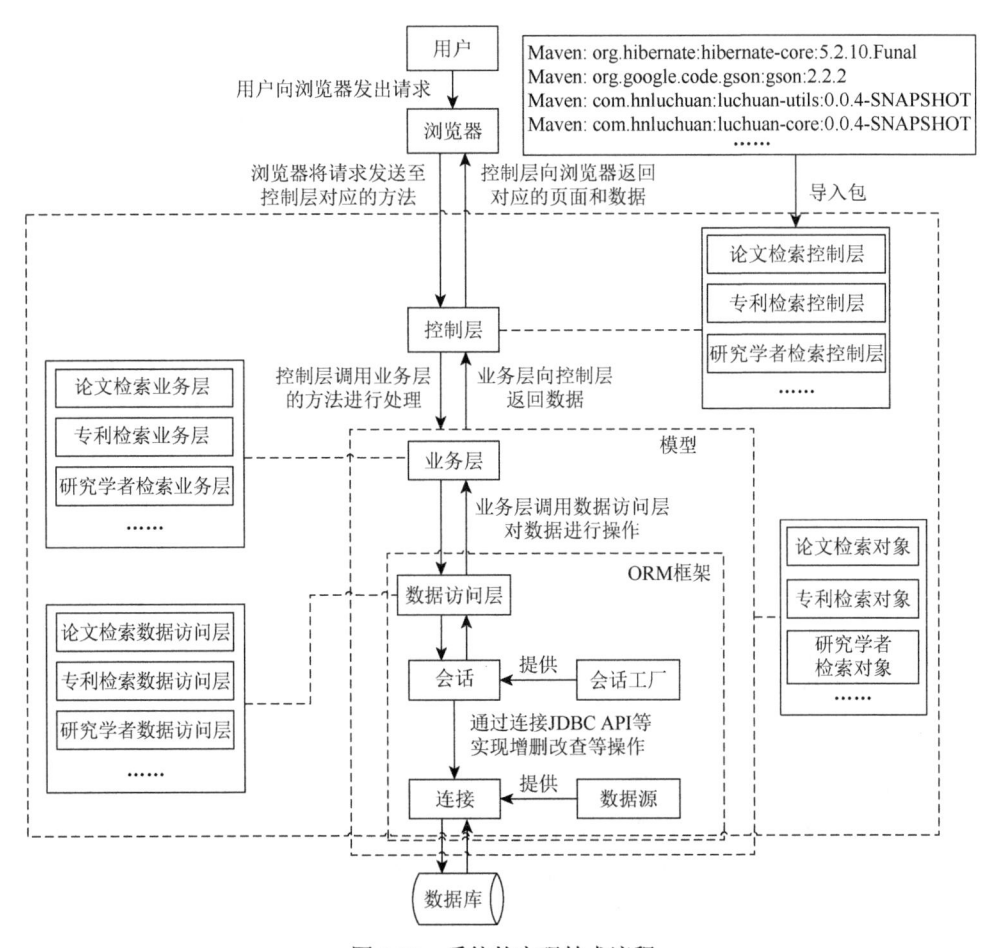

图4.12 系统的实现技术流程

（4）当需要访问数据库查询论文时，业务层则会调用数据访问层，对数据库中的数据进行操作。其中 SessionFactory 对象是数据存储源的代理，承担 Session 对象的创建任务。Session 对象用于初始化 Hibernate，是持久化操作的基础。然后通过连接等 JDBC API 对象实现增删改查等操作。

（5）数据库将查询到的论文数据逐步往上层传递，最终显示在检索页面内。

4.5 本章小结

本章主要研究科技大数据的汇聚融合与演化分析系统的需求分析和方案，首先对科技大数据汇聚融合的需求和所面临的挑战展开分析，其次进行系统设计，包括系统整体建设方案和各个功能模块的详细设计方案，最后确定系统将要采用的整体技术架构和系统实现及部署所采用的实现技术等。

第 5 章 科技大数据汇聚融合机制

本章研究数据采集层中的多源异构科技数据采集和清洗技术、数据存储层中的各类科技资源数据结构分类技术、数据交换层中的高效流转及安全可靠交换机制，阐述科技大数据的汇聚融合机制，为整个课题乃至项目提供数据建模理论支撑。本章研究科技大数据智能探测与汇聚融合技术，形成一套对多源异构知识进行解析、筛选、映射、融合、对齐的有机关联机制，实现从元数据记录层、知识实体层及知识关系层的智能数据融合与演化分析。

5.1 多源异构科技数据源语义映射机制

5.1.1 跨模态语义映射

随着科学技术的快速发展，跨模态多源异构科技数据检索已成为近年来备受关注的主题。科技数据不仅限于文本文字形式，图像、视频和音频数据的大规模出现给科技数据检索带来了机遇和挑战。然而，传统的基于单模态的检索系统通常通过在单一模态内搜索信息来执行，它导致多模态数据没有得到充分利用。考虑来自不同模态的科技数据在数据检索领域是必要和重要的。现有研究工作表明，一种模态可以是另一种模态的语义补充。与基于单模态的检索系统相比，跨模态和多模态检索系统可以显著提高检索性能[66, 67]。

不同模态的数据之间存在"语义鸿沟"，而跨模态科技数据检索正是一种新出现的用于弥合不同科技数据模态之间差异的机制。它通常处理为给定的文本查询检索图像或为给定的音频查询检索视频的问题，并且已经提出了几种跨模态方法来处理这些问题。在这些工作中，跨模态相关学习得到了广泛的研究，特别是在图像-文本混合多媒体数据上。尽管以前的工作取得了重大成就，但是当前方法仍然存在一些局限性：①低级或复杂的特征被用作科技数据中的图像特征，这使得这些方法难以探索跨模态的高级语义相关性。②训练联合模型需要大量的先验知识（如相似矩阵和排序示例）。③联合建模学习中处理未配对数据的能力较差。因此，为多模态数据构建有效的联合模型并非易事。

5.1.2 科技数据语义网格构建

本体论是一个哲学概念，是对客观现实的系统解释，关注客观现实的抽象性。1998 年，Studer 教授提出了"本体是关于共享概念模型的明确形式化的规范"，这一定义在 AI 中被广泛接受。实际上，本体是对一个领域的一套规范和清晰的描述。它包括类（或概念）、每个类的属性、属性约束以及属性之间的联系。

在科技大数据领域，将本体用于数据集成系统的主要意义在于，它使本体作为中介或代理，使大量异构数据源对用户透明。也就是说，用户可能不知道数据源的结构，只需要提交对本体的查询，根据语义定义和语义关系，系统可以自动将针对本体的查询重写为针对某个数据源的查询。这样，用户就可以只提出需要的数据，而无须指出如何查找数据。

借助科技数据本体建模技术，学习各个科技领域的专家知识，使用可视化建模工具 protege 创建电子病历（electronic medical record，EMR）的本体树和本体图。EMR 本体库可以基于网络本体语言建立。在此基础上，可以通过增加插件来扩展网格中间件。当用户提出科技数据检索请求时，网格中间件先将查询重定向到本体库，利用语义相似度计算的方法进行语义扩展，然后进行查询转换，访问异构数据源，从而将数据网格更改为语义网格。

5.1.3 关键字到关系数据库

使用关键字检索信息是一种简单的搜索技术。这种技术日益普及，它实际上已成为用户与万维网[68]交互的标准。但是，它不能适用于所有存储方式，如数据存储的主要形式——关系数据库。

在关系数据库中进行查询需要事先了解存储结构和结构化语言（如 SQL）的语法。然而，大多数用户不具备相关的语法知识，这就极大地限制了用户对存储数据的访问。此外，大多数用户并不知道 Web 上有哪些可用的数据库，并且可能在查询处理之前选择相关数据库。

研究人员在研究和开发活动中做出了巨大努力，以将基于关键字的搜索能力扩展到遵循关系范式的数据源。相关问题包括：①语义分析必须考虑关键字之间的相互依存关系。即使查询由一个简单的关键字列表组成，每个关键字的含义也不是独立于其他关键字的含义；它们一起代表用户在创建查询时想要的概念。②适当的查询分段会考虑关键字的联合映射，而不是假设每个关键字代表数据库中的单个角色。例如，关系 Employee（Id、Name、Address、Salary、Super_id、

Department_id）的模式，查询"employee Houston Tx"的一种可能解释是"居住在地址 Houston Tx 的员工"。因此，对于 Employee 的属性 Address，期望关键字 Houston 和 Tx 一起映射，而不是单独映射数据库结构。③某些关键字在查询中具有特殊含义，如汇总（聚合）函数、最高级等，因此无法将它们映射到相应的数据库结构。再次参考关系 Employee，查询"最高工资"，查询结果不是一组包含关键字"最高"和"工资"的相互关联的元组。④映射过程探索查询关键字与外部源的相对位置，以产生对查询表示的语义的更准确假设。此假设基于查询关键字之间可能存在相互依赖性的事实。换句话说，每个关键字的含义并不独立于其他关键字的含义；所有这些都共同代表了用户在创建查询时想到的概念。此外，并非所有关键字都表示实例值，其中大部分是相邻关键字的元数据。

本书提出的映射过程基于 Keymantic 算法，它使用由二维数组组成的权重矩阵，查询中的每个关键字占一行，每个数据库术语占一列[69]。单元格的值表示与关键字和数据库术语之间执行的映射相关的权重。在权重矩阵中可以区分两个子矩阵。第一个子矩阵对应与模式元素相关的数据库术语，即关系和属性。第二个子矩阵对应属性值，即属于属性域的元素。与模式元素相关的数据库术语称为模式术语，而与属性域相关的数据库术语称为值术语。

在映射过程中进行了五个步骤。

（1）模式术语和值术语的内在权重计算。要计算内在权重，需要计算每个查询关键字和每个数据库术语之间的相关性。模式术语的计算是通过探索和结合一些基于从数据库中提取的结构和词汇知识以及外部知识（如本体、叙词表等）的相似性技术来执行的。内在价值权重的计算方法利用了领域信息，并且表示关键字是否属于属性域的判断结果。

（2）为模式项选择最佳映射。基于子矩阵的内在权重生成一系列映射。每个映射将一定数量的关键字与模式术语相关联。未映射的关键字将在值项映射的后期阶段考虑，仅选择达到最高分数的映射。

（3）大众的语境化和价值词最佳映射的选择。基于前一阶段生成的部分映射，映射未映射的关键字。该映射分两个阶段进行。在第一阶段，每个部分映射生成一个更新的子矩阵，使得子矩阵的内在权重更新为第一步中生成的关键字以显示未映射的关键字与已为模式术语映射的关键字之间的相互依赖关系。在第二阶段，给定一个更新的子矩阵，生成未映射的关键字的最突出值项的映射。

（4）配置的生成。对数据库术语进行关键字的总映射，形成配置。配置的得分是元素在权重矩阵中权重的和。

（5）解释的生成。一旦计算出最佳配置，就可以生成关键字查询的解释，即 SQL 查询。每个 SQL 查询的分数是其各自配置的分数。配置只是关键字到数据库术语的映射，这些术语之间不同连接路径的存在导致了多种解释。

5.2 基于领域知识的科技大数据采集规则

本章设计了一种基于领域知识的科技大数据聚合检索和采集方法。基于给定的科技数据检索需求 $q \in Q_{AP}$，以及一个未知的检索数据集 D，评估每个科技数据检索请求 q 和检索数据集 D 之间的聚合相关性，该方法利用了整个科技数据网络的领域知识和真实数据带来的约束 $d \in D$，构建观察的数据子集 $D' \subseteq D$。如果数据检索和数据访问层的协议可靠，则来自 D' 的数据聚合关联程度要小于 D，从而可以评估给定的时间间隔内的任何一个检索关键词的检索质量。此外，就整个检索结果集而言，这种方法有效节省了数据检索成本。

5.2.1 多源异构科技数据采集技术方案

本章所设计的多源异构科技数据采集技术方案如图 5.1 所示。
多源异构科技数据的采集流程分为以下四个步骤。
（1）配置信息映射表，对各类数据源建立一个解析配置文件。
（2）文件预处理，自动递归解压。
（3）抽取单个文件数据并加载到本地文件系统。
（4）将多文件的合并结果数据加载到 HDFS 集群，通过 Hive 外表形式构成数据仓库。

5.2.2 科技大数据领域知识聚合检索

假设有一个科技大数据集合 $D = \{d_1, d_2, \cdots, d_n\}$，其中，$n$ 为科技数据的类别数量。对于每一类科技数据 d_i，它包含 m 种不同的数据特征（也称为元数据或者数据属性）。因此，每一类科技数据 d_i 的数据可以用向量来描述 $d_i = \{df_{i,1}, df_{i,2}, \cdots, df_{i,m}\}$，从而可以得到一个科技数据矩阵，如式（5.1）所示。

$$D = \begin{bmatrix} d_1.df_{1,1} & d_1.df_{1,2} & \cdots & d_1.df_{1,m} \\ d_2.df_{2,1} & d_2.df_{2,2} & \cdots & d_2.df_{2,m} \\ \vdots & \vdots & & \vdots \\ d_n.df_{n,1} & d_n.df_{n,2} & \cdots & d_n.df_{n,m} \end{bmatrix} \quad (5.1)$$

矩阵 D 中的每一列代表整个科技数据集在某个元数据的特征值集合。每一行表示一类科技数据。所有的科技数据聚合检索和采集操作都需要处理矩阵 D 中的一列或几列。此外，在大多数情况下，每一类科技数据的值都存在其相应的领域

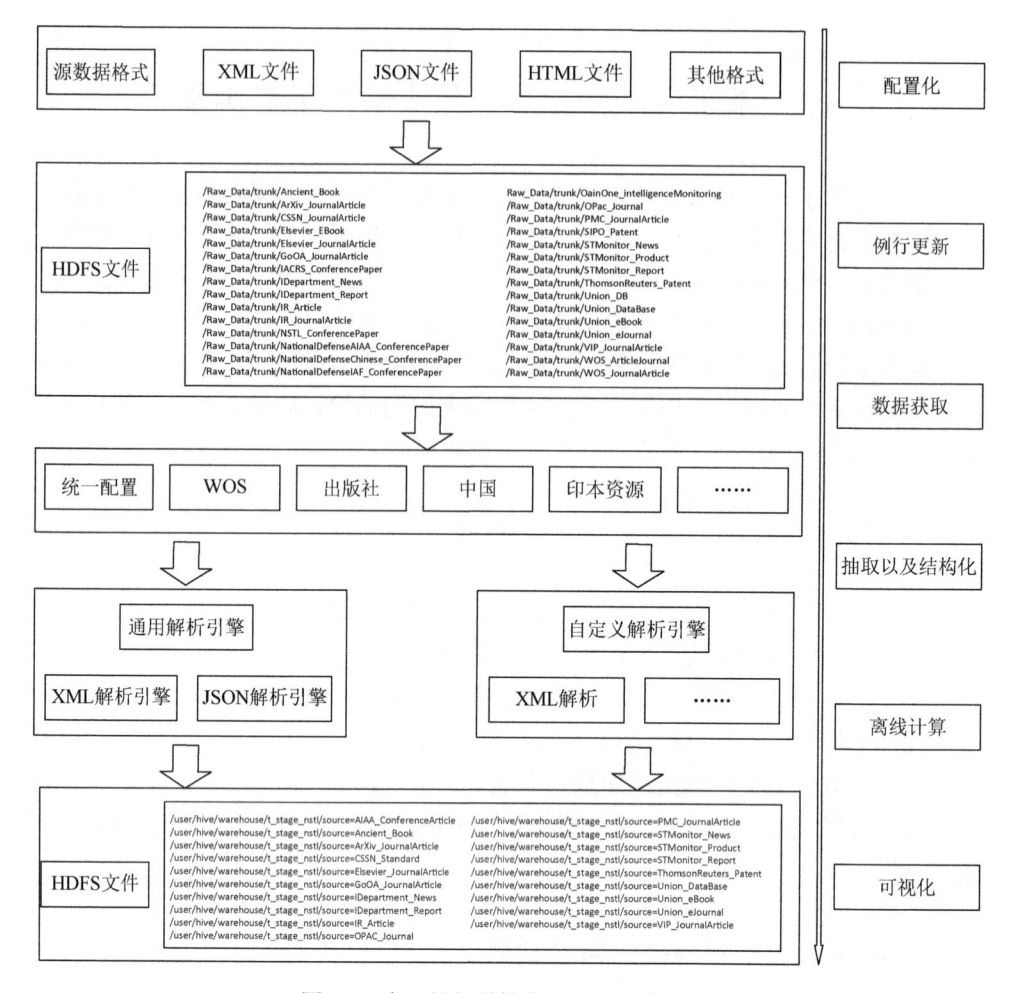

图 5.1 多源异构科技数据采集技术方案

知识，如论文数据中的论文摘要和关键词，表示为 $d_i.\mathrm{df}_{i,j} \in [\mathrm{LB}_{i,j}, \mathrm{UB}_{i,j}]$。其中，$\mathrm{LB}_{i,j}$ 和 $\mathrm{UB}_{i,j}$ 为当前科技数据的元数据的取值范围。因此，在没有任何实际数据检索结果的情况下，可以得知每一类科技数据的元数据检索范围：

$$\begin{cases} D_{\mathrm{LB}} = \sum_{i=1}^{n}(\mathrm{LB}_{i,j}) \\ D_{\mathrm{UB}} = \sum_{i=1}^{n}(\mathrm{UB}_{i,j}) \end{cases} \quad (5.2)$$

然而，随着科技数据检索行为的持续进行，能够收紧每一类数据的元数据值的下界和上界范围。假设当前某 k 个类别的科技数据被检索，而其他 $(n-k)$ 个类别的科技数据未被检索到，则可以将科技数据的检索集合划分为两组，并分别计算其数据检索的元数据取值范围：

$$\begin{cases} D_{\text{LB}} = \sum_{i=1}^{k}(d_i.\text{df}_{i,j}) + \sum_{i=k+1}^{n}(\text{LB}_{i,j}) \\ D_{\text{UB}} = \sum_{i=1}^{k}(d_i.\text{df}_{i,j}) + \sum_{i=k+1}^{n}(\text{UB}_{i,j}) \end{cases} \quad (5.3)$$

5.3 基于粗糙集理论的科技大数据清洗方法

5.3.1 粗糙集理论

粗糙集理论是一种新的数据挖掘方法，它可以用来管理模糊性及发现隐藏在数据中的重要事实。文献表明，当前基于粗糙集理论的方法不能保证决策表的分类是可信的，并且在增量添加新属性时无法生成鲁棒的决策规则，但对于没有缺失值的高质量数据，可以有效地对数据集进行分类。科技数据集中的缺失值可能是由不同数据来源在原始数据录入和存储时出现的数据元素未录入，或者是由不同科研机构和出版机构对科技数据的元数据定义标准不同所导致的。因此，本章设计了一种基于粗糙集理论的科技数据清洗和缺失值插补算法，用于处理因丢失值和不完整信息而发生的缺失值。此外，目前的粗糙集算法具有高效生成分类规则集的能力，但不能在给定新数据时增量生成规则。在实际应用中，数据库的记录器往往是动态增加的。如果出现新数据，则必须重新计算整个数据库，这个过程是消耗了大量的计算时间和内存空间。

粗糙集理论经常被证明是用于分析对象的模糊描述（在决策问题中称为动作）的优秀数学工具。关于信息的质量，形容词模糊意味着不一致或歧义，它遵循信息颗粒化的处理规则。粗糙集哲学基于这样一个假设，即宇宙中的每个对象都与一定数量的信息（数据、知识）相关联，这些信息通过用于对象描述的某些属性来表示。如果关联的对象具有相同描述，那么对可用信息而言，这些对象是不可分辨的（相似的）。在粗糙集理论中，约简是属性的最小子集，它使宇宙元素的分类与整个属性集相同。换句话说，不能约简的属性对全域元素的分类来说是多余的。因为核心对象是所有约简对象的交集，所以包含在每一个约简对象中，其中核心对象的每个元素都属于某个约简对象。因此，从某种意义上说，核心是最重要的属性子集，因为它的任何元素都不能在不影响属性分类能力的情况下被删除。核心和约简是基本的粗糙集概念，可用于知识约简。

粗糙集的概念可以通过拓扑操作、内部和闭包（称为近似）来定义。假设给定一组称为科技大数据的对象 S 和不可分辨关系 $U \subseteq S \times S$，代表缺乏等价关系。

设 L 是 S 的子集。为了描述关于 U 的集合 L，以下给出粗糙集理论的基本概念。

令 L 为 U 的一组下近似集合（某些对象的集合），即对于这些对象，可以确定的将其分类为 L。

令 L 为 U 的一组上近似集合（某些对象的集合），即对于这些对象，它们有可能被分类为 L。

令 L 为 U 的一组边界区域集合（某些对象的集合），即对于这些对象，它们既可能被分类为 L 集合，又可能被分类为不是 L 的集合。

因此，可以更精确地定义近似值和边界区域。由元素 x 确定的 U 的等价类将表示为 $U(x)$。在粗糙集理论中，某种意义上的不可分辨关系描述了对宇宙的认识不足。不可分辨关系的等价类，称为由 R 生成的颗粒，表示 R 能够感知的知识的基本部分。因此，鉴于不可分辨关系，一般来说，能够观察单个对象，但仅限于对可访问的知识颗粒进行推理。

U 近似值和边界区域的正式定义如下。

（1）U 的下近似值集合表示完全包含在集合中的所有颗粒的并集：

$$\underline{U}(x) = \bigcup_{x \in S} \{U(x) : U(x) \subseteq L\} \tag{5.4}$$

（2）U 的上近似值集合表示与集合有非空交集的所有粒子的并集：

$$\bar{U}(x) = \bigcup_{x \in S} \{U(x) : U(x) \cap L \neq \varnothing\} \tag{5.5}$$

（3）U 的边界区域集合表示上近似值和下近似值之间的差异：

$$\widetilde{U}(x) = \bar{U}(x) - \underline{U}(x) \tag{5.6}$$

基于 U 的上近似值集合、下近似值集合以及边界区域集合的定义，可以进一步给出 U 粗糙集的定义：

$$\tau(U(x)) = \frac{|\underline{U}(x)|}{|\bar{U}(x)|} \tag{5.7}$$

其中，$|U(x)|$ 为 $U(x)$ 的基数。

为了获得有意义的科技数据清洗规则，粗糙集理论引入了两个过程。首先，科技数据特征属性的约简过程确定了多余的属性并产生了约简属性集。其次，确定上下近似集合的清洗规则归纳过程，隐藏在科技大数据系统中的知识可能会被解开并以数据清洗规则的形式表达。

5.3.2 科技大数据清洗

根据粗糙集理论和科技大数据的具体特征属性，科技大数据汇聚融合与演化分化系统分别为每一类科技大数据制定相应的数据清洗规则，对数据检索结果中的原始科技数据集合进行约简和清洗，对缺失数据值进行估计和填充，从而提高检索结果的数据质量。

科技大数据清洗功能模块主要负责对来自不同数据源的检索结果进行清洗，系统后台可以详细设置要清洗的数据类别、每个数据特征属性的清洗条件等。系统不仅可以对多种科技数据类别分别建立不同的清洗规则，对同一种科技数据类别，也可以根据用户的实际需求，定义多种数据清洗规则。系统管理员在后台可以根据实际需要修改系统现有的清洗规则和清洗条件，增加新的清洗规则和清洗条件，删除废弃的清洗规则和清洗条件。其中为不同需求的用户个性化增加数据清洗规则和清洗条件的时序图如图 5.2 所示。

（1）管理员访问系统后台，进入汇聚融合规则管理模块的数据清洗规则管理界面。

（2）当系统需要新增清洗条件时，点击数据清洗规则编辑界面的条件管理按钮，即可跳转进入数据清洗条件管理界面，该界面可以清晰地看到当前系统所有的清洗条件。

（3）点击数据清洗条件管理界面的新增按钮，跳转到数据清洗条件编辑界面。在清洗条件编辑界面中，可以选择该清洗条件的字段名称、字段为空是否清洗、字段乱码是否清洗以及与其他清洗条件的关联类别。其中清洗条件的字段名称需要向后台数据库发出请求以获得当前系统所有的字段名称表。

（4）编辑好清洗条件所需要的全部属性后，点击确认按钮将信息提交给后台数据库。后台数据库自动更新之后返回"操作成功"的信息立即自动对数据清洗条件管理界面进行更新。至此，清洗条件添加成功。

（5）当系统需要新增清洗规则时，点击数据清洗规则管理界面的新增按钮，跳转到数据清洗规则编辑界面。在数据清洗规则编辑界面中可以定义清洗规则名称，选择该项清洗规则的适用数据类别、清洗条件以及规则的开始时间和结束时间。其中适用数据类别和清洗条件分别需要向后台数据库与数据清洗条件管理界面发出请求以获得系统当前所有的数据类别表和清洗条件表。

（6）编辑好清洗规则所需要的全部属性后，点击确认按钮将信息提交给后台数据库，后台数据库自动更新之后返回"操作成功"的信息立即自动对数据清洗规则管理界面进行更新。至此，数据清洗规则添加成功。

系统所实现的数据清洗规则管理界面如图 5.3 所示。每一项科技数据清洗规则都有对应的清洗规则名称、适用数据类别、清洗条件、开始时间和结束时间。目前系统可以分别为论文、专利、科技资讯、图书专著、学术期刊等共十个科技数据类别制定清洗规则。对于同一种科技数据类别，如对于学术会议这一类别的数据，系统还可以根据用户的实际需求，如面向不同类别的学术会议、面向不同用户类型，制定符合用户需求的个性化科技数据清洗规则，如学术会议清洗规则_v1、学术会议清洗规则_v2、学术会议清洗规则_v3 等。

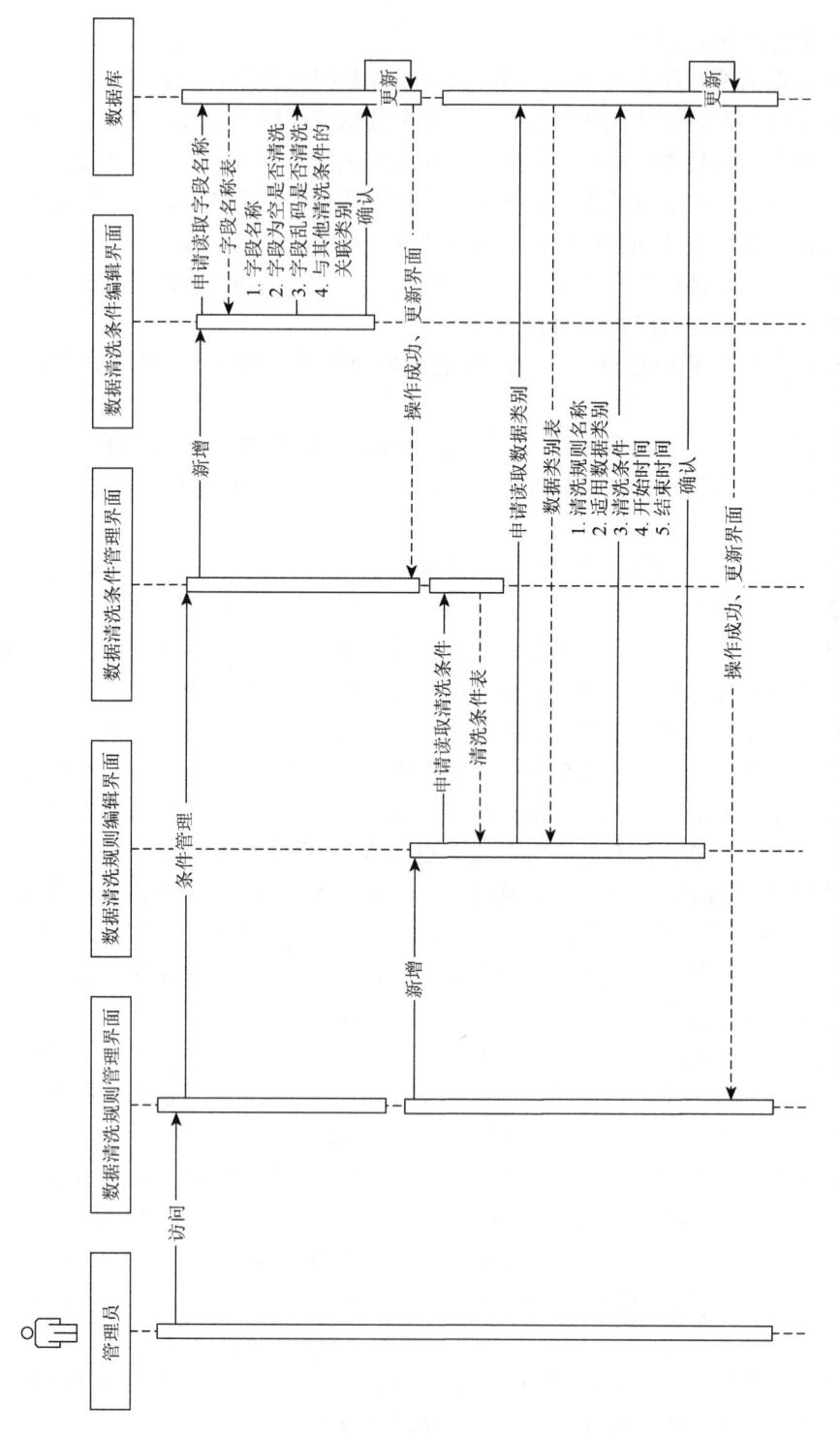

图 5.2 为不同需求的用户个性化增加数据清洗规则和清洗条件的时序图

当用户根据实际业务要求对科技数据有着不同的清洗要求时，可以创建一项新的科技数据清洗规则。同时，也可以对现有的科技数据清洗规则进行编辑和管理。数据清洗规则编辑界面如图 5.4 所示。

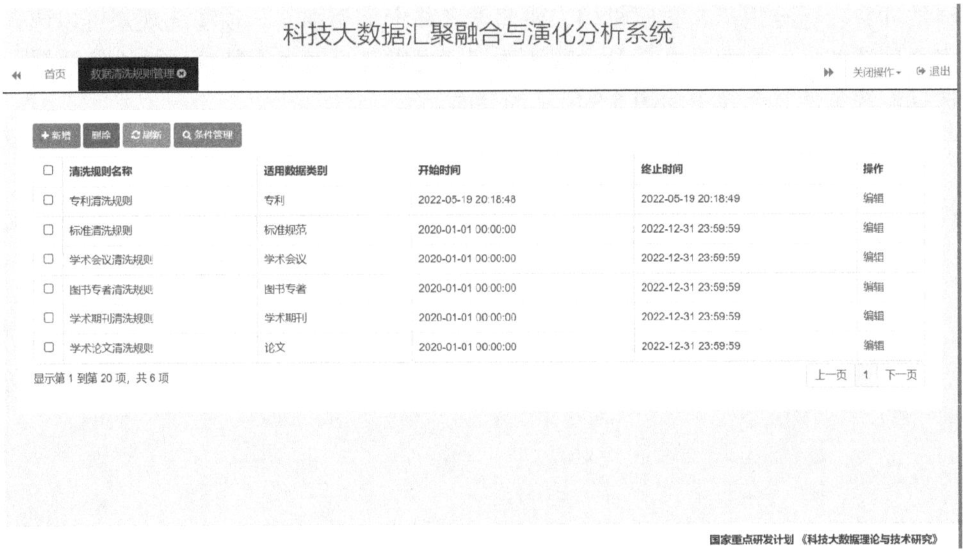

图 5.3　数据清洗规则管理界面

图 5.4　数据清洗规则编辑界面

在数据清洗规则编辑界面中，可以定义清洗规则的名称，选择清洗规则所适用的数据类别、清洗条件以及该规则的开始和结束时间。其中，清洗规则名称可以自定义，如学术会议清洗规则_v1、图书专著清洗规则_v2等；系统目前支持的适用数据类别包括：论文、专利、科技资讯、图书专著、学术期刊、学术会议、科技项目、标准规范、科研机构、研究学者共十个类别。一项清洗规则可以选择多个清洗条件，换而言之就是一项清洗规则可以选择对多个特征属性进行清洗，选择清洗条件时会弹出如图5.5所示的界面。

字段	字段为空是否清洗	关联类别：0 (and)、1 (or)	字段乱码是否清洗	操作
TitleID	不清洗	并且 (and)	不清洗	编辑
TitleID	清洗	并且 (and)	不清洗	编辑
AuthorID	清洗	或者 (or)	不清洗	编辑
TitleID	清洗	并且 (and)	清洗	编辑
AuthorID	不清洗	或者 (or)	清洗	编辑
AbstractID	不清洗	或者 (or)	清洗	编辑

图 5.5　数据清洗条件

图 5.5 中，当前清洗条件选择的是（AuthorID，不清洗，或者，不清洗）和（TitleID，清洗，并且，清洗）时，其含义是：该清洗规则选择的清洗字段为 AuthorID 和 TitleID，对于 AuthorID 字段，内容为空时不清洗该数据，内容为乱码时不清洗该数据；对于 TitleID 字段，内容为空时清洗该数据，内容为乱码时清洗该数据。AuthorID 字段和 TitleID 字段这两个清洗条件的关联类别为 TitleID 或者 AuthorID。

创建一项科技数据清洗规则时，需要选择相应的清洗条件。数据清洗条件管理界面如图 5.6 所示，每一个清洗条件包括：字段名称、字段为空是否清洗、字段乱码是否清洗以及与其他清洗条件的关联类别（0 表示与操作，1 表示或操作）。

系统支持为每一种数据特征属性分别设置清洗条件。数据清洗条件编辑界面如图 5.7 所示，数据清洗条件编辑界面包括清洗条件的字段名称、字段为空是否清洗、字段乱码是否清洗以及与其他清洗条件的关联类别四个选项。其中系统目前支持的清洗字段为 PaperID、TitleID、AuthorID、AbstractID、KeywordID 五个。

图 5.6 数据清洗条件管理界面

图 5.7 数据清洗条件编辑界面

5.4 面向开放协同的多源异构科技大数据特征融合

在对各个检索来源的科技数据进行清洗之后,还需要进一步对这些来自不同数据源的检索结果进行汇聚融合,形成统一标准的数据格式,返回给各个检索用户。

5.4.1 多源异构科技大数据去重

各个数据源的科技数据检索结果之间可能含有相同的科技数据信息,因此需要在多源数据汇聚过程中,对重复的科技数据进行去重操作。

由于不同来源的科技数据的结构可能各不相同,即为异构数据,因此需要对每一类科技数据的具体去重操作设置相应的规则,实现各类科技数据的自动化智能化数据去重。在 5.3.2 节中具体描述了新增数据清洗规则和数据清洗条件的具体过程,系统不仅支持对规则的新增,还支持对已有规则的删除与修改。多源异构科技大数据去重规则和去重条件修改操作时序图如图 5.8 所示。

多源异构科技大数据去重规则和去重条件修改的具体操作说明如下。

(1) 管理员访问系统后台,进入汇聚融合规则管理模块的数据去重规则管理界面。

(2) 当系统需要对已有的去重条件进行修改时,点击数据去重规则管理界面的条件管理按钮,即可跳转进入数据去重条件管理界面,该界面可以清晰地看到当前系统所有的去重条件。

(3) 在数据去重条件管理界面找到需要修改的去重条件并选中,点击详情即跳转到数据去重条件编辑界面。在选中需要修改的去重条件并点击详情跳转到数据去重条件编辑界面的过程中,会将选中的去重条件的每个属性也传递给数据去重条件编辑界面,并相应显示在每个可编辑属性的文本框内。在数据去重条件编辑界面中,可以对该去重条件的去重条件字段、去重百分比、与其他去重条件的关联类别进行修改。其中去重条件字段需要向后台数据库发出请求以获得当前系统的字段名称表。

(4) 修改好去重条件的属性时,点击确认按钮将信息提交给后台数据库,后台数据库自动更新之后返回"操作成功"的信息立即自动对数据去重条件管理界面进行更新。至此,选中的去重条件修改成功。

(5) 当系统需要对已有的去重规则进行修改时,在数据去重规则管理界面找到需要修改的去重规则并选中,点击详情即跳转到数据去重规则编辑界面。在数据去重规则编辑界面中,可以对该去重规则的规则名称、数据类别、异构数

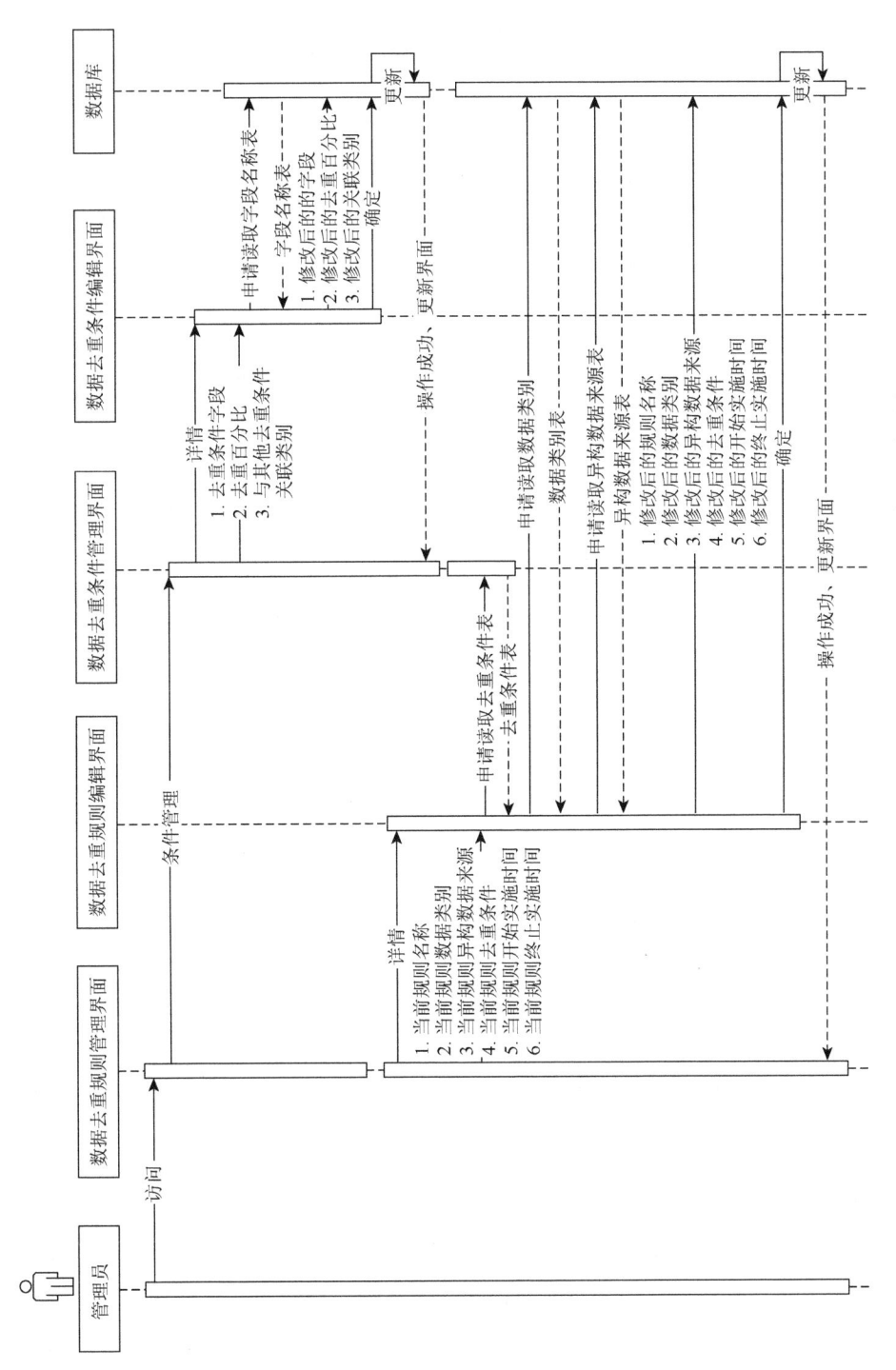

图 5.8 多源异构科技大数据去重规则和去重条件修改操作时序图

据来源、去重条件以及规则开始实施时间和终止实施时间进行修改。其中去重条件需要向去重条件管理界面发出请求以获得当前系统的去重条件表，数据类别和异构数据来源需要向后台数据库发出请求以获得系统当前的数据类别表和异构数据来源表。

（6）修改好去重规则的属性时，点击确认按钮将信息提交给后台数据库，后台数据库自动更新之后返回“操作成功”的信息立即自动对数据去重规则管理界面进行更新。至此，选中的去重规则修改成功。

系统目前可以分别为论文、专利、科技资讯、图书专著、学术期刊等十类科技数据制定去重规则。同时，也可以根据不同用户的实际数据使用需求，制定符合用户需求的个性化科技数据去重规则。数据去重规则管理界面如图 5.9 所示。

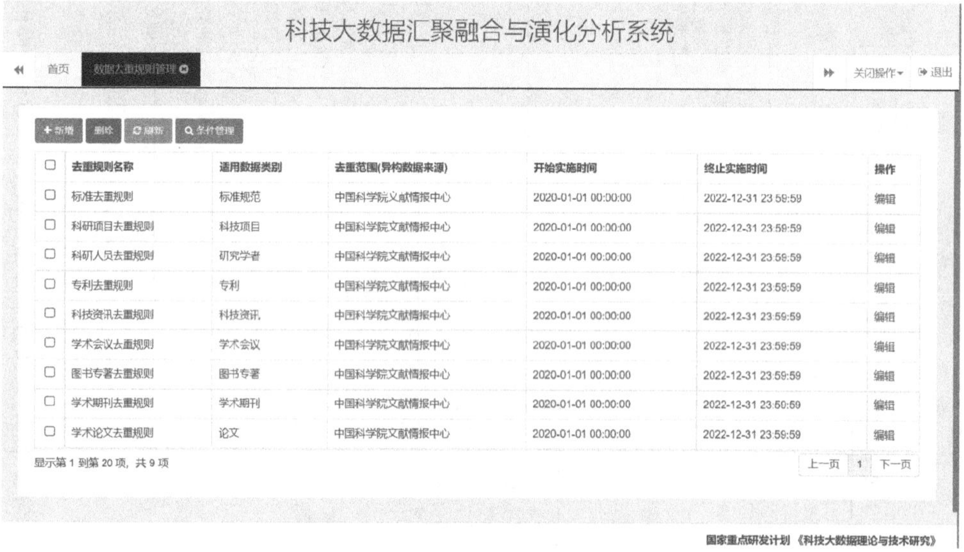

去重规则名称	适用数据类别	去重范围(异构数据来源)	开始实施时间	终止实施时间	操作
标准去重规则	标准规范	中国科学院文献情报中心	2020-01-01 00:00:00	2022-12-31 23:59:59	编辑
科研项目去重规则	科技项目	中国科学院文献情报中心	2020-01-01 00:00:00	2022-12-31 23:59:59	编辑
科研人员去重规则	研究学者	中国科学院文献情报中心	2020-01-01 00:00:00	2022-12-31 23:59:59	编辑
专利去重规则	专利	中国科学院文献情报中心	2020-01-01 00:00:00	2022-12-31 23:59:59	编辑
科技资讯去重规则	科技资讯	中国科学院文献情报中心	2020-01-01 00:00:00	2022-12-31 23:59:59	编辑
学术会议去重规则	学术会议	中国科学院文献情报中心	2020-01-01 00:00:00	2022-12-31 23:59:59	编辑
图书专著去重规则	图书专著	中国科学院文献情报中心	2020-01-01 00:00:00	2022-12-31 23:59:59	编辑
学术期刊去重规则	学术期刊	中国科学院文献情报中心	2020-01-01 00:00:00	2022-12-31 23:50:59	编辑
学术论文去重规则	论文	中国科学院文献情报中心	2020-01-01 00:00:00	2022-12-31 23:59:59	编辑

图 5.9　数据去重规则管理界面

数据去重规则编辑界面如图 5.10 所示。该界面可以分别定义去重规则的名称、选择所适用的数据类别、去重范围（异构数据来源）、去重条件以及该规则的开始实施时间和终止实施时间。

其中，去重规则名称是自定义的。例如，图书专著去重规则、专利去重规则等；数据类别和 5.3.2 节中所提到的数据类别相同，包括论文、专利、科技资讯、图书专著、学术期刊等十个类别；系统当前的异构数据来源包括中国科学院文献情报中心、北京百度网讯科技有限公司和湖南大学国家超级计算长沙中心这三个机构。数据去重条件管理界面如图 5.11 所示，以第三行为例，其表示的是摘要内容重复率大于 80%时则对该科技数据进行去重。

第 5 章 科技大数据汇聚融合机制

图 5.10 数据去重规则编辑界面

图 5.11 数据去重条件管理界面

创建一项去重规则时，需要选择相应的去重条件。对于不同用户、不同去重规则、不同科技数据类别所需要的去重条件也是不一样的。因此，系统支持分别为每一种数据特征属性设置去重条件。数据去重条件编辑界面如图 5.12 所示。

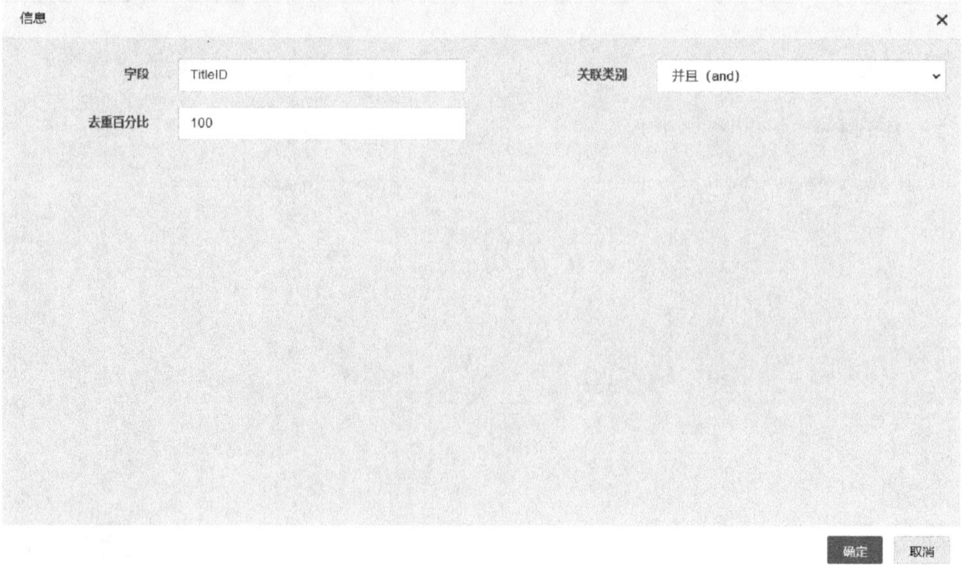

图 5.12 数据去重条件编辑界面

去重条件编辑界面包括：字段、去重百分比、关联类别三个选项。系统目前支持的去重字段与科技大数据清洗支持的字段相同，为 PaperID、TitleID、AuthorID、AbstractID、KeywordID 五个。

5.4.2 多源异构科技大数据特征融合

数据融合是按照任务的要求将多个来源的科技数据信息进行多类别、多层次的数据汇聚、特征提取和特征融合，以实现开放协同的科技数据检索和融合。

由于系统的科技大数据来源于多个不同数据管理机构，每个机构的科技数据定义标准、存储格式可能各不相同。因此，如何从这些多源异构科技数据提取相应的共性数据特征，以满足开放协同的数据检索和管理需求，是系统需要实现的关键技术。

系统支持对不同类别的科技数据、不同来源的数据集以及不同科技数据特征分别设置数据类别层次、数据来源层次、数据特征层次的数据特征融合规则。系统管理后台支持新增、删除、修改科技数据融合规则和融合条件。多源异构科技大数据融合规则和融合条件新增操作时序图如图 5.13 所示。

第 5 章 科技大数据汇聚融合机制

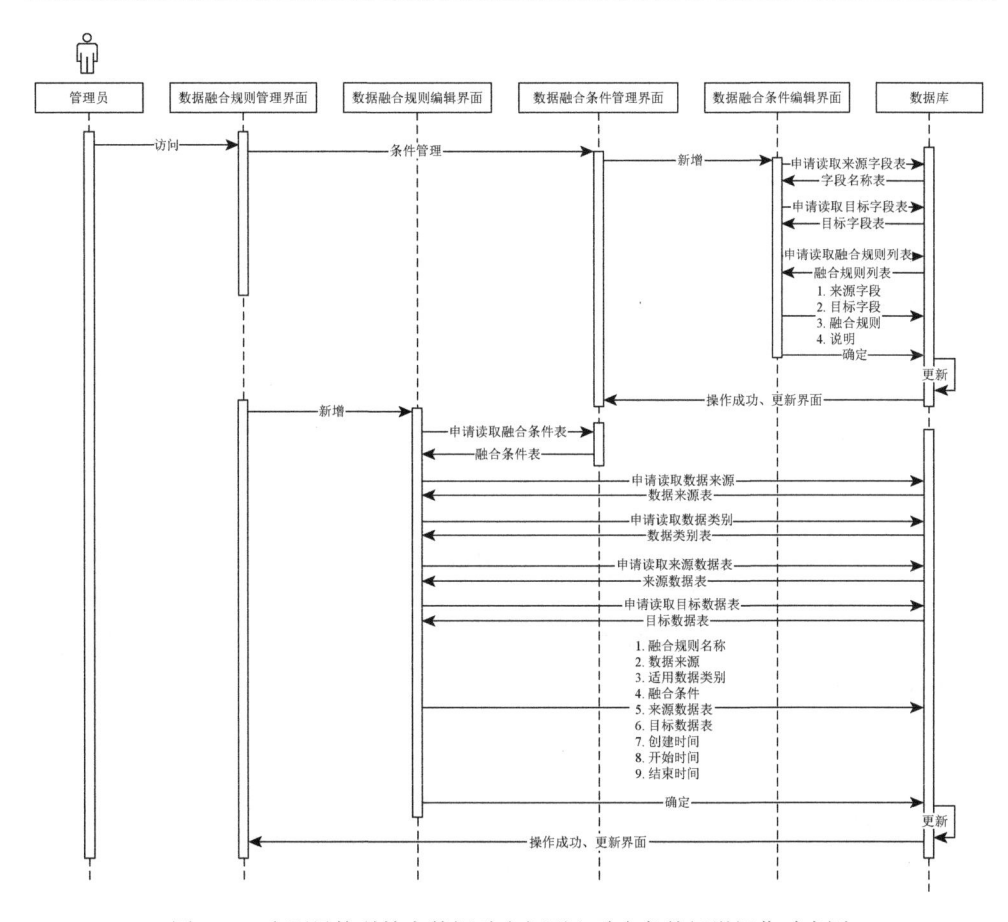

图 5.13 多源异构科技大数据融合规则和融合条件新增操作时序图

多源异构科技大数据融合规则和融合条件新增操作的步骤说明如下。

（1）管理员访问系统后台，进入汇聚融合规则管理模块的数据融合规则管理界面。

（2）当系统需要新增融合条件时，点击数据融合规则管理界面的条件管理按钮，即可跳转进入数据融合条件管理界面，该界面可以清晰地看到当前系统所有的融合条件。

（3）点击数据融合条件管理界面的新增按钮，跳转到数据融合条件编辑界面。在数据融合条件编辑界面中，可以编辑该融合条件的来源字段、目标字段、融合规则以及说明。其中融合条件的来源字段、目标字段和融合规则均需向后台数据库发出请求以分别获取对应数据表。

（4）编辑好融合条件所需要的全部属性时，点击确认按钮将信息提交给后台数据库，后台数据库自动更新之后返回"操作成功"的信息立即自动对数据融合条件管理界面进行更新。至此，融合条件添加成功。当系统需要新增融合规则时，点击数据融合规则管理界面的新增按钮，跳转到数据融合规则编辑界面。在数据融合规则编辑界面中可以定义融合规则的名称，选择规则对应的数据来源、适用数据类别、融合条件、来源数据表、目标数据表、创建时间、开始时间和结束时间。其中融合条件需要向数据融合条件管理界面发出请求以获取对应数据表。数据来源、适用数据类别、来源数据表和目标数据表需要向后台数据库发出请求以获得系统当前所有的对应信息表。

（5）编辑好融合规则所需要的全部属性时，点击确认按钮将信息提交给后台数据库，后台数据库自动更新，返回“操作成功”的信息，并且立即自动更新数据融合规则管理界面。至此，数据融合规则添加成功。

系统可以为论文、专利、科技资讯、图书专著、学术期刊等不同类别的科技数据分别制定相应的数据融合规则。在多源异构科技大数据融合规则管理界面中，每一项融合规则都详细设置了规则名称、规则对应的数据来源、规则适用的数据类别、规则来源数据表（检索到的数据）的特征属性信息、规则目标数据表（融合后要保存的目标）的特征属性信息、融合条件表、创建时间、开始和结束时间。数据融合规则管理界面如图 5.14 所示。

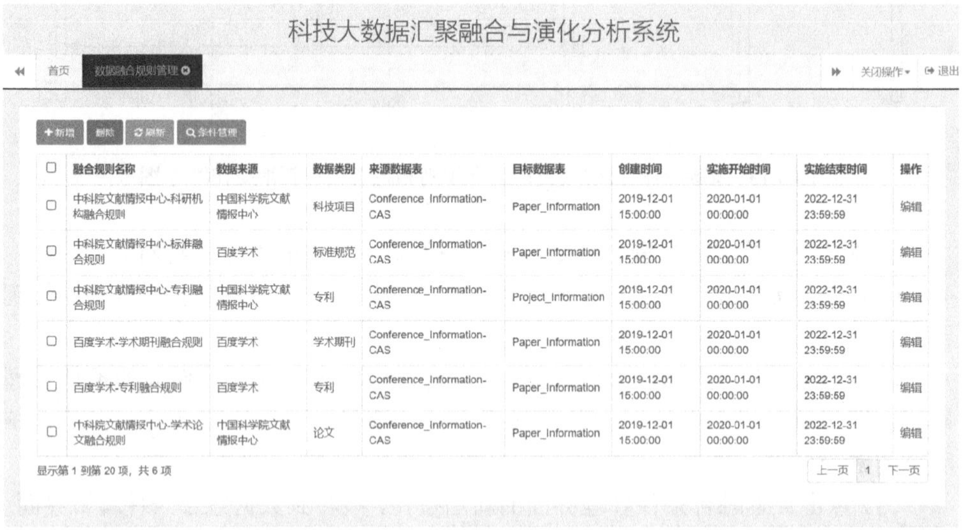

国家重点研发计划《科技大数据理论与技术研究》

图 5.14　数据融合规则管理界面

其中，融合条件映射表在图 5.14 中没有显示出来，但是选中该条规则点击详情即可查看。设置融合规则条件映射表的意义在于：如果来源数据的特征属性与融合后的数据特征属性不一致。例如，A 机构所存储的论文数据中，作者信息的"姓"和"名"特征的格式为先是"姓"，后是"名"，但 B 机构所存储的格式是先"名"后"姓"。那么，在将 A 和 B 的论文数据进行特征融合时，不能简单地将两者的作者信息直接融合，而应该进一步设置作者信息特征映射操作，使其融合后的作者姓名顺序一致。

如图 5.15 所示，在数据融合规则编辑界面中展示了定义一项融合规则所需要编辑的属性。其中，融合规则名称可以自定义；系统目前数据来源包括中国科学院文献情报中心、北京百度网讯科技有限公司和湖南大学国家超级计算长沙中心这三个单位；系统目前支持的适用数据类别包括论文、专利、科技资讯、图书专著、学术期刊、学术会议、科技项目、标准规范、科研机构、研究学者共十个类别。数据融合规则管理中的来源数据表信息管理界面如图 5.16 所示。

图 5.15　数据融合规则编辑界面

在管理来源数据表信息的同时，需要对融合后的科技数据进行相应的存储。因此，需要对融合后的目标数据表信息进行管理和维护。数据融合规则管理中的目标数据表信息管理界面如图 5.17 所示。

创建一项融合规则时，需要从融合规则条件表中选择相应的融合条件。为了满足不同用户的实际需求，系统可以为每一种数据特征属性自定义融合条件。数据融合条件管理界面如图 5.18 所示。

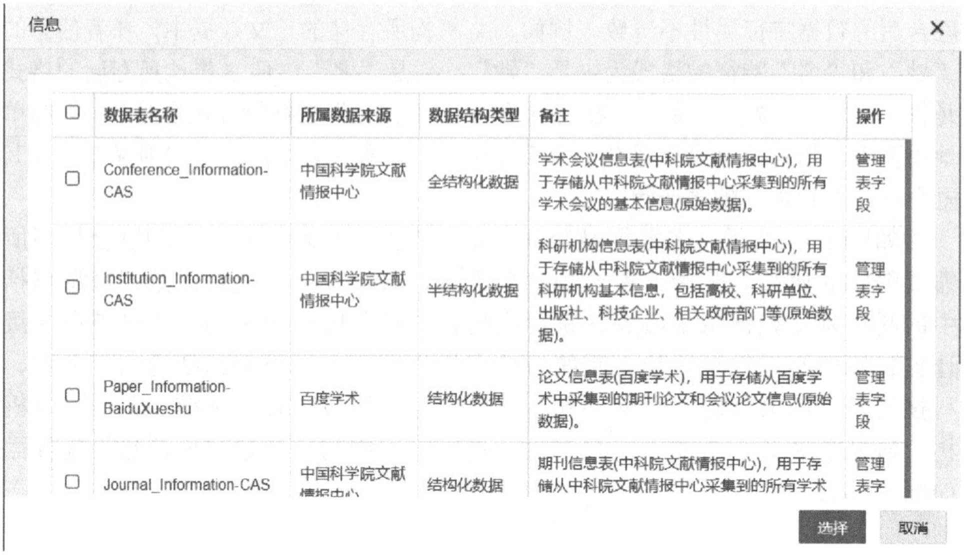

□	数据表名称	所属数据来源	数据结构类型	备注	操作
□	Conference_Information-CAS	中国科学院文献情报中心	全结构化数据	学术会议信息表(中科院文献情报中心)，用于存储从中科院文献情报中心采集到的所有学术会议的基本信息(原始数据)。	管理表字段
□	Institution_Information-CAS	中国科学院文献情报中心	半结构化数据	科研机构信息表(中科院文献情报中心)，用于存储从中科院文献情报中心采集到的所有科研机构基本信息，包括高校、科研单位、出版社、科技企业、相关政府部门等(原始数据)。	管理表字段
□	Paper_Information-BaiduXueshu	百度学术	结构化数据	论文信息表(百度学术)，用于存储从百度学术中采集到的期刊论文和会议论文信息(原始数据)。	管理表字段
□	Journal_Information-CAS	中国科学院文献情报中心	结构化数据	期刊信息表(中科院文献情报中心)，用于存储从中科院文献情报中心采集到的所有学术	管理表字

图 5.16　数据融合规则管理中的来源数据表信息管理界面

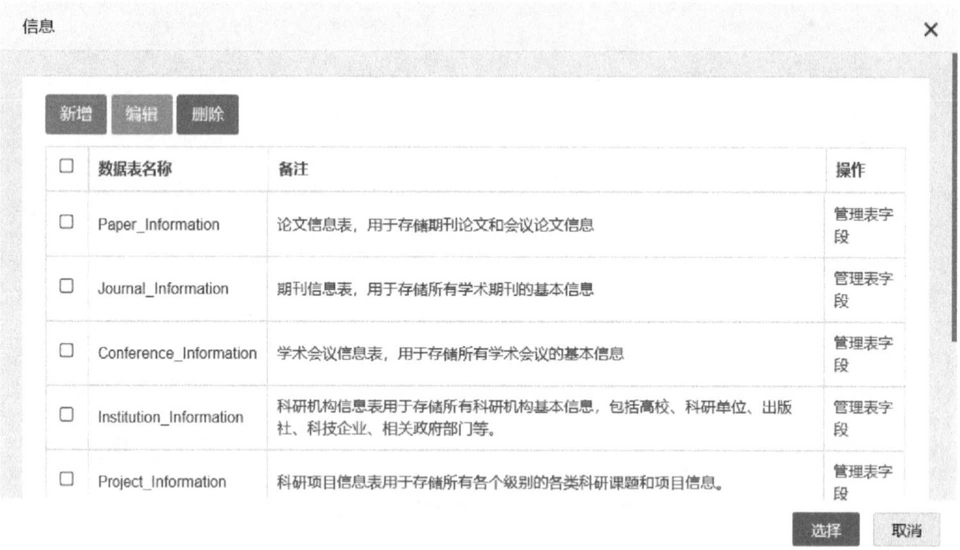

□	数据表名称	备注	操作
□	Paper_Information	论文信息表，用于存储期刊论文和会议论文信息	管理表字段
□	Journal_Information	期刊信息表，用于存储所有学术期刊的基本信息	管理表字段
□	Conference_Information	学术会议信息表，用于存储所有学术会议的基本信息	管理表字段
□	Institution_Information	科研机构信息表用于存储所有科研机构基本信息，包括高校、科研单位、出版社、科技企业、相关政府部门等。	管理表字段
□	Project_Information	科研项目信息表用于存储所有各个级别的各类科研课题和项目信息。	管理表字段

图 5.17　数据融合规则管理中的目标数据表信息管理界面

其中，自定义的融合条件包括来源字段（规则）、融合规则、目标字段以及说明共四个属性。来源字段和目标字段为 PaperID、TitleID、AuthorID、AbstractID、KeywordID 五个。融合规则支持直接导入、截取导入、替换导入、扩展导入、拆分导入等。

图 5.18 数据融合条件管理界面

5.5 本章小结

本章研究科技大数据汇聚融合机制，构建多源异构数据源语义映射机制，设计基于领域知识的科技大数据采集规则和基于粗糙集理论的科技大数据清洗方法，并研发面向开放协同的多源异构科技大数据特征融合方法和相应的系统，实现多源异构科技大数据的高效汇聚和融合，为科技大数据检索和下游应用提供高质量的数据源。

第 6 章　科技大数据实体智能匹配与查询

本章针对科技大数据样本容量高、结构复杂异构、语义相互关联、知识动态演进等特点，研究科技大数据高性能索引关键技术，分别阐述了科技大数据模糊查询匹配的高效采样方法、面向科技大数据分析的过滤规则建模方法、科技大数据分析方法推荐技术等内容。

6.1　科技大数据高性能索引关键技术

在大规模数据的查询过程中，索引扮演着至关重要的角色，它的好坏决定着查询的速度。在数据的访问过程中，如果不使用索引结构，则需要对整个数据空间进行遍历。可以想象，这样查询所需的时间成本是巨大的。通过索引查询算法能够快速过滤大部分无用数据。因此，索引及过滤技术的优劣决定着科技大数据查询性能的好坏。

选择合适的查询路径能对数据库的执行性能带来非常大的提升。现有的扫描方法存在无法改善的低效性，如顺序扫描需要访问大量不需要的数据，索引扫描会出现多次随机遍历，代价高昂。因此，理论上可达的优异性能会受这些潜在问题的影响而被削弱。随着科技大数据相关问题复杂度的提升，选择最佳访问路径的难度也在提高。

6.1.1　双层结构索引与查询算法设计

本章使用双层结构索引来解决上述问题。双层结构指该索引由两个阶段组成，分别是位向量阶段与行编号（rowID）序列阶段。两个阶段通过逻辑块索引建立联系。逻辑块是数据的集合块，内容是按照一定顺序排序的数据。位向量阶段是第一个阶段（也称为第一层），它用一组位向量表示，一个位向量由 N 个字节组成，此处的 N 代表数据的总数，字节代表数据是否存在于某个逻辑块中。行编号序列阶段是第二个阶段（也称为第二层），它由一组行编号序列组成。这些行编号代表根据给定顺序保存的数据在原序列中的定位，序列中的每一段对应一个逻辑块。行编号序列记录数据位置的顺序与划分逻辑块时数据的排列顺序相同。

逻辑块的生成方法：按升序排列数据，将数据等分成 K 个逻辑块，每个逻辑块包含 N/K 个数据，记为 $A=\{A_1,A_2,\cdots,A_K\}$。K 个逻辑块的划分满足如下条件：

$$A_{i\min} \leqslant A_{i\max} \leqslant A_{(i+1)\min} \leqslant A_{(i+1)\max} \quad (6.1)$$

其中，$A_{i\min}$ 和 $A_{i\max}$ 分别为逻辑块 A_i 中的最小值和最大值，$A_{(i+1)\min}$ 和 $A_{(i+1)\max}$ 分别为逻辑块 A_{i+1} 中的最小值和最大值。

使用逻辑块索引，可以获取任何数据所在的首个逻辑块。第一层包含 $K+1$ 个位向量，记为 $\boldsymbol{F}=\{\boldsymbol{F}_0,\boldsymbol{F}_1,\boldsymbol{F}_2,\cdots,\boldsymbol{F}_{K-1},\boldsymbol{F}_K\}$，$\boldsymbol{F}_0$ 为所有字节全为 0 的位向量，第 i 个位向量 $\boldsymbol{F}_i$ 的第 j 个字节表示原数据序列中的第 j 个数据是否在 $\cup_{k=1}^{i} A_k$ 中。第二层按照上一层中获取的位向量来确认需要修改的区域范围，将第一层里位于该区域范围内的访问参数映射到逻辑块内数据匹配的字节位置。第二层在修正第一层的结果时采用内存预取技术。

利用双层结构索引查询时主要包含两个步骤：①根据查询条件，通过逻辑块索引定位查询参数所在的第一个逻辑块，确定最接近最终结果的位向量，得到该层的结果；②根据逻辑块索引定位结果的生成路径，对在第一层中得到的结果中的部分字节进行取反操作，并返回经过修正后的位向量，以位向量形式返回查询结果。

1. 逻辑块索引定位

查询方法对不同查询条件的处理包括 6 种情况。第 1 种查询条件形如"$x<c$"，x 表示索引的数据，c 表示查询参数，若通过逻辑块索引确定包含查询参数 c 的第一个逻辑块为第 k_c 个逻辑块，则第一层的结果会是在位向量 $\boldsymbol{F}_{k_c-1}$ 和 $\boldsymbol{F}_{k_c}$ 里挑选更靠近最后结果的一个位向量。第 2 种查询条件形如"$x\leqslant c$"，此时将该查询条件转换为"$x<(c+1)$"按第 1 种查询条件处理。第 3 种查询条件形如"$x\geqslant c$"，此时通过对由第 1 种查询条件得到的查询"$x<c$"的结果按位取反，得到原查询在第一层中的结果。第 4 种查询条件的样式为"$x>c$"，这个时候，原来查询位于第一层中的结果转化为对第 1 种条件获取的参数"$x<(c+1)$"的结果按位取反。第 5 种查询条件形如"$c_1<x<c_2$"，通过对由第 1 种查询条件得到的"$x<c_2$"和"$x<(c_1+1)$"的结果进行按位异或操作，得到原查询在第一层中的结果。第 6 种查询条件形如"$x=c$"，通过对由第 1 种查询条件得到的"$x<c$"和"$x<(c+1)$"的结果进行按位异或操作，得到原查询在第一层中的结果。

2. 索引结果返回

该步骤中，根据逻辑块索引定位结果的生成路径，对第一层中得到的结果中的部分比特位进行取反操作，并返回经过修正后的位向量，以位向量形式返回查询结果。首先，在第一层中，每通过查询"$x<c$"定位至一个逻辑块A_j，选择一个位向量F_k，则对应一个第二层中需要修正的数据区间：当$k=j$时，需修正的数据区间为$[c, A_{k\max}]$；当$k=j-1$时，需修正的数据区间为$[A_{k\min}, c)$。其次，对于每一个需要修正的数据区间，利用第二层中的字节序列得到逻辑块A_j对应的字节序列片段中属于该区间数据的字节，将第一层获得的位向量对应位置的字节进行取反运算。

与现有技术相比，该方法提出的索引的内存占用和性能都是可配置的，可以通过利用更多的内存空间来构建更多的位向量，来达到更高的性能。该方法具有三大优点。第一，能够减少不符合查询条件的数据数量；第二，不需要大量的随机内存访问，通过内存预取技术可以消除大部分随机内存访问的开销；第三，可以通过提供更多的内存来进一步提高性能，同时只需要使用少量的内存空间来实现。

6.1.2 双层结构索引与查询过程实现

以下将结合具体示例解释双层结构索引和使用双层结构索引进行查询操作的实现过程。双层结构索引构建过程示例如图 6.1 所示。

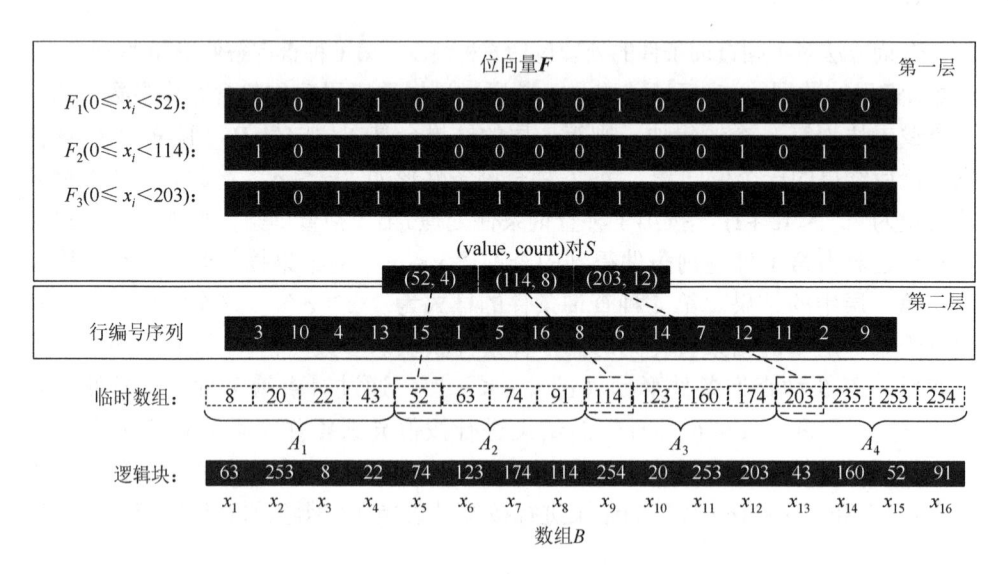

图 6.1 双层结构索引构建过程示例

图 6.1 展示了在一个含 16 个整数的数组 B 上构建该索引结构的实例。其中以数组 P 存储第二层中的行编号序列为例，用（value，count）对数组来实现逻辑块

索引。索引构建过程包含五个步骤。第一步，创建一个与数组 B 具有相同大小的临时数组，仅用于该索引结构的构建过程，构建完成后便删去；对数据进行排序，按升序存入临时数组。第二步，用数组 P 存储第二层中的行编号序列，数组 P 按数据在临时数组中的次序保序存储数据在数组 B 中的位置，即行编号。第三步，基于数组 P，以 $K=4$ 将数组 B 等分成 4 个逻辑块，记为 $A=\{A_1,A_2,A_3,A_4\}$。逻辑块 A_i 中的数据为数组 P 第 $4i-3$ 到第 $4i$ 个元素对应的数据。第四步，用（value，count）对数组来实现逻辑块索引，记为 S；从第二个逻辑块开始，对逻辑块构建索引，$S_{k.value}$ 为逻辑块 A_{k+1} 中的最小值，即逻辑块 A_{k+1} 中的第一个数据，$S_{k.count}$ 为前 k 个逻辑块中的数据总数。第五步，生成一组位向量 $\boldsymbol{F}=\{F_1,F_2,F_3\}$，在 F_k 中，前 k 个逻辑块中的数据对应的字节设为 1，其余字节设为 0（在本节中不存储全 0/1 的位向量）。

图 6.2 是利用双层结构索引执行一个基础查询实例"$x<69$"的示意图。查询过程共分三个步骤。

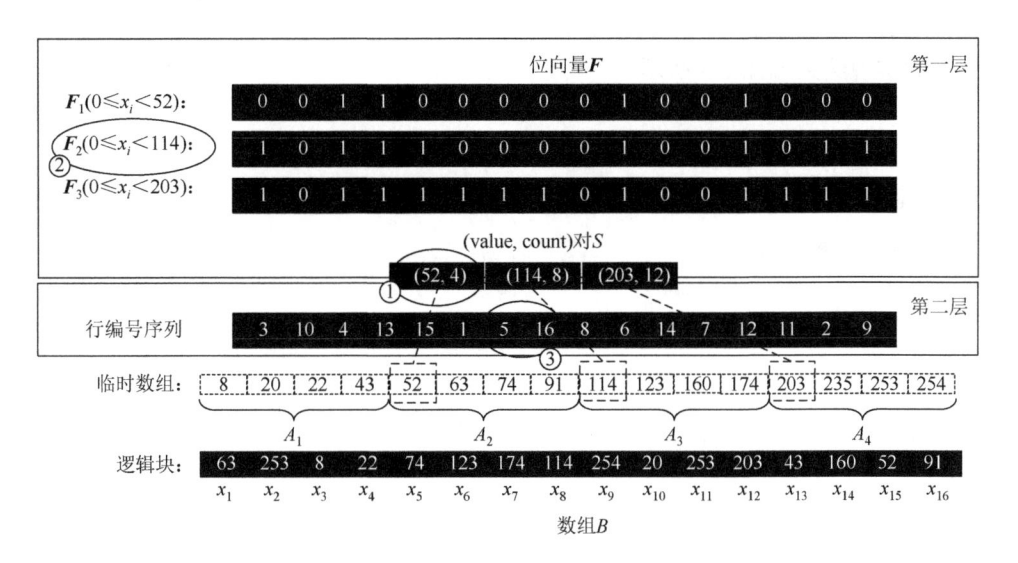

图 6.2 双层结构索引查询示意图（查询语句 $x<69$）

首先，第一层从位向量集合中选择一个尽可能接近最终结果的位向量，作为该层的结果。由于查询参数 69 属于区间 [52,114)，通过逻辑块索引 S 查找到 S_1，定位至逻辑块 A_2，记 $k_c=2$，如图 6.2 中①所示；通过二分法搜索逻辑块（A_2）对应的数组 P 片段确定第一个不满足查询的位置为 6，即 $i_c=6$；根据如下"最近"规则选择位向量集合中的某个位向量作为第一层的结果 F_{tmp}：

$$F_{\text{tmp}} = \begin{cases} F_{k_c}, & i_c \geq \dfrac{1}{2}(S_{(k_c-1).\text{count}} + S_{k_c.\text{count}}) \\ F_{k_c-1}, & i_c < \dfrac{1}{2}(S_{(k_c-1).\text{count}} + S_{k_c.\text{count}}) \end{cases} \quad (6.2)$$

其中，$S_{0.\text{count}} = 0$、$S_{K.\text{count}} = N$、F_0 为所有字节都为 0 的位向量。如图 6.2 中②所示，得到 $F_{\text{tmp}} = F_2$。位向量 F_2 的区间 [8,114) 所匹配的值，其相应的字节均为 1。但 F_2 的区间 [69,114) 所匹配的值，其相应的字节应为 0。与逻辑块 A_2 内区间 [69,114) 的数据相匹配的位将在修正层中被校正。

其次，在第二层中，根据第一层结果的生成路径和数组 P 等附加信息，将第一层结果中的一些位的值变成相反值。首先，根据第一层选择位向量 F_2 以及 i_c、k_c，确定需要修正的字节为数组 P 片段 $[i_c, S_{2.\text{count}})$，如图 6.2 中③所示；然后，顺序访问数组 P 的 $[i_c, S_{2.\text{count}})$ 片段，获得需要修正的字节位置，依次将数组 P 元素指示的字节的值变成相反值，同时，采用内存预取技术将稍后需要更正的位加载到缓存中，尽可能减少随机访存带来的开销。

最后，校正后的位向量即为查询结果。基于双层结构索引的科技大数据智能分词的实现结果如图 6.3 所示。

图 6.3　基于双层结构索引的科技大数据智能分词的实现结果

6.2　科技大数据模糊查询匹配的高效采样方法

在分析大规模数据的时候，客户的查询目标常常是模糊的而非具体的。所以，在大数据处理的初级阶段，客户是对大规模数据进行探索式分析。通过探索式分析，客户能够定位大规模数据中感兴趣的实体，并对此进一步分析。

在探索性分析场景下，客户通常需要在较短的时间延迟内得到查询结果。采样系统通过减少查询的数据量加速了客户查询的返回。其中，在有限的查询时间内提高探索性查询返回的近似结果的精确度是非常重要的。

在数据探索性分析场景下，客户将发起一系列查询来探索数据集中的海量数据。然而，对整个海量数据集进行完整扫描将导致客户查询缓慢，从而阻碍系统交互性，严重影响客户的生产力甚至创造力[70]。因此，客户通常先使用采样系统得到海量数据集的样本集合，该样本集合是整体数据集的一个子集。然后，对样本集合进行查询，获取一个逼近真实结果的结果。该方法通过损失部分查询的准确度，来获得更快的查询速度。

传统的采样系统通过分析客户查询负载，尤其是客户查询中的分组条件，来有针对性地生成分层采样样本，提高了在样本上的近似结果的精确度。然而，数据集的不同部分包含着不同的信息。对于不同的子集合，查询会使用完全不同的分组条件。在这种情况下，子数据集上的查询负载特征会被糅合或者隐藏在整个数据集的查询负载中。因此，传统的采样系统只有一个样本集合，该样本集合通过对混合查询负载进行分析而得到，对涉及多个子数据集的查询，无法返回更好的近似结果。

分组聚合查询普遍存在于数据探索性分析场景中，如当客户在保存商品交易记录的数据集上进行探索时，将会发起如下查询：SELECT SUM（sales）FROM order GROUP BY type，来分析各种种类的商品销售情况。在这种情况下，如果在构造样本时采用随机均匀采样（uniform sampling）策略，那么生成的样本集中每种商品种类的样本量将正比于该商品种类的交易记录数量。随机均匀采样策略将导致从小众的商品类别分组中收集到的样本量不足，甚至导致交易数量非常稀缺的商品类别分组完全消失在最终结果中，从而产生很大的误差[71]。为了能在相同采样率的限制条件下使查询结果拥有更高的精确度，现有系统通常采用分层采样（stratified sampling）策略[72]，即首先按照分组属性的取值对数据集进行划分，进而在划分出的每个分组中进行采样。例如，在上述的示例中，首先按照商品种类 type 对数据集进行分类，然后对每一类商品种类 type 中的数据分别进行采样。设计一种有效的分层采样策略的关键在于：①依据哪些属性进行分层；②如何将固定的总样本量具体分配到每一层中。针对第一个问题，现有分层采样系统通常利用客户的历史查询记录来解决。此类系统基于客户的历史查询记录能较为精准地预测未来客户查询请求这一假设，针对客户历史查询记录中表现出的分组特征，筛选出频率最高的几组分组属性列集合，然后在其上进行分层采样。然而，在现实场景中，当客户查询特征的稳定性无法得到保证时，或是在客户查询历史无法获得的情况下，甚至是当采样系统冷启动未运行任何查询时，现有的客户查询历史驱动的采样系统将无法达到预期的效果。针对上述第二个问题，"Congressional Samples"[73]一文中给出了当查询中分组条件确定时，最优的分层采样策略对应的总样本量分配到每个分组的方案，即在各分组间完全均匀分配。基于这一理论，该文作者进一步提出了国会采样策略，即一种总样本量分配方案优化后的分层采样策略。该采样策略虽然生成了一个面对任何分组查询都能够取得较优的平均效果的样本集，但其仅给出了在数据集上生成唯一一份样本集的采样策略。在现实场景中，如果采样系统能够为客户生成多份离线样本集并支持在运行时自动从中为客户选择出最匹配当前查询的样本集，其效果显然要好于用一份样本集来应对所有可能的客户查询[74]。

BlinkDB[75]通过分析客户的历史查询记录，在筛选出的若干个热点分组属性集上进行分层采样。当客户的历史查询记录能很好地表征未来的查询情况时，这种针对特定的查询特征生成的特定采样策略显然能够获得不错的效果。然而，在某些数据探索性分析场景下，由于不同客户的探索目的各不相同且其探索意图随时间不断改变，这种客户查询特征不随时间变化的稳定性假设通常无法得到保证，因此此类采样系统的效果也会受到很大影响。BlinkDB需要在运行时从多份预先准备的离线样本中选取出一份最适合当前查询的样本，其选择方法仅仅考虑了当前分组聚合查询的分组条件属性集与某一离线分层采样策略的分层属性集之间的集合包含关系，没有给出一个具体的可供量化的评估标准。

ICICLES[76]在进行采样时，对数据集中的每条记录的抽取概率正比于该条记录累计出现在客户历史查询产生的结果集中的次数。该系统不断更新维护一个根据客户历史查询生成的多重集合，即一种允许相同元素重复出现的集合。每条客户查询结果中涉及的数据记录都会被存放在这个多重集合中。该系统将会在该多重集合上进行随机均匀采样，以期望生成的样本集能匹配将来的客户查询。然而，这样的方式不仅使其生成的样本强依赖于客户历史查询记录，并且会使得那些还没有被客户探索到的区域样本量极其匮乏，这将严重阻碍客户探索数据集中新的区域以获取新的发现或结论。

国会采样策略[77]通过优化分层采样策略的总样本量分配方式来提高针对客户分组聚合查询返回的近似结果的精确度。相较于分层采样策略仅仅生成唯一一份样本集，国会采样策略可以支持生成多份离线样本集并在运行时自动从多份离线样本集中选出最匹配的一份样本集进行近似结果计算。由于准备了多份离线样本，从中选出一份更能匹配当前客户查询特征的样本的可能性将大大提升。分层采样策略是一种先按照某些属性取值，将整个数据集合分成多个层次，然后在每一层中进行随机采样的采样方法。分层采样策略中，将总样本量具体分配到每个分组中是影响最终生成的样本集效果的主要因素。幸运的是，关于分层采样策略的诸多特性已经有多位学者进行了研究总结。

在文献[73]中，Acharya 等证明了针对某一特定的客户分组聚合查询，即当客户查询中的分组条件确定时，最优的分层采样总样本量分配方案就是在该分组查询将会产生的所有分组间均匀分配样本空间。从上文提到的分层采样策略最优总样本量分配方案中可以看出，包含不同分组条件组合的客户查询所对应的最优样本集是不同的。因此，采样系统希望通过一份离线样本去应对所有可能的客户查询并都能获得较优的效果的这一目标是不现实的。如果系统可以在离线时生成多份样本集，并且能够在运行时自动根据当前客户分组聚合查询取出一份最匹配的样本集进行近似结果计算，那么系统将有更大机会得到更为精确的近似结果。然而，在应对实际场景时，显然无法为客户发起的每种可能的分组聚合查询准备一份最优样本。试想，当客户的查询模式不具备时间上的稳定性时，想要优化的查询集合将无法被缩小到一个预处理开销可以承受的范围内。例如，当数据集上共有 20 个分组属性时，总共会产生 2^{20} 种分组条件组合情况。如果希望能在运行时为任一可能的客户查询都匹配到最优的离线样本集，那么在预处理阶段需要对每种可能的分组条件组合都预先保存一份分层采样样本。即使每份样本集的采样率仅为 0.1%，那么总的预生成样本集合的数据量大小也将会超过原始数据集的 1000 倍，所以应考虑更为实际的应用场景，即客户可提供的用于生成离线样本集的存储空间是有限的。因此，上文提出的采样系统的设计目标可具体定义为，针对某一特定的数据集，生成 k 份分层采样样本集，使得系统在运行时能从 k 份样本集中挑选出最合适的一份，从而期望能达到所有可能的客户分组查询上的平均误差最小值。

针对现有研究存在的不足，本章提出一种新的采样策略，命名为匹配度分层采样策略（POLYTOPE），其主要贡献概括如下：①为任一具体分层采样策略，即其所生成的样本集，与任意分组聚合查询提供了一种匹配度评估的方法，并且提供了根据匹配度评估打分为客户查询选取最优样本集的方法。②提出了一种基于客户查询与样本匹配度评价的分层采样策略，支持离线生成包含多份分层采样样本集的采样组合。③以限定相同样本量评估近似结果精确度的方式，在现实世界数据集以及合成数据集上进行大量的实验，证明了所提出的采样策略的有效性。

6.2.1 POLYTOPE 设计

为了解决上述问题，设计一种针对探索性查询的高效采样方法即 POLYTOPE。在探索性分析场景下，该方法为在数据仓库上触发的近似查询提供了一种灵活程度更高的采样方式，提高了近似结果的准确性。该方法总共有五个步骤。

（1）记录客户每一次提交的近似查询作为客户查询工作流。

（2）依据收集到的客户历史查询信息，将整个数据集划分为多个采样块，并构造采样块索引树来对所有采样块进行检索。此步骤包括四个具体过程。首先，对于树的某个节点，先从客户的历史查询信息里找出重要性占比最高的过滤属性，并将其视为分割属性，对当前节点对应的数据集进行分割；计算属性权重的公式为

$$\text{weight}(\text{attr}) = \text{majority}(\text{attr}) \times \text{diversity}(\text{attr}) \quad (6.3)$$

其中，majority(attr)为属性attr出现在客户查询信息中的频率，在该场景下，频率越高的属性权重越大，因为这代表着切分属性对客户查询的覆盖范围更大；diversity(attr)为与属性attr在同一客户查询中出现的不同分组属性的数量，若diversity太小，则说明某个属性总与特殊的分组条件出现在一起，依据切分得到的子数据集将显示同样的分组查询特征，这与在子数据集上查找出不同查询特征的预期目的不一致。其次，在获得节点的切分属性后，使用DBSCAN聚类算法在属性表示的维度上获得多个聚类，这些聚类结果的边界值将作为划分生成树子节点的依据值，当使用DBSCAN聚类算法进行聚类时，从满足范围查找条件的点中任意、均等地选择多个点，作为聚类算法的输入。与只考虑范围查找条件的边界点相比，这种随机、均等地选择点的方法能够更好地刻画底层数据的特点。再次，依据节点的切分属性和对应的切分字段计算得出对应的子节点。从每一个子节点所对应的数据集中，过滤挑选出相关客户的历史查询信息。上面的流程会重复进行，直到与生成的子节点对应的子数据集相关联的客户历史信息中不可切分出多余的数据属性。这些子节点被记录成采样块索引树的叶节点。最后，对于采样块索引树的所有标记叶节点，构造一个采样块，并为每个采样块存储下对应的客户历史查询信息，以便在为采样块生成特定样本时用于采样策略分析。

（3）对于每个采样块，依据客户定义的全体样本空间大小限制，执行离线样本的构建，并计算得出k个优化后的分层采样集合。全体样本空间在各个分组中的大小分布策略会被抽象成计算得出的采样集中属于某一组的任意随机概率分布。基于此，使用两个概率分布之间的距离，可以算出两种采样策略之间的距离；其中对于某个分组g，其概率值为

$$p(g) = Sg / X \quad (6.4)$$

对于每一个数据块的客户历史查询信息，对最佳的k个采样策略进行优化的式子为

$$\tilde{P}_i(1 \leq i \leq k) : \arg\min \left(\sum_{u \in U} (w_u \cdot \min_{1 \leq i \leq k} (\text{Divergence}(P_u, \tilde{P}_i))) \right) \quad (6.5)$$

其中，Divergence 为计算两个概率分布之间距离的式子，一个可选的例子为巴氏距离；P_u 为当查询分组条件为 u 时最优的分层采样空间分配策略，即对每个分组分配相同大小的采样空间，该优化目标的目的是使采样方法更加关注客户查询负载中重要的分组特征，并且期望在将来所有可能的探索性查询上获取最低的平均误差。采用模拟退火算法进行训练，得到最优的 k 采样策略。对于每个采样策略，检查每组的样本数，将样本数大于平均数 α 倍的组标为溢出组，将样本数小于平均数 α 倍的组标为饥饿组，从溢出组内选出部分样本空间，分配给饥饿组。参数 α 的默认值为 10。依据最后的采样策略，即根据分配给每个组的采样空间的大小，在每个组中执行随机采样以得到最后的样本集。

（4）在操作过程中，依据客户提交的查询，从采样块索引树中找出全部相关的采样块；从每个采样块的 k 个样本集中进行样本选择，并取出最佳样本集，计算并返回近似结果；在选择样本选择的最佳样本集时，利用与式（6.5）相同的 Divergence 距离公式选择预生成策略。在该查询分组条件下与最佳分层采样策略距离最小的策略即为目标策略。

（5）对查询所需的聚合函数的选定最佳样本执行查询重写，并返回近似结果。该方法将整个数据集划分为多个采样块，使得在每个采样块上生成的采样策略能够更好地匹配子数据集的查询，并返回更准确的近似结果。与现有的采样系统相比，该方法在探索性分析场景中具有两个优势。首先，与现有系统直接分析整个数据集上的混合客户负载相比，该方法先对子数据集进行划分，然后对子数据集上的客户查询负载进行有针对性的采样策略分析，这可以大大提高多个子数据集探索性查询近似结果的准确性。其次，与在整个数据集中只生成一个样本相比，该方法在每个采样块上生成多个样本，并在运行时选择与当前客户查询匹配度最高的样本执行近似查询，提高了近似结果的准确性。

6.2.2 POLYTOPE 实现

本节通过两个特定的数据集和对它们的探索性查询来阐述所提出的 POLYTOPE，并将其与现有的采样方法进行比较，以反映其优势。以下实验内容使用两个数据集，Transaction Processing Performance Council-H（TPC-H）和 SQL Server Data Service（SDSS）。TPC-H 是一个经典的数据库基准数据集，由商品交易信息组成，数据集总体大小为 74.7 GB。基于基准测试提供的模板查询，通过模拟客户探索性分析生成了 120 个查询语句。表格使用 TPC-H 中的 lineitem 表。SDSS 数据集由天文学领域的数据组成，数据集总体大小为 101.45 GB。从数据集的官方网站收集相关查询日志，挑选出 102 个查询语句。POLYTOPE 从离线分析、构建样本到响应客户近似查询的整个过程如图 6.4 所示。

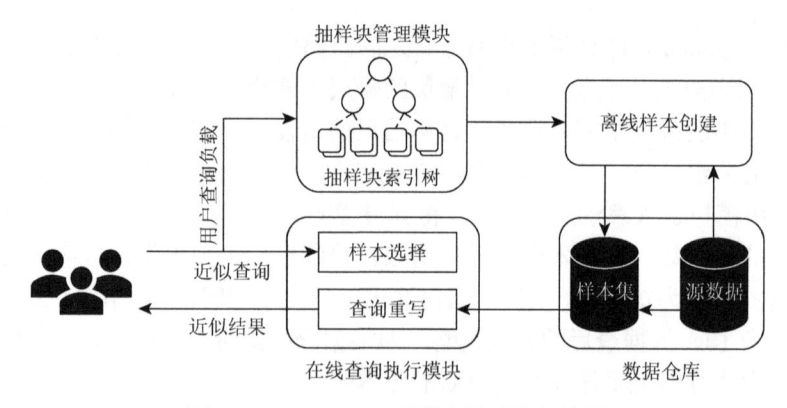

图 6.4　POLYTOPE 采样方法系统架构图

图 6.4 中，在 TPC-H 与 SDSS 数据集之上抽取样本的过程在线下进行。同时对在样本上进行近似查询得到的结果与在整个数据集上进行查询得到的结果之间的相对误差进行比较。从 TPC-H 与 SDSS 的查询集中提取 30 个客户查询进行测试，其余查询将视为客户历史查询信息，输入到采样系统中，执行样本的生成。先对获取的历史客户查询信息进行分析，按照上述流程对两个数据集进行划分，计算得出采样块索引树，并为每个采样块创建线下样本。

下面实验的实验环境为包含 1 个 master 节点和 9 个 slave 节点的 Spark 集群。每一台机器分别搭载主频为 2.1 GHz 的 Intel Xeon E5-2600 处理器和 64 GB 内存，运行在 64 位 Ubuntu 14.04 Server 系统上。集群上运行 Spark 2.0.0 和 Hive 1.2.1。

（1）模拟数据集。在 TPC-H 数据库基准测试数据集[77]上生成模拟数据集及测试查询模板。在原始的 TPC-H 数据集中，分组的数量及各分组的大小分布都相对较为均匀。为了能更好地模拟出真实情况下的数据集，并且为了能够更好地对比不同采样策略在应对更具挑战的倾斜数据集时性能上的差异性，本书利用了一个经过版本修改的 dbgen 工具[78]生成非均匀分布的数据集。该工具将根据 Zipf 分布生成倾斜数据。在实验中，Zipf 分布的特征指数 z 被设置为 1.5。选取了 TPC-H 数据集中的 lineitem 表，并将扩展因子设置为 100，最终得到了总大小为 74.7 GB 的模拟数据集。在构造用于实验测试用的模拟客户分组聚合查询时，通过随机生成若干分组属性并以随机组合的方式来生成模拟客户分组聚合查询，以达到模拟测试现实场景中采样系统应对 Ad-hoc 查询时表现出的性能效果。

（2）真实数据集。从公开的 SDSS 网站[79]上下载了真实数据集和真实的客户查询记录。从 SDSS 数据集的 DR8 版本中选用了 PhotoPrimary 视图，获取了总共 101.45 GB 的数据。下载到的客户查询记录被进行了一定修改以使其符合 Spark SQL 的语法定义。在整个实验过程中，对比了随机均匀采样策略、国会采样策略和上文提出的 POLYTOPE。每种策略都在离线时生成了采样率为 1%的样本。对于 POLYTOPE 分层采样策略，默认客户设置的离线样本集个数 k 为 5。

图 6.5 是生成的采样块索引树的一个示例。

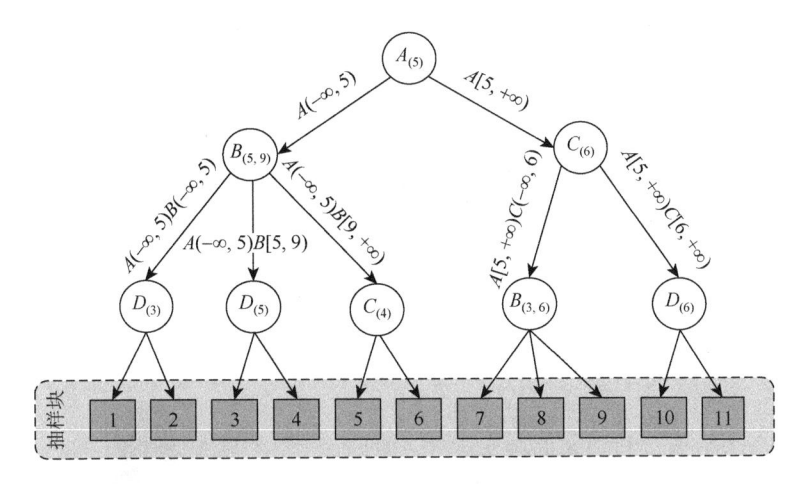

图 6.5　采样块索引树的一个示例

根据组数和组偏斜度，将 30 个客户查询分为四类，即组数少偏斜度小、组数少偏斜度大、组数多偏斜度小、组数多偏斜度大。通过测试不同查询类型下采样方法的偏差情况，能更全面地了解采样方法在各种场景下的性能。对每一个客户查询，POLYTOPE 都会先使用样本块索引树匹配所有对应样本块，然后在每个样本块中选择样本，以挑选出最佳样本，之后在样本上依据查询所需的聚合函数，依照采样率对近似查询进行重写，计算出近似结果返回给客户。测试中，将 POLYTOPE 与随机均匀采样策略、国会采样策略和多列分层采样进行对比测试，将运行时可浏览的样本数保持在总数据量的 1%，评价每一种查询下的误差，在 TPC-H 数据集和 SDSS 数据集上的测试结果如图 6.6、图 6.7、图 6.8 和图 6.9 所示。

观察上述实验结果图，在四种类型的查询返回的近似结果中，POLYTOPE 的误差最小。随着偏斜度的提高，其他三种采样方法的性能都会下降。由于 POLYTOPE 根据子数据集上的特征分割子数据集并分配好样本空间，因此它在大偏斜度的场景下仍具有良好的性能。在组数多的情况下，每个组的样本空间大小将变得非常有限，进而造成每个组样本量的减少。相比于组数少的情况，组数多的场景下使用采样方法得到近似查询结果的误差率会增大。但 POLYTOPE 将根据组大小进一步分配采样空间，从样本数过多的溢出组中抽取出部分采样空间，分配给样本数量较少的组，这样达到减少空间大小倾斜的目的。这项优化方法使 POLYTOPE 在分组数多的场景下也能对其他三种采样方法表现出显著优势。

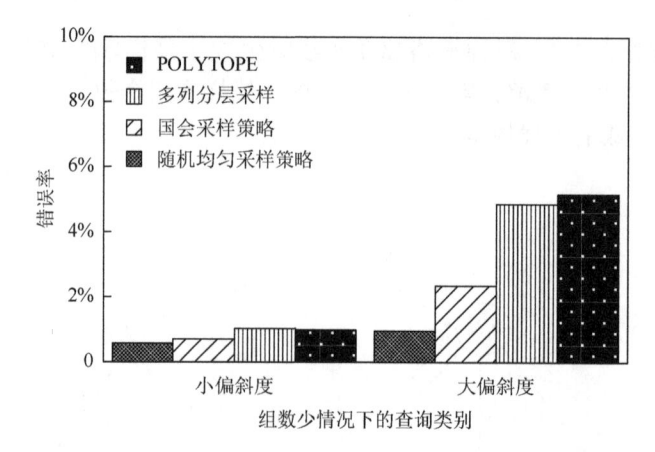

图 6.6 组数少情况下各采样方法在 TPC-H 数据集上的精确度比较

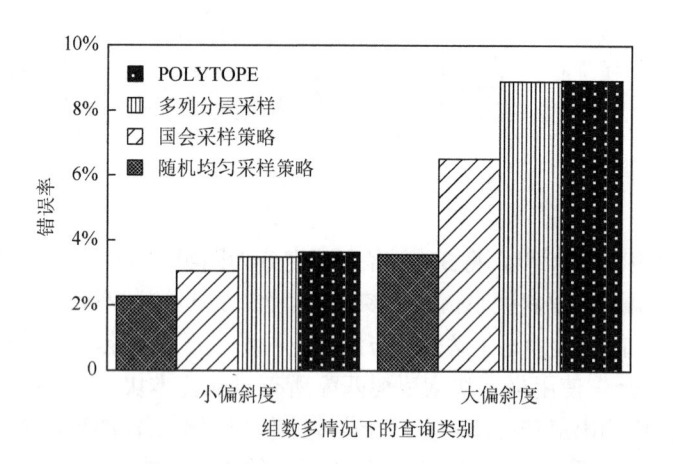

图 6.7 组数多情况下各采样方法在 TPC-H 数据集上的精确度比较

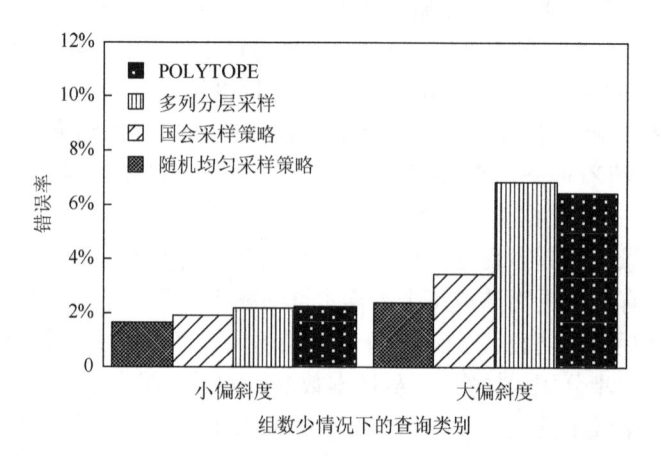

图 6.8 组数少情况下各采样方法在 SDSS 数据集上的精确度比较

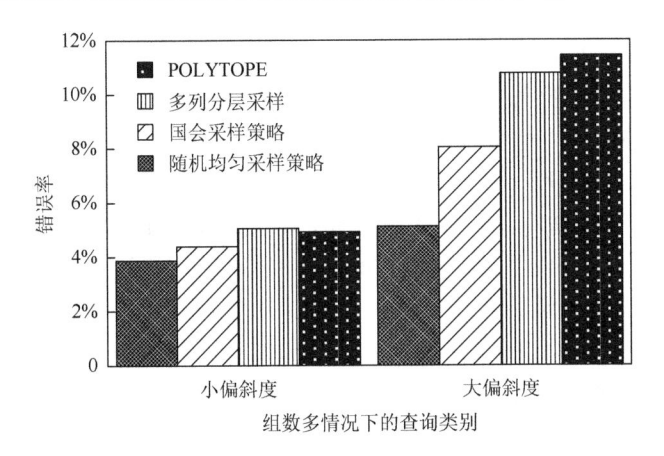

图 6.9 组数多情况下各采样方法在 SDSS 数据集上的精确度比较

本章提出了一种基于客户查询与各层次间采样数量安排方案匹配度评估的分层采样策略，系统在运行时可以从多份离线样本中选出一份最匹配当前查询的样本进行近似结果计算。同时，本章还为任一分层采样策略与任意客户分组聚合查询的匹配度提供了一种基于概率分布和数据特征的形式化定量评估方法。使用真实数据集与合成数据集展开大量实验进行验证，相较于传统采样策略，数据驱动的 POLYTOPE 相较于传统采样策略在客户查询近似结果的精确度上有了明显提升。

6.3 面向科技大数据分析的过滤规则建模方法

科技大数据的快速发展引起了国内外的广泛关注和重视，对科技大数据进行科学有效地分析处理是大数据领域最核心的问题[80]。分析方法的优劣将决定分析结果的有效与否，将最终影响大数据分析成果的应用效果。通过对现有研究成果进行总结，数据分析分为描述性统计分析、探索性数据分析和验证性数据分析[81]；其中，探索性数据分析专注于挖掘数据中的新特征，验证性数据分析专注于验证或篡改现有假设。

科技大数据实体查询涉及大规模数据的搜索，高效的过滤规则能够大大减少搜索空间。本章提出一套建模方法，该方法分为三块内容：①列属性分析筛选；②数据范围分析筛选；③查询结果自动化展示。其中，查询结果自动化展示是基于前两步的分析实现的，它能够更加直观地表达查询结果。

当今时代，几乎所有领域都会产生大量数据。对数据进行分析挖掘对客户的决策带来的影响逐渐增大[82]。一般来说，数据分析结果的差异将明显地对决策过程造成影响。不恰当的数据选择，无论是有意还是无意，均会使客户做出不恰当甚至错误的决策。在数据分析中，差异化数据通常具有高度的分析价值，而非差异化数据对数据分析的贡献相对较小，甚至可能对数据分析带来负面效果。因此，为客户提供优秀的差异性数据过滤模型，可以指导客户更好地进行数据分析，进而提高最终决策的水平。

在发现规律的方法中，一种称为粗糙集理论的数据分析方法格外受人重视[83]。粗糙集理论是一种处理不确定信息的方法。现有的规则可以从不完全信息中提取，这些规则代表了原始数据的分布情况。通常，在某些场景中，部分信息在某些情况下是没有作用或没有效果的。此时，假设在不影响最终决定分类结果的情况下，对该属性进行约简以去除无用属性并进行纠正，对约简后的数据进行规则抽取，并对抽取的规则进行分析。在属性约简方法 CEBARKCC 算法中，使用基于信息熵的方法消除冗余属性，获得粗糙集。该粗糙集是原始数据集的子集，上述过程可视为对原始数据集进行采样的过程[84]。本节过滤规则模型的构建也受到该方法的启发。与属性约简的概念不同，本节的方法主要使用一些方法（包括信息熵）对原始数据集进行筛除，目标是提取数据差异程度最高的子数据集。此数据子集不是原始数据集的样本，而是原始数据中差异最大的数据组合。

数据分析的目标是收集、提取和提炼隐藏在大量看似混沌的数据中的信息，从而找出研究对象的潜在规则。数据分析是有计划与目标地集合数据、发掘数据并将其转化为有价值的内容的过程。各种行业的各种方面中的大数据通常需要对应的分析方法来分析挖掘数据。这种类型的数据分析需要分析员对该行业的信息有更深刻的了解，这代表着分析员需要具备专业行业的背景知识。本节旨在通过建立差异化数据分析和过滤模型，帮助分析人员快速分析和探索差异化数据。即使没有分析经验的分析师也可以使用本节提出的筛选分析模型，选择恰当的方法来挖掘和分析数据中的差异化数据。在大数据挖掘场景中，分析员在面对大量数据时找到差异化数据的难度较高。为了让客户尽可能避免易出错的数据挖掘过程和烦琐的筛选条件确定过程，直接获得差异化的数据子集，需要设计一个标准化的程序来确定数据选择的方法。为了达到这一目标，本节提出了一种针对不同数据子集确定筛选规则的方法。其目标是解决在数据分析中使用数据筛选规则的问题，通过恰当地使用算法和设置相关规则，构建过滤筛选的模型，并利用该模型对数据进行过滤筛选，最终自动地将结果显示到合适的地方。对于构建合适的数据过滤规则，目前主要有以下问题。①维度：需要思考从哪些维度进行过滤筛选才可达到良好的差异化分析效果。②可解释性：过滤模型需要有分析出数据与数据之间内在联系的能力，生成能过滤出差异化数据的过滤参数。③质量：对于差异化分析的结果，需要有合适的方法来判断该结果的质量。

在下面的内容里，将对怎样使用本节所提的建模方法对以上问题进行解决展开具体的讨论。

客户选择数据集时,他们通常不知道在成千上万的原生数据中怎样选择出合适的数据子集进行分析。若客户对原生数据缺乏足够的了解,他们会不知道数据内部的联系,更难以知道数据内部是否存在任何隐藏的关系。所以有必要考虑怎样选择出合适的维度,以便对数据的剖析能够产出足以区分的特征代表[85]。

确定了恰当的维度后,将具体讨论以下问题的解决方案:如何处理所选维度中数据的互相关系、如何在此维度中确定差异化数据、如何选择合适的筛选条件,通过这些条件如何筛选出差异化数据。

在通用的数据剖析工具中,可视化常常被用作展览数据剖析结果的方式。除此之外,可视化也被用来判断结果的质量。然而,在常见的数据剖析用具中,客户需要选择怎样将数据集进行可视化。经验丰富的分析师可以根据自己的经验进行选择。对于新人而言,需要多次尝试和经历错误才可达到所要求的数据显示效果。如果可以自行确定客户选择的数据生成可视化图片与表格的方式,则可以极大地辅助客户验证数据剖析的效果。实际上,差异化数据筛选分析模型面临的问题是如何使用智能手段给客户提供自动可视化功能,即怎样让可视化结果直观地呈现给使用数据剖析功能的客户。

在差异化数据的维度选择和筛选条件方面,本节以行、列这两个维度,基于过往数据库表结构的设计,对差异化数据展开剖析。第一步是对列数据进行筛选,找到可能具有差异信息的列属性。第二步是利用一些差异信息算法来对差异数据进行计算,寻找出具有差异特征的数据子集。第三步是显示差异性数据查询的水平,这些水平通过可视化手段来直观地展现给用户。

综上所述,差异数据筛选模型有三种过滤规则:第一个是过滤差异数据列的规则,第二个是过滤差异数据范围的规则,第三个是将过滤结果进行可视化的规则。实验证明,使用上述过滤规则来指导客户对差异化数据进行剖析,可以显著地提高客户剖析差异数据的水平。

6.3.1 数据过滤和推荐规则建模方法

对于数据筛选和分析以及依据数据的特征属性自动对数据过滤模式执行建模,要求有一个规范化的过程来确定如何执行数据过滤和分析。通过这个规范化流程,可以尽可能地消除客户在数据探索过程和烦琐的分析筛选参数设置中的失误,以此获得优异的效果。

基于数据集的合适推荐规则建模有三个特点。第一个是可解释性。该模型可以对怎样在可视化系统中正确生成推荐建议作出解释。第二个是可行性。模型生成的推荐应具有充分的分析价值,并且需要能够发掘数据内部隐藏的联系。第三个是质量。鉴于客户挖掘数据的特点,该模型的搭建是高效和稳健的。对数据筛选规则进行建模主要分成以下三个步骤。

1. 数据关键特征提取

使用随机森林算法,以大量数据构成的数据集 D 作为输入,从 D 中提取出有关特征。以客户对关键数据有无进行设定作为依据,对列属性的重要性权重进行计算。重要性评分(variable importance measures,VIM)用 VIM 来表示,Gini(基尼)指数用 GI 来表示,假设有 m 个数据列 $\{X_1, X_2, X_3, \cdots, X_m\}$,现在要计算出每个列 X_j 的 Gini 指数评分 $\text{VIM}_j^{(\text{GI})}$,即第 j 列在随机森林所有决策树中节点分裂不纯度的平均改变量。其中 Gini 指数的计算公式为

$$\text{GI}_m = \sum_{k=1}^{K}\sum_{k' \neq k} p_{mk} p_{mk'} = 1 - \sum_{k=1}^{|K|} p_{mk}^2 \qquad (6.6)$$

其中,K 为 m 节点在随机森林所有决策树中有 K 个类别;p_{mk} 为节点 m 中类别 k 所占的比例;$p_{mk'}$ 为节点 m 中类别 k 所占的比例的补值,换句话说,即从节点 m 中任意、随机地选取两条样本,它们的种类标签不相等的概率。数据列 X_j 在节点 m 的重要性,即节点 m 分枝前后的 Gini 指数变化量为

$$\text{VIM}_{jm}^{(\text{GI})} = \text{GI}_m - \text{GI}_l - \text{GI}_r \qquad (6.7)$$

GI_l 和 GI_r 分别为此树进行分叉之后两个新节点的 Gini 指数。在决策树 i 中,列属性 X_j 存在的节点在集合 M 中,那么 X_j 在第 i 棵树的重要性为

$$\text{VIM}_{ij}^{(\text{GI})} = \sum_{m \in M} \text{VIM}_{jm}^{(\text{GI})} \qquad (6.8)$$

随机森林里面共有 n 棵树,则数据列 X_j 的重要性为

$$\text{VIM}_j^{(\text{GI})} = \sum_{i=1}^{n} \text{VIM}_{ij}^{(\text{GI})} \qquad (6.9)$$

使用上述公式对重要性权重进行计算,然后从大到小进行排序。排名在前两位的列属性即为应该给客户输出的在剖析结果中重要性较高两个数据特征。

2. 数据范围过滤

此时得到两列数据特征 A、B,A 的重要性排序高于 B。下面将阐明该方法怎样执行对数据范围的分析和筛选,以 A、B 两列为例。首先,将 A、B 这两个属性的种类划分成三种:离散值类型 X、数值类型 N、时序类型 T。针对离散值类型 X,将每个离散值的个数统计记作 $\text{CNT}(x)$。针对数值类型 N,因为它是连续的,所以需要对其进行离散化处理。详细步骤是使用分箱处理的方法,将获取的箱子

记为 n'；获取每个箱子的计算计数记为 $CNT(n')$。针对时序类型 T，鉴于时序数据通常带有季节性的特点，这一方法会自动地根据列属性 T 的时序范围分片出时间片段箱，列属性 T 通过分箱处理方法，将获得的每一个时序箱记为 t'。例如，T 的取值为从 2017 年到 2019 年，则时序箱 t' 使用 "年" 作为分片的单位；T 的时间取值只包含在 2019 年中，则时序箱 t' 使用 "月" 作为分片的单位。与此类似，列属性 T 的取值只包含在 2019 年 1 月中，则时序箱 t' 使用 "日" 作为分片的单位。数据分析筛选搭配模型由上述三种不同类型的数据划分方案组成。（6.3.1 节中所有 "/" 含义均为 "或者"，不表示除法）。

第一种数据筛选分析组合模型为，A 数据为时序类型，B 数据为离散值类型或数值类型。A 将根据之前获得的时序箱 t' 的划分单位，选择合适的时间作为首个筛选条件 t_{recent}（如近五年、近三月、近八天等，如果不足则不生成此筛选项）。A 经过条件筛选后的数据集为 D^*，B 经过过滤得到离散数据列 B^* 的 $\{x_1^*, x_2^*, \cdots, x_k^*\}$ 或者数值数据列 B^* 将重新分箱得到 $\{(n_1^*)', (n_2^*)', \cdots, (n_k^*)'\}$，其中箱子数量为 k，以 $x_k^*/(n_k^*)'$ 中的计数最大的三个值 $CNT(x_k^*)_{top3} / CNT((n_k^*)')_{top3}$ 所在的三个离散数据 x_{max}^* 或箱 $(n_{max}^*)'$ 的数值范围作为第二个过滤条件。以两个过滤条件 t_{recent} 和 $x_{max}^* / (n_{max}^*)'$ 的交集 $t_{recent} \cap x_{max}^* / (n_{max}^*)'$ 作为筛选分析混合模型的筛选条件，针对数据集 D 展开数据筛选分析。第二种数据筛选分析采用混合模型方法，即 A 为离散值型或数值型，B 为时序型数据。A 计算每个离散值或时序类型的 $CNT(x)/CNT(n')$，其中，计算个数最多的五个标量 x_{top5} 或者分箱 $(n_{top5})'$（当离散值不够或者分箱个数不够时，不会执行该过滤内容）匹配的值大小区域将被抽取出来，成为首个过滤条件。在对列属性 A 进行条件筛选后，将数据集称为 D^*。将 A 中计算个数最多的标量 x_{max} 或者分箱 $(n_{max})'$ 所匹配的列属性 B^* 的时序区域 t_{max} 抽取出来，成为第二个过滤条件。两个过滤条件 $x_{top5} / (n_{top5})'$ 和 t_{max} 的交集 $t_{max} \cap x_{top5} / (n_{top5})'$ 会成为筛选分析混合模型的筛选参数，针对数据集 D 展开数据的筛选与分析操作。

3. 数据过滤与推荐

为了将经过筛选分析的数据呈现给客户，该方法将筛选分析获得的结果，自动地进行可视化操作。首先，将结果数据集可视化得到列属性 X 的基数统计 $d(X)$，列属性 X 的最小值 $\min(X)$，最大值 $\max(X)$，列属性 X 的记录条数 $|X|$，列属性 X 的数据类型 $type(X)$，列属性 X 每个分箱数据 x' 与其对应 x' 的计算个数 $CNT(x')$（可以将离散值列 X 的每一个值视为一个分箱），每一个分箱的内容 x' 与其对应的计算个数 $CNT(x')$ 的关联系数 $correlation(x, CNT(x'))$。其次，依据获得的列属性种类 $type(X)$ 定义了一系列切分规则。当列 x 的数据类型为时序类型：可视化图表可为柱状图、折线图。当列 x 的数据类型为离散值类型或数值类型，可视化图表可为柱状图、饼状图、散点图。

该方法按照一种策略即相对信息熵来进行数据分析操作，决定经筛选分析后获得的结果数据集应该怎样进行自动的可视化操作。这一方法的中心思路是计算得出对每个列属性 X 变成多种图表的可视化操作的信息熵与规范化的图表信息熵的相比值，记为 $\{C(X)_1, C(X)_2, \cdots, C(X)_k\}$。对每个相对信息熵的取值进行比较，最大值 $C(X)_{max}$ 匹配的图表种类就是列属性 X 的可视化种类。可视化图表类型包括柱状图、饼状图、折线图、散点图。其中，分析员常使用柱状图这一图表类型作展示。柱状图内各柱子常拥有不同的高度，高低不同的柱子整合在一起有利于辅助客户更好地对数据差异性进行辨别。柱状图可以用在多种情况下，当 x' 元素（即分箱的数量）比较多的时候，可以更好地展示数据的具体情况。利用列属性 X 的基数统计 $d(X)$ 来计算柱状图的相对信息熵，$|d(X)|$ 代表列属性 X 的基数统计 $d(X)$ 大小。

$$C(X) = \begin{cases} 0, & |d(X)|=1 \\ 1, & 2\leq|d(X)|\leq 20 \\ \dfrac{20}{|d(X)|}, & |d(X)|>20 \end{cases} \quad (6.10)$$

饼状图能够对多个分组数据进行展览显示，它代表各分组的数据占全体比例的情况。在饼状图里，要求有区分度的 $\mathrm{CNT}(x')$ 来突出显示各分组的占比。因此，使用香农熵 $\sum_{y\in \mathrm{CNT}(x')} -P(y)\log P(y)$，来进行对标准内容的判别。其中，$y$ 为 $\mathrm{CNT}(x')$ 的每个值，$P(y)$ 为 y 的数量占比值，即 y 在 $\mathrm{CNT}(x')$ 的发生概率。

$$C(X) = \begin{cases} 0, & |d(X)|=1 \text{或} \min<0 \\ \sum\limits_{y\in \mathrm{CNT}(x')} -P(y)\log P(y), & 2\leq|d(X)|\leq 20 \\ \dfrac{20}{|d(X)|}\sum\limits_{y\in \mathrm{CNT}(x')} -P(y)\log P(y), & |d(X)|>20 \end{cases} \quad (6.11)$$

折线图的优点在于能够反映某个对象在时间流逝过程中变化与发展的情况。当数据 $\mathrm{CNT}(x')$ 与 x' 符合某种模式（如线性模式、对数模式、指数模式、低幂数模式）时，分布的表达式记做 $\mathrm{distribution}(x', \mathrm{CNT}(x'))$，信息熵 $C(X)$ 为 1。否则，信息熵 $C(X)$ 为 0。

$$C(X) = \mathrm{distribution}(x', \mathrm{CNT}(x')) \quad (6.12)$$

散点图通过坐标轴，表示两个变量之间的关系。使用相关系数 $\mathrm{correlation}(x', \mathrm{CNT}(x'))$ 计算。

$$C(X) = \mathrm{correlation}(x', \mathrm{CNT}(x')) \quad (6.13)$$

之后，将列属性 X 在多种可视化的图片与表格内获得的相对信息熵序列进行比较，获取 $C(X)_{max}$，即相对信息熵的最大取值。筛选分析后获得的结果数据集将使用 $C(X)_{max}$ 对应的图表类型进行可视化展览。

6.3.2 数据过滤和推荐规则实例分析

下面利用一个详细的数据分析系统展示本节所介绍的方法。方法选择的原始数据一共包括 33 列、344 355 条。根据上述过程对数据列属性和数据范围进行分析并将结果进行自动可视化的流程，给客户提供智能可视化分析的功能。如图 6.10 所示，这一方法的列属性分析使用利润列作为关键列，以此来分析其他剩余的列属性。分析结果表明，这个例子中重要的两列列属性为销售日期与售价。

销售日期	标价/元	售价/元	数量/件	利润/元	...
2005-07-13	5844.81	717.35	45	2523	...
2005-03-05	1106.56	750.00	4	654	...
2005-09-09	456.22	230.34	2	746	...
2005-02-13	689.94	543.65	1551	466	...

图 6.10 数据列分析实例图示

该方法基于策略构建数据筛选策略模型，对目标列属性（销售日期与售价）执行筛选条件的组合。图 6.11 所示的操作流程即为数据分析系统基于数据筛选策略模型获得分析数据的流程。获取到的销售日期是 2020 年 11 月，售价的最大的分箱取值大小是从 1 到 26。

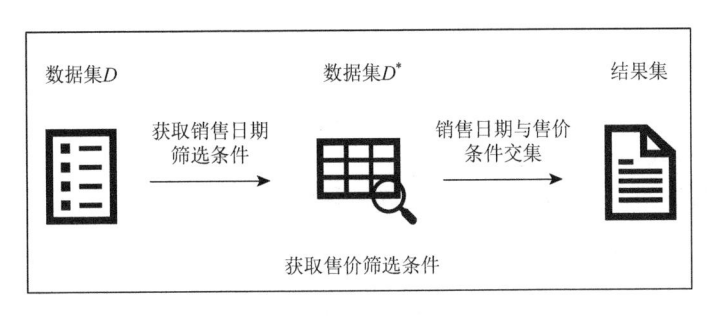

图 6.11 数据筛选分析过程

图 6.12 和图 6.13 是对筛选结果的案例展览显示。该方法采用自动进行可视化的方式。因此，可以自主地对结果数据集进行分析，并用恰当的可视化图片和表格将结果在输出端显示。

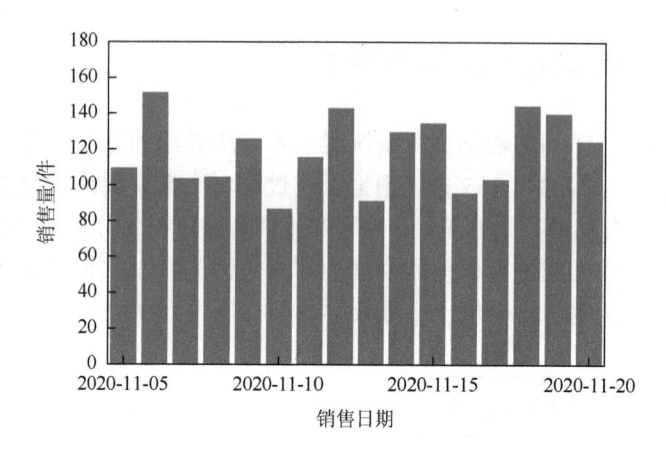

图 6.12　销售日期过滤实例

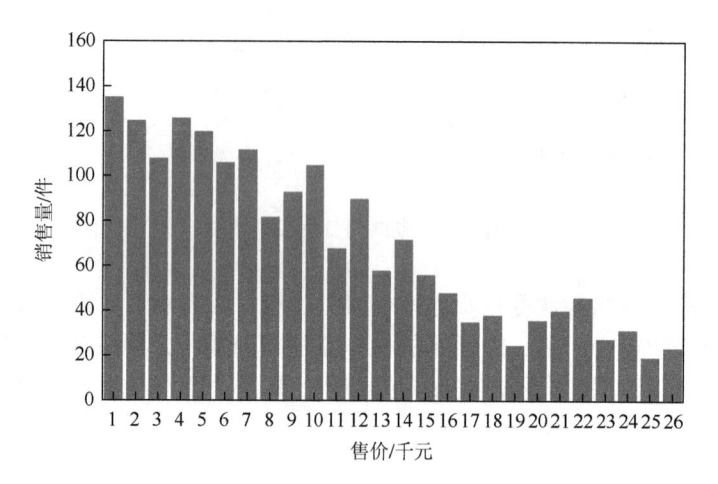

图 6.13　售价过滤实例

图 6.14 和图 6.15 为案例的实验结果图。在图 6.14 中，使用柱状图展示结果数据，但这对数据的变化趋势体现得不够直观，而在图 6.15 中，使用折线图对数据进行可视化，相比柱状图，能更容易展现出变化趋势。因此，该方法使用折线图对列属性（售价）进行展示。

这一套差异性数据筛选分析规则通过五位专业数据分析专家的测评，用精确度、多样性和新颖性三个指标来评估这套差异性数据筛选分析策略建模方法（评价为五分制）。

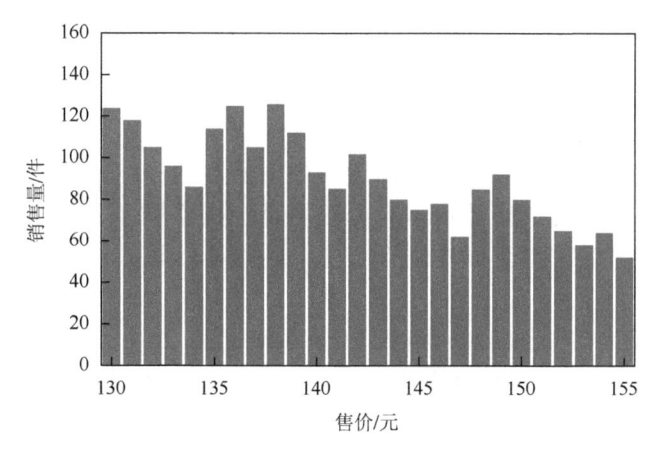

图 6.14　结果数据集柱状图

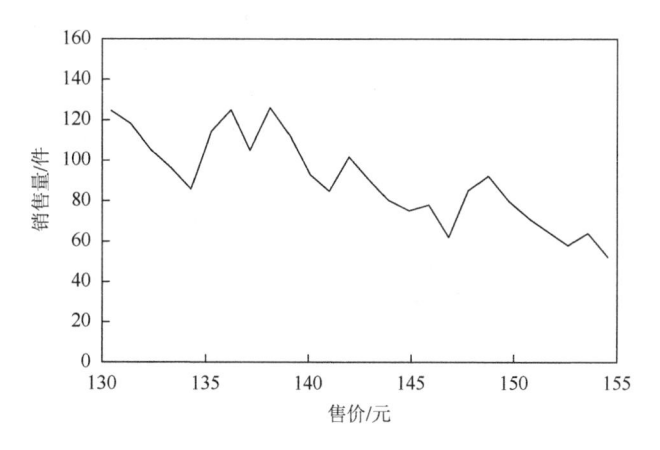

图 6.15　结果数据集折线图

（1）精确度。精确度评估数据筛选分析策略推举出的数据和分析生成的可视化图片与表格能否确切地代表数据的差异性，多数专家认为这一数据筛选分析策略可以精确地对差异化数据进行过滤。

（2）多样性。多样性权衡数据筛选分析策略应对不同的数据是否能够筛选分析出差异化的数据，多数专家认为这一数据筛选分析策略可以为不同的数据提供良好的差异化数据筛选推荐功能。

（3）新颖性。新颖性衡量差异化数据筛选分析策略相对于现有的一些基于相似度数据分析方法是否有进步。多数专家认为，这一套数据筛选分析规则对于现有的分析系统有较大的改进，可以更为智能化地对差异化数据进行筛选分析并使用可视化的方式提供给客户。对差异化数据分析构建筛选策略模型，可以为客户提供一套完整的差异化数据分析解决方案。

通过上述几项评测可以看出，本节提出的这套寻找差异数据子集的过滤规则建模方法总体表现优异，能很好地引导客户查找到差异化数据子集。

本节介绍了新颖的数据过滤规则建模方法。利用机器学习的算法，以及启发式的规则作为基础解决本节提出的当前面临的三个挑战性问题，同时搭配自动进行可视化的策略显示差异化数据筛选策略模型的筛选分析结果。使用真实场景数据集对本套方法进行实验，结果显示该方法具备良好的可用性与先进性。

6.4 科技大数据分析方法推荐技术

科技大数据实体识别与查询需要挖掘并查询大规模数据集里的有效信息，而挖掘有效信息的分析方法多种多样，对应的技术也层出不穷。因此，在诸多数据分析的算法和模型中进行选择成为一个棘手的问题。另外，不同类型、不同分布的数据需要选择不同的模型和数据分析流程。随着算力的提高和数据库、云服务等技术的发展，有条件分析科技大数据的客户成倍增多。他们大多数并不是专家，很难选择合适的分析方法。因此，需要设计一种数据挖掘中数据分析方法的推荐方法，为客户推荐合适的分析方法，帮助客户挖掘数据中蕴含的信息。

6.4.1 科技大数据分析方法推荐技术设计

在数据挖掘过程中，人们利用分析方法推荐技术对分析方法进行推荐。它能够给具有数据分析需求的客户推荐合适的数据挖掘方法，以辅助客户更方便地完成数据分析任务。

在讨论科技大数据分析方法推荐之前，先给定 m 个数据集 D_i 和 n 个分析方法 M_j 的交互矩阵 $A_{m\times n}$，A_{ij} 为数据集 D_i 上分析方法 M_j 的得分，$i=\{1,2,\cdots,m\}$，$j=\{1,2,\cdots,n\}$，这一分数是通过分析方法 M_j 在数据集 D_i 上的误差值以及其他数据分析客户的评分获得。科技大数据分析方法推荐具体包含四个步骤。

1. 采用基于数据集的最近邻算法预测数据集 D_i 上分析方法 M_j 的得分

首先，对矩阵 A_{ij} 做奇异值分解，得到矩阵 $P_{m\times k}$、$I_{k\times k}$、$Q_{k\times n}$，使得 $A=P\times I\times Q$；其中，矩阵 P 为数据集的隐因子矩阵，它的行向量 P_i 为数据集 D_i 的特征向量；矩阵 Q 为分析方法的隐因子矩阵，它的列向量 Q_j 为分析方法 M_j 的特征向量。其次，对于数据集 D_i，定义它与数据集 D_j 的相似度：

$$d_{ij}=\alpha_1\times d_{ij}^{cosine}+\alpha_2\times d_{ij}^{mahanalobis} \tag{6.14}$$

其中，$\alpha_1 + \alpha_2 = 1$，d_{ij}^{cosine} 为数据集 D_i 与数据集 D_j 的特征向量之间的余弦相似度；$d_{ij}^{\text{mahanalobis}}$ 是数据集 D_i 与数据集 D_j 的特征向量之间的马氏距离。再次，计算得出多个数据集两两之间的相似度。然后，对一个数据集 D_i，选择与它相似度最高的 10 个数据集，组成数据集 D_i 的最近邻集合 D_i^{nn}。最后，依据这些最近邻数据集上的评分记录，计算得出数据集 D_i 上方法 M_j 的得分：

$$S_{ij}^1 = \frac{1}{10} \sum_{k=1}^{10} \left(\frac{1}{d_{ik}} (P_k Q_j) \right) \tag{6.15}$$

2. 采用基于分析方法的协同过滤算法，预测数据集 D_i 上分析方法 M_j 的得分

首先，对矩阵 A_{ij} 做奇异值分解，得到矩阵 $P_{m \times k}$、$I_{k \times k}$、$Q_{k \times n}$，使得 $A = P \times I \times Q$；其中，矩阵 P 为数据集的隐因子矩阵，它的行向量 P_i 为数据集 D_i 的特征向量；矩阵 Q 为分析方法的隐因子矩阵，它的列向量 Q_j 为分析方法 M_j 的特征向量。其次，对于分析方法 M_i，定义它与分析方法 M_j 的相似度：

$$d_{ij} = \alpha_1 \times d_{ij}^{\text{cosine}} + \alpha_2 \times d_{ij}^{\text{mahanalobis}} \tag{6.16}$$

其中，$\alpha_1 + \alpha_2 = 1$；d_{ij}^{cosine} 为数据集 D_i 和数据集 D_j 的特征向量之间的余弦相似度；$d_{ij}^{\text{mahanalobis}}$ 为数据集 D_i 和数据集 D_j 的特征向量之间的马氏距离。再次，计算多个分析方法两两之间的相似度。最后，对一个数据集 D_i，依据该数据集上对每个分析方法的评分信息计算得出数据集 D_i 上分析方法 M_j 的得分：

$$S_{ij}^2 = \sum_{k=1}^{n} A_{ik} \times d_{ik} \tag{6.17}$$

3. 采用奇异值分解的神经协同过滤算法预测数据集 D_i 上分析方法 M_j 的得分

首先，对矩阵 A_{ij}，进行奇异值分解计算，获得矩阵 $P_{m \times k}^S$（S 表示这一矩阵是用奇异值分解而得的，后面同理；m 是矩阵行数，k 是矩阵列数，后面同理）和奇异值矩阵 $I_{k \times k}^S$、$Q_{k \times n}^S$，使得 $A = P^S \times I^S \times Q^S$。其中，矩阵 P^S 为数据集的隐因子矩阵，它的每一个行向量 p_i^S 是相应数据集 D_i 的特征向量；矩阵 Q^S 为分析方法的隐因子矩阵，它的每个列向量 q_j^S 是相应分析方法 M_j 的特征向量。其次，通过一个四层的 MLP（multi-layer perception，多层感知机）数据集 D_i 和分析方法 M_j 的隐向量 P_i^M 和 Q_j^M，向量维度和奇异值分解获得的向量维度相同；在这之中，使用 ReLU 函数作为激活函数 $\emptyset$；输出层的计算公式为

$$\begin{cases} z_1 = \varnothing_1(p_u, q_i) = \begin{bmatrix} p_u \\ q_i \end{bmatrix} \\ \varnothing_1(z_1) = a_2(W_L^T z_1 + b_2) \\ \varnothing_L(z_{L-1}) = a_L(W_L^T z_{L-1} + b_L) \\ \widehat{y_{ui}} = \sigma(h^T \varnothing_L(z_{L-1})) \end{cases} \quad (6.18)$$

其中，z_i 为第 i 层的输出；y_{ui} 为数据集 D_i 上分析方法 M_j 的预测评分、h^T 为输出层边缘权重；a_i 为第 i 层的缩放系数；b_i 是第 i 层的偏置常数；p_u 为客户特征；q_i 为物品特征；σ 为 sigmoid 函数。再次，结合前两步（通过奇异值分解和 MLP）得到的隐向量，输出层的计算公式为

$$\begin{cases} \varnothing_{\text{SVD}} = p_i^S \times q_j^S \\ \varnothing_{\text{MLP}} = a_L\left(W_L^T\left(a_{L-1}\left(\cdots a_2\left(W_2^T\begin{bmatrix} p_u \\ q_i \end{bmatrix} + b_2\right)\cdots\right)\right) + b_L\right) \\ y_{ui} = \sigma\left(h^T \begin{bmatrix} \varnothing_{\text{SVD}} \\ \varnothing_{\text{MLP}} \end{bmatrix}\right) \end{cases} \quad (6.19)$$

其中，$\varnothing_{\text{SVD}}$ 为使用奇异值分解预测的分数；p_i^S 为奇异值分解获得的比赛 i 的隐因子向量；q_j^S 为奇异值分解获得的模型 j 的隐因子向量；$\varnothing_{\text{MLP}}$ 为使用 MLP 预测的分数；$a_2 \sim a_L$ 为每层的缩放系数；$W_2^T \cdots W_L^T$ 为每层的权重向量；$b_2 \sim b_L$ 为每层的偏置取值；L 为 MLP 层数；$\begin{bmatrix} \varnothing_{\text{SVD}} \\ \varnothing_{\text{MLP}} \end{bmatrix}$ 为表把两个向量拼接，再和输出层边缘权重向量 h^T 进行内积运算，把内积结果通过 sigmoid 函数 σ 运算获得最终的预测分数。最后，对数据集做十折交叉验证的训练，使用反向传播以及随机梯度下降的方法获得模型的结果参数取值；计算得出每个数据集 D_i 上分析方法 M_j 的分数 S_{ij}^3。

4. 融合三种模型预测的结果

计算每种模型的误差：在测试数据集上计算三种模型的归一化折损累计增益（normalize discounted cumulative gain，NDCG），记为 N_1、N_2、N_3。之后融合前面三种模型预测的结果，得到最终数据集 D_i 上分析方法 M_j 的得分：

$$S_{ij} = \sum_{n=1}^{3} \omega_n \cdot S_{ij}^n \quad (6.20)$$

其中，

$$\omega_n = \frac{N_n}{N_1 + N_2 + N_3}, \quad n = 1, 2, 3 \tag{6.21}$$

根据每个模型预测结果的质量决定每个模型在最终结果中的权重；S_{ij}^n 为之前每种模型为比赛 i 下模型 j 预测出的得分。

之后得到 $A_{m \times n}$ 矩阵。按照分数降序，在列表中，选取前十的算法作为返回值，成为推荐候选集合，再依据{特征工程：2，模型选择：5，模型融合：1，调参、数据预处理：2}的最高限制取值执行筛选。这一取值的含义为，返回的算法中，属于"特征工程"的方法不超过 2 个，属于"模型选择"的方法不超过 5 个，属于"模型融合"的方法不超过 1 个，属于"调参、数据预处理"的方法不超过 2 个。此即为对数据分析任务推荐的方法列表。

科技大数据分析方法推荐通过对数据集—分析方法矩阵的挖掘和学习，得到数据集的隐特征和分析方法的隐特征，并采用三种不同的策略计算每种方法的推荐得分，最终得出推荐的方法列表。科技大数据分析方法推荐可以帮助客户找到合适的分析方法和模型，节省迭代找到最优模型、算法的时间，更快地完成数据挖掘。图 6.16 为分析推荐方法的流程和框架。

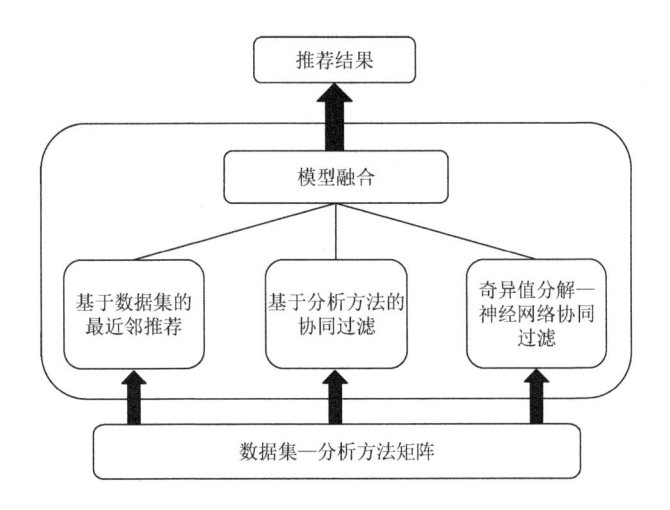

图 6.16 科技大数据分析方法推荐的流程与框架

数据挖掘问题里，要求选择需要执行数据分析的数据集，根据上文所述的方法会返回一个推举方法的列表。在列表中选择不同阶段的方法，进行搭配，即可组建一套从特征工程到数据预处理，再到建模，再从调参到模型组合的分析过程。使用常见的机器学习框架把这套过程组建出来，然后把数据输入这一套过程中，即能够初步地完成数据分析工作。

6.4.2　科技大数据分析方法推荐过程实现

以下将结合具体的例子介绍科技大数据分析方法推荐。对 Kaggle 下的比赛 Titanic：Machine Learning from Disaster（以下简称 Titanic）（根据乘客个人信息和所给的训练数据，预测泰坦尼克号生还者）做分析方法推荐。

第一，使用基于数据集的最近邻算法对这一比赛中每一个分析方法的分数进行预测：针对"比赛—分析方法交互矩阵"执行奇异值分解，获得每个比赛的特征向量。依据特征向量，计算出 Titanic 比赛和别的所有比赛的相似度。其中，选取出相似度最高的十个比赛，将这十个比赛下的分析方法分数依照相似度的权重相加值，获得 Titanic 的最近邻推荐向量。该向量的每一维数值表示对于分析方法的预测分数。

第二，采用基于分析方法的协同过滤算法预测该比赛下每个分析方法的得分：对"比赛—分析方法交互矩阵"做奇异值分解，得到每个分析方法的特征向量。根据特征向量，计算每个分析方法之间的相似度。对 Titanic 下的模型，将其他模型在 Titanic 比赛下的得分，依据别的模型与该模型之间的相似度权重相加值，累加地获取该模型的预测分数。完成后得到 Titanic 的协同过滤推荐向量。向量每一维的数值代表分析方法的预测得分。

第三，采用奇异值分解的神经协同过滤算法预测该比赛下每个分析方法的得分。具体由四个步骤组成。第一步，经过对原始矩阵的奇异值分解，获得奇异值矩阵（包括比赛与分析方法的奇异值隐向量）。第二步，训练一个四层的神经网络，输出所有比赛的 MLP 隐向量和所有分析方法的 MLP 隐向量。第三步，将前两步获得的隐向量进行连接，与边缘权重相乘，然后使用激活函数获得最终每个比赛下每一个分析方法的预测分数。第四步，将前三步得到的三个结果，依据在测试集上进行计算得出的重要性参数进行混合，即可得到 Titanic 比赛下最终每个模型的得分。根据得分情况，进行降序排列，选取前面十名的模型如下：svm、logistic regression、xgboost、random forest、gbdt、bagging、nearest neighbors、kernel density estimation、kmeans、ngram。

第四，结合前述得到的每一步分析方法的得分和过滤条件得到最终完整的分析方法。按照{特征映射：2, 模型选择：5, 模型融合：1, 调参、数据预处理：2}的上限做出过滤后，最终返回的模型是{svm（模型）, logistic regression（模型）, xgboost（模型）, nearest neighbors（模型）, gbdt（模型，特征映射）, random forest（特征映射）, bagging（模型融合）}，客户可以按照推荐的模型，构建工作流如下：先使用 gbdt 和 random forest 构造特征，再把构建特征和原始特征一并输入 logistic regression、svm 中进行二分类预测，再使用 xgboost 做二分类预测，后面的三个模型把获得的结果进行 bagging 融合，得出最终的预测结果。

通过检验和证明，上文搭建的任务流对于 Titanic 来说，复杂度居中、预测准度高，是一条满足质量要求的机器学习任务流。

6.5 本 章 小 结

本章主要研究科技大数据实体智能匹配与查询等关键技术，先研究科技大数据高性能索引关键技术，设计并实现双层结构索引与查询算法。接着提出用于科技大数据模糊查询匹配的高效采样方法，设计并实现基于探索性查询的高效采样方法。在此基础上，提出面向科技大数据分析的过滤规则建模方法和科技大数据分析方法推荐技术，从而形成多维度科技大数据实体智能匹配解决方案。

第 7 章　面向开放协同的科技大数据检索服务接口

基于科技大数据汇聚融合和科技数据智能匹配工作，本章将阐述面向开放协同的科技大数据检索服务接口，以实现向不同用户提供开放协同的科技大数据检索服务。本章介绍了科技大数据元数据的定义和管理以及科技大数据检索接口的标准制定，接着分别详细阐述了各种类别的科技数据检索服务接口的定义和调用过程，包括论文检索、专利检索、科技资讯检索、学术会议检索、研究学者检索、科研机构检索等。

7.1　科技大数据元数据

7.1.1　元数据定义

可以将元数据定义为关于信息的信息。图书馆员已经使用它数百年了。事实上，帮助图书馆员管理书籍和期刊的图书馆目录是元数据使用的一个流行例子。用户可以通过在图书馆目录中搜索有关特定主题的资料，并在图书馆书架上查找信息。Yahoo 等搜索引擎目前使用目录来构建网页内容。拥有有关内容、作者或法律条件的信息使人类和计算机更容易对资源进行分类。如果没有关于资源的可用信息，那么除了手动查看资源并决定将其在目录中的哪个位置列出之外，就无法对其进行分类。元数据可用于以下几种用途。①描述总结数据的含义。②允许用户搜索数据。③允许用户确定数据是否是他们想要的。④提供影响数据使用的信息（法律条件、大小、年龄等）。⑤表明与其他资源的关系。

为了使用多源异构数据源中科技大数据的元数据并从中受益，需要采用一种通用格式来表达它，该格式应该是面向机器而不是人类设计的。将人类可读的文档网络与机器可理解的元数据网络相结合有巨大的发展潜力。采用代理缓存、Web 浏览器、搜索引擎和其他 Web 工具可以更好地辅助人类工作，使信息的定位、评估、访问及管理 Web 资源的流程更加智能。

1. 元数据应用和语法

用元数据描述资源的第一步是选择合适的词汇表和合适的元数据元素集作为元素的值。元数据的词汇表规范方案通常来自现有的信息技术数据元素规范，如国际标准 ISO/IEC 11179。尽管开发了元素集合方案来查找及管理资源，但选择方案更多地取决于资源的目标群体。例如，图书馆员为视频编目所需的元数据描述类型和数量与公司管理自学视频 Web 门户所需的元数据描述类型和数量完全不同，即使它们可能描述相同的多媒体资源。因此，同一资源存在不同的元数据描述。本章设计了一种科技大数据元数据管理方案，该方案有助于在互联网环境和各个科技数据中发现各类科技数据资源。

2. 元数据分类

存在多种对元数据进行分类的方法，其分类标准主要基于当前使用元数据的领域和试图解决的具体问题。目前元数据分类可划分为由计算机程序（即软件）解释的技术元数据与主要由人类用户解释的描述性元数据，但元数据分类是一个十分复杂的问题，如存在一个应用程序的元数据是另一个应用程序的数据的情况。技术元数据与描述性元数据两者之间的界限并不固定：某些元数据既可以人工解释，也可以由人工创建，也可以由软件处理以用于特定目的。软件也可以在用户日常使用过程中在幕后自动创建元数据。

数据目录是由软件创建的技术元数据的一个例子，但可以由经验丰富的开发人员检查。生物医学叙词表的内容既用作技术元数据（当被临床系统用于交换信息时）又用作描述性元数据，后者可以用作索引和注释临床文本的关键短语。EMR 中的数据元素定义有双重目的：它们可以由普通语言提供描述，也可以用软件来确定它们如何在 GUI（graphical user interface，图形用户界面）中呈现出用户信息，还可以由用户输入信息，并检查其正确性。

科技元数据的一个特殊子类别是过程元数据：系统在运行过程中生成的统计数据。在有 RDBMS 的情况下，诸如单个表中的行数、表占用的空间以及单个列中数据值的频率分布等信息由 RDBMS 自动计算并由查询优化器使用。在数据仓库中，数据准备过程中产生的统计数据——如错误率、完成任务的时间、单位时间内处理的数据行数——提供了质量和性能指标。当前的元数据集划分为 10 个子类别，包含论文、专利、科技资讯、图书专著、学术期刊、学术会议、科技项目、标准规范、科研机构、研究学者。

3. 元数据权限管理

根据数据元素集，可以以不同的方式将元数据应用于各类科技数据资源。元数据可以在资源本身中——例如，作为保护资源完整性或确保其作者身份的图片或视频中的数字水印——作为 HTML 元标记，或在单独的描述文件中。当资源中包含元数据描述时，资源的句法给出了元数据的句法和编码。HTML 元标记的作用是将元数据应用在 Web 的文档下。存在带有元标记的 HTML 页面开头编码的都柏林核心元素集的情况，在这种情况下，元数据描述了一个 Java 小程序，用于可视化以太网、局域网中的通信协议。

7.1.2 元数据管理

根据元数据相关理论，本章对科技大数据汇聚融合与演化分析系统平台中的各类科技数据进行综合定义和管理。经过第 5 章所设计的多源异构科技大数据采集、清洗、去重和特征融合等操作之后，对数据融合端所汇聚的科技数据采用统一的元数据进行存储和表达，并保存为统一的数据格式。首先，分别为论文、专利、科技资讯、图书专著、学术期刊、学术会议、科技项目、标准规范、科研机构、研究学者 10 类科技数据分别定义相应的元数据信息和相应的数据存储格式，其功能实现效果如图 7.1 所示。

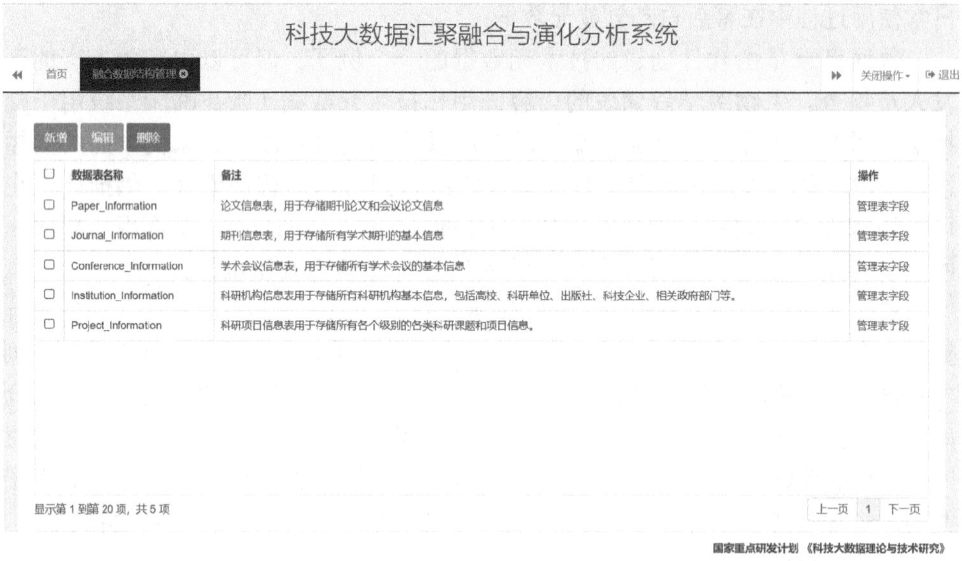

图 7.1 元数据管理界面

如图 7.1 所示，系统管理人员可以对每一类科技数据进行综合管理。随着中国科技事业的飞速发展，必定会持续产生更多新兴科技领域。系统可以为各个新兴的科技领域分别创建相应的科技元数据项目，以进一步详细设置和管理该数据类别的元数据，该功能的实现效果如图 7.2 所示。

第 7 章　面向开放协同的科技大数据检索服务接口

图 7.2　元数据编辑功能实现效果

在系统功能模块中，对于每一类别的元数据项目（如论文、学术期刊、图书专著等），可以进一步增加新的元数据信息。例如，论文的元数据管理功能中，该类数据的元数据包括论文 ID、论文标题、作者、论文摘要、关键词、论文所属类别、论文内容等信息。元数据内容管理功能的实现效果如图 7.3 所示。

图 7.3　元数据内容管理功能的实现效果

可以根据不同科技业务用户的具体应用需求，对每一项元数据的内容进行编辑和修改，以满足不同科技业务用户的个性化数据访问和数据分析需求。元数据内容编辑功能的运行效果如图 7.4 所示。

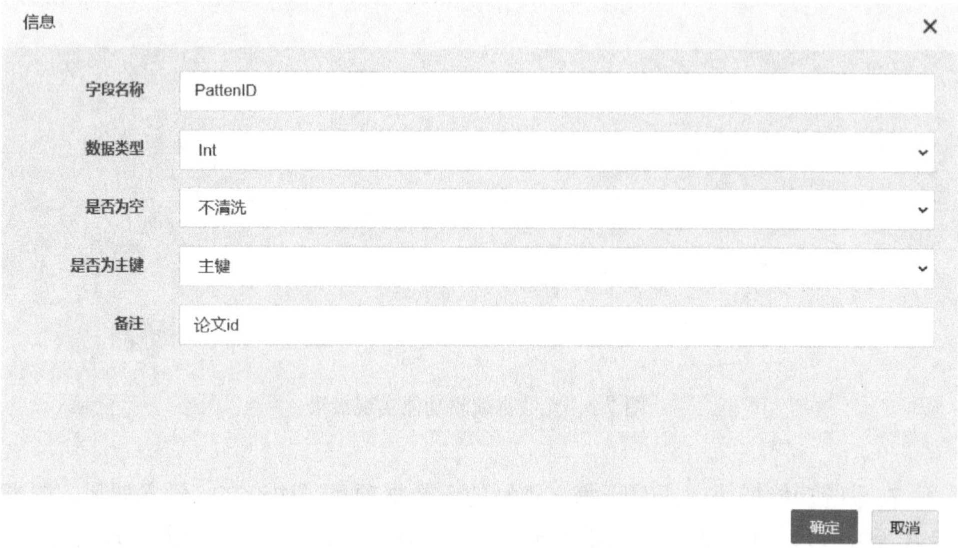

图 7.4　元数据内容编辑功能的运行效果

7.2　科技大数据检索接口标准制定

7.2.1　数据检索接口标准

RESTful 是一种相较于 SOAP 和 Web 服务描述语言（web services description language，WSDL）技术更为简便的软件体系，目前已在 Web 上获得广泛接受。当前主流 Web 2.0 服务提供商（包括 Yahoo、Google 和 Facebook 等）都采用简便的 RESTful 服务替换传统基于 SOAP 和 WSDL 技术较为复杂的 Web 服务。

RESTful 设计了一套更加注重系统资源的 Web 服务原则，如允许基于不同编程语言底层的客户端访问传输资源状态。如果根据使用 RESTful 的 Web 服务的数量来衡量，仅在过去几年，RESTful 就已经成为主流的 Web 服务设计模型。事实上，RESTful 对 Web 结构产生了巨大的影响，以至它取代了当时基于 SOAP 和 WSDL 的主流界面设计，因为它是一种使用起来相对简单的风格。

RESTful 概念是由罗伊·菲尔丁（Roy Fielding）在学术论文《架构风格和基于网络的软件架构的设计》中首次提出。该论文分析了一组使用 Web 作为分布式计算平台的软件架构。在其推出多年后，RESTful 的主要框架已经开始出现并且仍在开发中，它已经通过 JSR-311 成为 Java^{TM} 6 的一个组成部分。

当前 RESTful 备受关注，RESTful Web 服务的具体实现遵循四个基本设计原则。

1. 明确使用 HTTP 方法

RESTful Web 服务遵循 RFC 2616 协议显示使用 HTTP 方法。例如，HTTP GET 定义为从客户端申请服务器查询并获取相应数据资源。REST（representational state transfer，表征性状态转移）架构要求开发人员保持与协议定义一致的方式明确使用 HTTP 方法。例如，根据该原则在 RESTful 的创建、读取、更新和删除操作和 HTTP 方法之间都建立了一对一的映射。根据这个映射：①要在服务器上创建资源，使用 POST 命令。②要检索资源，使用 GET 命令。③要更改资源的状态或更新资源，使用 PUT 命令。④要移除或删除资源，使用 DELETE 命令。

2. 无状态服务

RESTful Web 中客户端与服务端之间请求是无状态的，即由客户端到服务端的请求都需要包含理解请求必需的信息并且确保每条请求的完整独立。无状态的请求可以减少 Web 服务调用的整体响应时间，提高系统利用率。同时也可以增加中间服务器扩充规模，也就是说，客户端发送包含需要完成的所有数据的请求，以便中间服务器中的组件可以转发和路由传播这些请求信息，而无须在本地保持任何状态。

由于客户端与服务器之间的请求是完整独立的，即 RESTful Web 服务应用程序（或客户端）在请求中的标头和正文中包含服务器端生成响应所需的所有参数、上下文及数据，因此服务器不需要再判断请求中的上下文及程序状态。该无状态的设计方式不仅提高了 Web 服务性能还消除了数据同步的需要，从而简化了服务器端组件的设计和实现。

相比于无状态服务，有状态服务流程则较为复杂。在 JavaEE 环境中，需要优先考虑有状态服务以确保跨 JavaEE 容器集群的会话数据的正确保存及同步。在这种类型的环境中，有一个前置控制器 dispacher servlet 熟悉的问题：JSP 和 EJB（enterprise JavaBean，企业级 JavaBean）开发人员经常在会话复制期间努力寻找造成 java.io.NotSerializableException 异常的内在问题。无论是在 HTTP Session 复制期间由 servlet 容器抛出，还是在有状态 EJB 复制期间由 EJB 容器抛出，开发人员都可能会花费数天时间来尝试查明一个未实现可序列化的对象。除此之外，会话同步会增加服务器开销，影响性能发挥。

无状态服务器端组件的设计、编写和跨负载平衡服务器分布的复杂性较低。无状态服务不仅性能更好，而且将维护状态的大部分责任转移到客户端应用程序。

为了让客户端自行维护其程序状态，RESTful Web 服务器则为其专门提供一个接口，保证系统的稳定性。例如，在对多页结果集的请求中，客户端应包括要检索的实际页码，而不是简单地询问下一页。

3. 公开目录结构的 URI 地址

从客户端应用程序寻址资源的角度来看，URI（uniform resource identifier，统一资源标识符）影响 RESTful Web 服务的直观程度，并且决定该服务是否按照设计人员预期的方式规范使用。RESTful Web 服务特性与 URI 相关。RESTful Web 服务 URI 应该直观到易于猜测的程度。将 URI 视为一种自文档化接口，开发人员只需很少（如果有的话）解释或参考即可理解它指向的内容并导出相关资源。因此，URI 的结构应该简单明了、可预测且易于理解。

定义类似目录结构的 URI 能够通过定义可用性级别来提高系统效率。这种类型的 URI 是分层的，根植于单个路径，从它分支出来的子路径暴露了服务的主要区域。根据这个定义，URI 不仅仅是一个斜线分隔的字符串，而是一棵树，在节点处连接有从属和上级分支。例如，在收集从 Java 到论文的主题的讨论线程服务，可以定义一组结构化的 URI，如 http://www.myservice.org/discussion/topics/{topic}，代表根目录/discussion 下有一个/topics 节点。在其下方有一系列话题名称，如八卦、技术等，每个名称都指向一个讨论线程。在这种结构中，只需在/topics/后面输入一些内容就可以很容易地拉出讨论主题。

在某些情况下，资源的路径特别适合类似目录的结构。例如，按日期组织的资源非常适合使用分层语法。在考虑 RESTful Web 服务的 URI 结构时要注意的一些问题：①服务器端隐藏脚本文件扩展名（.jsp、.php、.asp）（如果有），这样用户就可以在不更改 URI 的情况下移植其他内容。②保持所有小写。③用连字符或下划线（一个或另一个）替换空格。④尽可能避免查询字符串。⑤如果请求 URI 是针对部分路径的，则不要使用 404 Not Found 代码，而是始终提供默认页面或资源作为响应。⑥URI 也应该是静态的，这样当资源改变或服务的实现改变时，链接保持不变，还允许添加书签。同样重要的是，在 URI 中编码的资源之间的关系保持独立于关系在存储位置的表示方式。

4. 传输 XML、JSON

资源表示通常是对客户端应用程序请求的资源当前状态及属性的描述。从这个意义上说，资源表示仅仅是及时的快照。这可能就像数据库中记录的表示一样简单，它由列名和 XML 标记之间的映射组成，其中 XML 中的元素值包含行值。

或者，如果系统有一个数据模型，那么根据这个定义，资源表示是系统数据模型中事物之一的属性的快照。这些是用户希望 RESTful Web 服务提供的事物。

RESTful Web 的最后一组约束与应用程序和服务在请求/响应负载或 HTTP 正文中交换的数据格式相关，这就是让流程变得简单、易读以及相互联系的真正意义所在。

数据模型中的对象通常以某种方式相关，并且数据模型对象（资源）之间的关系应该反映在它们传输到客户端应用程序的表示方式中。链接资源表示的实例包括在线程服务中，并且生成响应，使得该资源的根路径的主题及其属性与嵌入该主题的响应相链接。

7.2.2 数据检索接口标准配置

科技大数据接口平台主要通过 HTTP 协议进行通信，其他方式暂未支持，入参采用 GET 请求或者 POST 请求形式，出参为 JSON 格式字符串。

（1）接口统一为 HTTP RESTful 形式。

（2）接口数据以 JSON 格式返回，除非特别说明，否则返回参数一般都会包含 code, msg, 如{"code": 0, "msg": "成功"}

（3）所有接口返回的结果码 code 为 0 表示成功，其他值表示失败。

（4）所有接口返回的参数 msg 当 code 为 0 时是字符串"成功"，code 为-1 时是错误信息详情。

（5）请求地址为协议 + 域名或服务器地址 + 端口号 + 接口的 URL。

（6）接口根路径为 http://xxx.xxx.xxx.xxx：8080。

（7）所有 POST 请求均需要通过 header 传入分配的 token 以进行安全校验。

注意：通过 header 传入 token，而不是请求参数。

7.3 科技大数据检索服务接口

本章所提供的科技大数据检索服务接口包括用户令牌获取接口、论文检索接口、专利检索接口、科技资讯检索接口、学术会议检索接口、研究学者检索接口、科研机构检索接口。

7.3.1 用户令牌获取接口

（1）接口说明：为避免恶意调用及非授权用户调用检索接口，用户需要先获取用户令牌，在后续接口中的请求中 token 携带并进行访问。用户使用从管理员处获得的账号、密码，获取动态令牌。动态令牌每隔一段时间就会进行更新。用户需要根据账号、密码重新获取最新令牌，并使用最新令牌进行数据获取。如果动态令牌有疑问，请联系管理员。

（2）请求 URL：/api/v1/search/getToken。

（3）请求方式：POST 指令。

（4）请求实例如下所示。

http://localhost:8080/api/v1/search/getToken
{
"name:"czj",
"password":"123456"
}

（5）请求参数：除需要通过 header 传入 token 外，还需要通过表单形式传入如表 7.1 所示的请求参数。

表 7.1　用户令牌获取接口的请求参数列表

参数	说明	数据类型	是否必填
name	用户名	String	True
password	用户密码	String	True

注：True 表示该项为必填项；String 为字符串

表 7.1 中，name 为获取用户令牌的用户名，该参数的数据类型为 String，是用户令牌请求的必填项。password 为获取用户令牌用户对应的密码，该参数的数据类型也为 String，且为必填项。服务器通过分析传入的用户名及用户密码来验证用户的信息是否正确。

（6）返回参数：返回参数包括结果码（不同于 HTTP 请求的 code，只有当 HTTP 请求 code 成功时才会返回如下的返回参数，否则不返回任何参数）。返回的参数列表如表 7.2 所示。

表 7.2　用户令牌获取接口的返回参数列表

参数	说明	数据类型
code	返回码	Integer
data	code 为 0 时，返回 token 值，为 –1 时不返回 data 参数，如{"token": "7663d813681f8ce1ee561d9f3aco996c"}	String
message	code 为 –1 时，返回 message 参数，为 0 时不返回 message 参数	String

注：String 为字符串；Integer 为整型数据

用户令牌获取接口的返回参数中 code 为用户令牌请求的结果码，该参数的数据类型为整型数据，若返回码为 0 则返回一个唯一不重复的字符串，然后在 Redis 中维护 token 与 UID（user identification，用户身份证明）的用户信息关系即 data 的内容，以便其他 API 对 token 验证。message 的数据类型为字符串类型，当 code 为 0 时不返回 message 参数，当 code 为-1 时则返回 message 参数。

7.3.2 论文检索接口

（1）接口说明：该接口通过用户输入论文关键检索词实现对论文数据的检索，还可以根据用户提供的论文中英文标题、论文作者、论文发布的机构等信息对论文进行更精确的检索。系统通过用户提供的论文关键检索词在所有数据来源库中进行匹配检索，再根据用户输入的辅助检索关键词进行精细检索匹配。系统最终会将检索到符合条件的论文进行合并并通过接口将具体的论文信息返回显示给用户。

（2）请求 URL：/api/v1/search/searchArticle。

（3）请求方式：POST。

（4）接口调用语法如下所示。

```
http://localhost:8080/api/v1/search/searchArticle
{
"word:"知识图谱",
["article_article-title:"*知识图谱*",
"contrib_institution:"指挥与控制学报",
"subj-class-kwd_subject:"信息技术",
"subj-class-kwd_classification_bg:"武器工业与军事技术",
]
"from":"10"
}
```

论文检索接口的调用语法首先需要说明接口请求检索论文的 URL，接口的检索参数通过大括号"{}"列举，如用户提供的 word 字段即论文检索关键词，为必填参数。论文检索的其他辅助检索字段，可以通过中括号列举，如 article_article-title 字段即论文标题，为辅助检索参数。article_article-title 可以仅填部分题目字符串，系统将自动在资源库中检索相应论文。

（5）请求参数：接口除需要通过 header 传入 token 外，还需要通过表单形式传入如表 7.3 所示的请求参数。

表 7.3　论文检索接口的请求参数列表

参数	说明	数据类型	是否必填
article_article-title	论文标题	String	False
contrib_institution	论文发布机构	String	False
subj-class-kwd_subject	论文课题关键词	String	False
subj-class-kwd_classification_bg	论文类别关键词	String	False
from	游标	Integer	True

注：True 表示该项为必填项；False 表示该项为非必填项；String 为字符串；Integer 为整型数据

参数说明如下。

article_article-title 为论文标题，数据类型为 String，为非必填项。

contrib_institution 为论文发布机构，数据结构为 String，为非必填项。

subj-class-kwd_subject 为论文课题关键词，数据类型为 String，为非必填项。

subj-class-kwd_classification_bg 为论文类别关键词，数据类型为 String，为非必填项。

from 为用户设置的游标，该参数数据类型为 Integer，为请求的必填项。

（6）检索覆盖字段。

学者名称：contrib_full-name。

学者机构：contrib_institution。

论文标题：article_article-title。

论文关键词：subj-class-kwd_kwd。

论文类别关键词：subj-class-kwd_classification_bg。

论文课题关键词：subj-class-kwd_subject。

论文摘要：article_abstract。

（7）返回参数：返回参数包括结果码（不同于 HTTP 请求的 code，只有当 HTTP 请求 code 为 200 时才会返回如下的返回参数，否则不返回任何参数），其返回的结构大致如表 7.4 所示。

表 7.4　论文检索接口的返回参数列表

参数	说明	数据类型
code	返回码	Integer
data	结果列表示例（请以实际返回结果值为准）： {"errno": "0", \\当前查询操作的返回码； "total": "", \\符合查询条件的论文结果总数； "lapse": "", \\代表论文查询请求耗时，其单位为毫秒	JSON 结构

续表

参数	说明	数据类型

data	"errmsg": "", \\论文检索返回码描述
	"from": "", \\当前用户用于翻页的游标
	"list": [
	　{"errno": "0",
	　"total": "",
	　"lapse": "",
	　"errmsg": "",
	　"from": "",
	　"list": [{
	　　"source_issn": "",
	　　"subj-class-kwd_classification_bg": [],
	　　"source_source-title-en": [],
	　　"source_source-title-cn": []
	　　"contrib_institution_first": [],
	　　"subj-class-kwd_kwd": [],
	　　"article_article-title-en": [],
	　　"article_article-title-cn": [],
	　　"contrib_full-name-cn": [],
	　　"contrib_full-name-en": [],
	　　"contrib_institution_bg": [],
	　　"article_date": [],
	　　"article_abstract-en": [],
	　　"article_abstract-cn": [],
	　　"access_ext-link-display": [],
	　　"source_volume": [],
	　　"contrib_full-name_first": [],
	　}],
	　"word": ""
	}
		JSON 结构

message	code 为–1 时返回 message 参数，为 0 时不返回 message 参数	String

注：Integer 为整型数据；String 为字符串

论文检索接口的返回参数中 code 为请求的结果码，该参数的数据类型为 Integer。返回参数 data 的数据类型为 JSON 结构，其中 list 为符合检索条件的 17 条论文信息列表，其中每个论文检测结果参数具体含义如下所示。

source_issn：为论文的 ISSN 号。

subj-class-kwd_classification_bg：检索论文类别关键词。

source_source-title-en：检索论文来源期刊的英文标题。

source_source-title-cn：检索论文来源期刊的中文标题。

contrib_institution_first：检索论文的第一贡献机构。

subj-class-kwd_kwd：检索到论文的课题关键词。

article_article-title-cn：检索到论文的中文标题。

article_article-title-en：检索到论文的英文标题。

contrib_institution_bg：检索论文的所有贡献者。

contrib_full-name-cn：检索论文所有作者的中文名列表。
contrib_full-name-en：检索论文所有作者的英文名列表。
contrib_full-name_first：检索论文第一作者。
article_date：检索论文的年限。
article_abstract-en：检索论文的英文摘要。
article_abstract-cn：检索论文的中文摘要。
access_ext-link-display：检索论文的源链接。
source_volume：检索论文的期号。
（8）请求实例如下所示。
接口调用代码：
http://localhost:8080/api/v1/search/searchArticle
{
"words:"知识图谱",
["article_article-title-cn:"",
"article_article-title-en:"",
"contrib_full-name:"",
"contrib_full-name_first:"",
"contrib_institution_bg:""
]
"from":"10"
}
检索结果返回内容：
{"errno":0,
"total":10012978,
"lapse":"314.0ms",
"errmsg":"获取论文数据成功",
"from":10,
"list":[{
"source_issn":[[["2096-0204"]]],
"subj-class-kwd_classification_bg":[[["武器工业与军事技术"]]],
"source_source-title-cn":[[指挥与控制学报"]]],
"contrib_institution_first":[[["国防科学技术大学***重点实验室"]]],
"subj-class-kwd_kwd":[[["知识图谱"]],[["知识表示"]],[["自

第 7 章　面向开放协同的科技大数据检索服务接口　　·139·

动构建"]],[["智能检索"]]],
　　"article_article-title-cn":[[["军事知识图谱构建技术"]]],
　　"contrib_full-name-cn":[[["葛*"]],[["谭*"]],[[["肖*东"]],
[[["张*"]]]
　　"article_year":[[["2016"]]],
　　"article_date":[[["2016-12-15"]]],
　　"article_abstract-cn":[[["以建立军事****为目的,提出了一整套
***构建方法……"]]],
　　"access_ext-link-display":[[["https://kns.cnki.net/kcms
/detail/detail.aspx?FileName=ZHKZ******009&DbName=CJ******"]]],
　　"source_volume":[[["04"]]],
　　"word":"技术"}
　　}
　　用户通过调用论文检索接口,即可实现对各类论文的查询。用户需要将期望检索的论文关键词输入检索接口(也可以添加非必填的辅助检测字段),系统会自动根据搜索条件字段从所有论文数据的来源数据库中执行论文数据检索,通过接口返回检测的具体参数并且对检索到的数据进行相应的数据处理,最后以统一的格式将检索结果中论文标题、发表年份、期号、页码等具体信息显示给用户。论文检索结果示例如图 7.5 所示。

图 7.5　论文检索结果示例(论文列表)

如图 7.5 所示，当用户输入"知识图谱"检索关键词到检索接口后，系统将返回与之相关的论文列表。用户可以进一步查看每一篇论文的详细信息，包括论文题目、作者、摘要、作者单位、出版物、论文关键词、阅读量等，检索效果如图 7.6 所示。

图 7.6　论文检索结果示例（论文详情）

7.3.3　专利检索接口

（1）接口说明：该接口主要由用户提供专利检索关键词实现对专利的检索，还可以通过专利检索辅助字段，如专利作者、专利代理人等信息对数据来源库中的专利资源进行精确检索。根据接口传入的游标 from 信息，系统可以返回相应的页数方便用户翻页，系统最终对检索的专利数据进行合并通过接口返回显示给用户。

（2）请求 URL：/api/v1/search/searchPatten。
（3）请求方式：POST。
（4）接口调用语法如下所示。

```
http://localhost:8080/api/v1/search/searchPatten
{
"words":"机器",
```

```
["article_article-type:"发明专利",
"contrib_full-name:"陈*涛",
"contrib_full-name-applicant_bg":"国际商业机器公司",
"contrib_full-name-inventor_bg:"宋*"
]
"from":"10"
}
```

专利检索接口的调用语法需要说明接口请求检索专利的 URL，接口的检索参数通过大括号"{}"列举。专利检索的其他辅助检索字段，可以通过中括号列举，如 contrib_full-name- applicant_bg 即专利申请人，为辅助检索参数。

（5）检索覆盖字段如下所示。

专利作者：contrib_full-name。

学者机构：contrib_institution。

专利标题：patent_title。

专利摘要：patent_abstract。

（6）请求参数：除需要通过 header 传入 token 外，还需要通过表单形式传入如表 7.5 所示的请求参数。

表 7.5 专利检索接口的请求参数列表

参数	说明	数据类型	是否必填
article_article-type	专利类型	String	False
contrib_full-name	专利作者	String	False
contrib_full-name-applicant_bg	专利申请人	String	False
contrib_full-name-inventor_bg	专利发明人	String	False
from	游标	Integer	True

注：True 表示该项为必填项；False 表示该项为非必填项；String 为字符串；Integer 为整型数据

参数说明如下。

article_article-type 为专利类型，如发明专利、外观设计专利等，数据类型为 String，为非必填项。

contrib_full-name 为专利作者，数据类型为 String，为非必填项。

contrib_full-name-applicant_bg 为专利申请人，数据类型为 String，为非必填项。

contrib_full-name-inventor_bg 为专利发明人，数据类型为 String，为非必填项。

from 为用户设置的游标参数，该参数数据类型为 Integer，且为必填项。服务器通过分析用户设置的游标返回相应的专利数量为用户提供翻页服务。

系统可根据专利检索词内容在专利数据库中检索所有相关专利数据，再经过辅助检索词对专利数据经行精确检索。

（7）返回参数包括结果码（不同于 HTTP 请求的 code，只有当 HTTP 请求 code 为 200 时才会返回如下的返回参数，否则不返回任何参数）。专利检索接口的返回参数列表如表 7.6 所示。

表 7.6 专利检索接口的返回参数列表

参数	说明	数据类型
code	返回码	Integer

data	结果列表
	示例（请以实际返回结果值为准）：
	{"errno": "", \\当前查询操作的返回码为 0
	"total": "", \\符合查询条件的专利总数
	"lapse": "", \\代表专利查询请求耗时，其单位为毫秒
	"errmsg": "", \\为专利检索返回码描述
	"from": "", \\游标
	"list": [{
	"contrib_full-name-applicant_bg": [],
	"article_abstract": [],
	"article_article-type": [],
	"subj-class-kwd_classification-IPC-further_bg": [],
	"subj-class-kwd_kwdIK": [],
	"article_patent-id-in": [],
	"contrib_full-name_bg": [],
	"contrib_institution-agent_bg": [],
	"contrib_country": [],
	"contrib_addr-line": [],
	"article_date": [],
	"article_article-title"[],
	"contrib_institution": [],
	"contrib_full-name-inventor_bg": [],
	},
	"word": ""
	}
		JSON 结构

message	code 为-1 时返回 message 参数，为 0 时不返回 message 参数	String

注：String 为字符串；Integer 为整型数据

专利检索接口的返回参数中 code 为请求的结果码，该参数的数据类型为整型数据。返回参数 data 的数据类型为 JSON 结构，其中 list 为符合检索条件的 14 条专利信息列表，其中每个专利检测结果参数具体含义如下所示。

contrib_full-name-applicant_bg：检索专利的专利申请人。

article_abstract：检索专利的摘要。

第7章 面向开放协同的科技大数据检索服务接口

article_article-type：检索专利类型。
subj-class-kwd_classification-IPC-further_bg：检索专利的公众专利号。
subj-class-kwd_kwdIK：检索专利的关键词。
article_patent-id-in：检索专利专利号。
contrib_full-name_bg：检索专利作者。
contrib_institution-agent_bg：检索专利的代理机构。
contrib_country：检索专利发表国家。
contrib_addr-line：检索专利发表的地址。
article_article-title：检索专利的标题名称。
article_date：检索专利的发表日期。
contrib_institution：检索专利的发布机构。
contrib_full-name-inventor_bg：检索专利的专利发明人。

（8）请求实例如下所示。

接口调用代码：

```
http://localhost:8080/api/v1/search/searchPatten
{
"words:"机器",
["article_article-type:"",
"contrib_full-name:"",
"contrib_full-name-applicant_bg":"",
"contrib_full-name-inventor_bg:""
]
"from":"0"
}
```

检索结果返回内容：

```
{"errno":0,
"total":380131,
"lapse":"735.0ms",
"errmsg":"获取专利数据成功",
"from":0,
"list":[{
"contrib_full-name-applicant_bg":[[["国际商业机器公司"]]],
"article_abstract":[[["用于由*****结构化输入的机器**模型的实施例……"]]],
"subj-class-kwd_classification-IPC-further_bg":[[["H04L
```

```
29/08(2006.01)"]]],
    "article_article-type":[[["发明专利"]]],
    "subj-class-kwd_kwdIK":[[["机器学习"]]],
    "article_patent-id-in":[[["CN1**5**7**A"]]],
    "contrib_full-name_bg":[[["ZN 苏拉"]],[["T 陈"]],[["H 宋"]]],
    "contrib_institution-agent_bg":[[["北京市柳沈律师事务所
11105"]]],
    "contrib_country":[[["US"]]],
    "contrib_addr-line":[[["美国纽约阿芒克"]]],
    "article_article-title":[[["结构化输入的机器学习模型的构建"]]],
    "article_date":[[["20191126"]]],
    "contrib_institution":[[["国际商业机器公司"]]],
    "contrib_full-name-inventor_bg":[[["Z.N.苏拉"]],[["T.陈"]],
[["H.宋"]]],
    },
    "word":"机器"
}
```

用户通过调用专利检索接口，即可实现对各类专利的查询。用户可输入预期专利检索关键词及辅助专利检索关键词以获得精确检索的服务。接口通过将相应的游标信息（需要返回的专利数量）传输到专利检索接口中，系统会自动对所有专利数据来源数据库执行筛选，依次筛选满足所有检索条件的数据，并且进行相应的数据清洗、去重和融合，最后以统一的格式将检索结果返回给用户。

7.3.4 科技资讯检索接口

（1）接口说明：该接口通过科技资讯检索关键词对资讯信息进行检索，用户还可以通过输入关于资讯发布的作者及机构信息，如资讯发布机构名、作者名以及资讯发布年份等信息对资讯进行更加精准的检索。系统还会根据游标 from 数据返回相应的科技资讯数量便于用户翻页，系统最终对检索的科技资讯数据进行合并通过接口返回显示给用户。

（2）请求 URL：/api/v1/search/searchNews。

（3）请求方式：POST。

（4）调用语法如下所示。

http://localhost:8080/api/v1/search/searchNews

```
{
"words":"疫情",
["years":"2020",
"news_institution":"科学世界网(新闻网站)",
"news_author":"梁*涛"
]
"from":"10"
}
```

（5）检索覆盖字段。

学者名称：contrib_full-name。

学者机构：contrib_institution。

科技资讯标题：news_title。

科技资讯摘要：news_abstract。

（6）请求参数：除需要通过 header 传入 token 外，还需要通过表单形式传入如表 7.7 所示的请求参数。

表 7.7 科技资讯检索接口的请求参数列表

参数	说明	数据类型	是否必填
years	科技资讯发布年份	Integer	False
news_institution	科技资讯发布机构名	String	False
news_author	科技资讯作者姓名	String	False
from	游标	Integer	True

注：True 表示该项为必填项；False 表示该项为非必填项；String 为字符串；Integer 为整型数据

参数说明如下。

years 为科技资讯发布年份，数据类型为 Integer，为非必填项。

news_institution 为科技资讯发布机构名，如网站名、期刊名等，数据类型为 String，为非必填项。

news_author 为科技资讯作者姓名，数据类型为 String，为非必填项。

from 为用户设置的游标参数，该参数数据类型为 Integer，且为必填项。服务器通过分析用户设置的游标返回相应的科技资讯数量。

（7）返回参数包括结果码（不同于 HTTP 请求的 code，只有当 HTTP 请求 code 为 200 时才会返回如下的返回参数，否则不返回任何参数）。科技资讯检索接口的返回参数列表如表 7.8 所示。

表 7.8　科技资讯检索接口的返回参数列表

参数	说明	数据类型
code	返回码	Integer
data	结果列表 示例（请以实际返回结果值为准）： {"errno": "", \\当前查询操作的返回码为 0 "total": "", \\符合查询条件的科技资讯总数 "lapse": "", \\代表科技资讯查询请求耗时，其单位为毫秒 "errmsg": "", \\为科技资讯检索返回码描述 "from": "", \\游标 "list": [{"contrib_title": [], "contrib_country": [], "article_date": [], "access_ext-link-display": [], "article_abstract": [] "news_author": [] }], "word": ""}"	JSON 结构
message	code 为–1 时返回 message 参数，为 0 时不返回 message 参数	String

注：String 为字符串；Integer 为整型数据

科技资讯检索接口的返回参数中 code 为请求的结果码，该参数的数据类型为整型数据。返回参数 data 的数据类型为 JSON 结构，其中 list 为符合检索条件的 6 条科技资讯信息列表，其中每个科技资讯检测结果参数具体含义如下。

contrib_title 为科技资讯的标题。

contrib_country 为科技资讯发布的国家。

article_date 为科技资讯发布的日期。

access_ext-link-display 为科技资讯的原文链接。

article_abstract 为科技资讯的摘要。

news_author 为科技资讯作者姓名。

（8）请求实例如下所示。

接口调用代码：

```
http://localhost:8080/api/v1/search/searchNews
{
"words:"疫情",
["years:"",
"news_ institution:"",
"news_author:""
]
"from":"1"
}
```

第 7 章　面向开放协同的科技大数据检索服务接口

检索结果返回内容：
{"errno":"0",
"total":"2",
"lapse":"1243ms"",
"errmsg":"获取科技资讯数据成功",
"from":"1",
"list":[{"contrib_title":[["平安智慧医疗动态全景"防疫驾驶舱"共抗疫情"]],
"contrib_country":[["中国"]],
"article_date":[["2020-02-13"]],
"access_ext-link-display":[["https://baijiahao.baidu.com/s?id=1658317377121750005&wfr=spider&for=pc"]],
"article_abstract":[["面对新*肺*疫情蔓延,平安**城市依托领先的智*医*技术迅速上线智能……"]]
"news_author:[["科学世界网（新闻网站）"]]
},],
"word":"疫情"}"

通过调用科技资讯检索接口，即可实现对科技资讯的查询。用户将预期检索的科技资讯关键词输入检索接口中，系统将自动从所有科技资讯数据来源数据库执行数据检索，若用户输入辅助检索字段系统则提供更加精确的检索。系统最后会以统一的格式将检索结果中的科技资讯发表国家、发表网站、发表时间等信息显示给用户。科技资讯检索接口的调用结果如图 7.7 所示。

图 7.7　科技资讯检索接口的调用结果

当用户输入"知识图谱"检索关键词到科技资讯检索接口后,系统将返回与之相关的科技资讯(新闻)列表。用户可以进一步查看每一篇资讯的详细信息,包括资讯题目、发布时间、来源机构、来源机构性质、来源国家/地区、重要度、资讯语种等,运行效果如图 7.8 所示。

图 7.8　科技资讯检索接口的运行效果

7.3.5　学术会议检索接口

(1)接口说明:该接口通过学术会议检索关键词实现对学术会议数据的检索,用户输入检索词后系统可在数据来源库中进行匹配检索,根据用户输入的游标 from 数据系统返回相应的学术会议数量便于用户翻页,系统最终对检索的学术会议数据进行合并通过接口返回显示给用户。

(2)请求 URL:/api/v1/search/searchResearcher。

(3)请求方式:POST。

(4)请求语法如下所示。

```
http://localhost:8080/api/v1/search/searchResearcher
{
"words":"知识图谱",
["conference_type:"学术会议",
```

```
"collection_of_essays:"知识图谱论文集",
"organizer:"上海科*情*学会",
"conference_date:"2013-04-12"
]
"from":"10"
}
```

（5）检索覆盖字段。

学术会议名称：conference_full_name。

学术会议主办机构：conference_institution。

学术会议国家：conference_country。

学术会议时间：conference_date。

学术会议地址：conference_addr_line。

（6）请求参数：除需要通过 header 传入 token 外，还需要通过表单形式传入如表 7.9 所示的请求参数。

表 7.9　学术会议检索接口的请求参数列表

参数	说明	数据类型	是否必填
conference_type	学术会议专辑专题	String	False
collection_of_essays	学术会议论文集名称	String	False
organizer	学术会议主办机构	String	False
conference_date	学术会议举办日期	String	False
from	游标	Integer	True

注：True 表示该项为必填项；False 表示该项为非必填项；String 为字符串；Integer 为整型数据

参数说明如下。

conference_type 为学术会议专辑专题，该参数的数据类型为 String，为非必填项。

collection_of_essays 学术会议论文集名称，该参数的数据类型为 String，为非必填项。

organizer 为学术会议主办机构，该参数的数据类型为 String，为非必填项。

conference_date 为学术会议举办日期，该参数的数据类型为 String，为非必填项。

from 为用户设置的游标参数，该参数数据类型为 Integer，且为必填项。服务器通过分析用户设置的游标返回相应的学术会议数量。

（7）返回参数包括结果码（不同于 HTTP 请求的 code，只有当 HTTP 请求 code 为 200 时才会返回如下的返回参数，否则不返回任何参数）。学术会议检索接口的返回参数列表如表 7.10 所示。

表 7.10 学术会议检索接口的返回参数列表

参数	说明	数据类型
code	返回码	Integer

data	结果列表示例（请以实际返回结果值为准）：
	{"errno": "", \\当前查询操作的返回码为 0
	"total": "", \\符合查询条件的学术会议总数
	"lapse": "", \\代表学术会议查询请求耗时，其单位为毫秒
	"errmsg": "", \\为学术会议检索返回码描述
	"from": "", \\游标
	"list": [{
	"conference_abstract": [],
	"contrib_institution-agent": [],
	"contrib_country": [],
	"conference_date": [],
	"contrib_institution": [],
	"conference_article-title"[],
	"contrib_addr_line"[],
	"access_ext-link-display": []
	},
	"word": ""
	}
		JSON 结构

message	code 为 –1 时返回 message 参数，为 0 时不返回 message 参数	String

注：String 为字符串；Integer 为整型数据

学术会议检索接口的返回参数中 code 为请求的结果码，该参数的数据类型为整型数据。返回参数 data 的数据类型为 JSON 结构，其中 list 为符合检索条件的 8 条学术会议信息列表，其中每个学术会议检测结果参数具体含义如下。

contrib_institution-agent：学术会议的代理人。
contrib_country：学术会议举办的国家。
conference_abstract：学术会议的摘要。
conference_date：学术会议举办日期。
contrib_institution：学术会议主办机构。
conference_article-title：学术会议名称。
contrib_addr_line：学术会议举办地址。
access_ext-link-display：学术会议网页链接。

（8）请求实例如下所示。
接口调用代码：

```
http://localhost:8080/api/v1/search/searchResearcher
{
"words":"知识图谱",
["conference_type:"",
```

```
"collection_of_essays:"",
"organizer:"",
"conference_date:""
]
"from":"1"
}
```
检索结果返回内容：
```
{"errno":0,
"total":2,
"lapse":"923.0ms",
"errmsg":"获取学术会议数据成功",
"from":0,
"list":[{"conference_abstract":[["专*技术是国家、地区或企业、行业竞*优势的核*基础之一…"]],
"contrib_institution-agent":[["王志春"]],
"contrib_country":[["中国"]],
"conference_date":[["2013-05-21"]],
"contrib_institution":[["上海科技情报学会"]],
"conference_article-title"[["专利地图与知识图谱会议"]],
"contrib_addr_line"[["重庆"]],
"access_ext-link-display":[["http://qi*an.cqv*p.com/Qi*an/A*ticle/D*t*il?id=6*9*****5"]]
},]
"word":"常志军"
}
```

通过调用学术会议检索接口，即可实现对各个科技领域的学术会议查询。用户将需要检索的学术会议关键词（会议名称、组织机构等）输入到检索接口中，若用户想要明确会议类别可以输入学术会议专辑专题、学术会议论文集名称、学术会议主办机构等信息供系统筛选，系统将自动从数据来源数据库中执行数据检索，并且进行相应的数据清洗、去重和融合，最后以统一的格式将检索结果中的会议名称、会议开始时间、会议联系人等信息返回显示给用户。学术会议检索接口的调用结果如图 7.9 所示。

当用户输入"知识图谱"检索关键词到检索接口后，系统将返回与之相关的学术会议列表。用户可以进一步查看每一次学术会议的详细信息，包括会议标题、会议信息、主办机构、开始时间等，运行效果如图 7.10 所示。

图 7.9 学术会议检索接口的调用结果

图 7.10 学术会议检索接口的运行效果

7.3.6 研究学者检索接口

（1）接口说明：该接口通过研究学者检索关键词实现对研究学者数据的检索，用户输入检索词后系统可在所有数据来源库中进行研究学者匹配检索，根据用户输入的游标 from，系统为用户提供翻页服务，系统最终对检索的研究学者数据进行合并通过接口返回显示给用户。

（2）请求 URL：/api/v1/search/searchResearcher。

（3）请求方式：POST。

（4）请求语法如下所示。

```
http://localhost:8080/api/v1/search/searchResearcher
{
"words:"常*军",
["contrib_surname:"常",
"contrib_given-names:"*军"
"contrib_country:"中国"
]
"from":"10"
}
```

（5）检索覆盖字段。

研究学者的全称：contrib_full_name。

研究学者的机构：contrib_institution。

研究学者国籍：contrib_country。

研究学者所在的省/州：contrib_state。

研究学者的地址：contrib_addr_line。

（6）请求参数：除需要通过 header 传入 token 外，还需要通过表单形式传入如表 7.11 所示的请求参数。

表 7.11　研究学者检索接口的请求参数列表

参数	说明	数据类型	是否必填
contrib_surname	研究学者的姓	String	False
contrib_given-names	研究学者的名	String	False
contrib_country	研究学者的国籍	String	False
from	游标	Integer	True

注：True 表示该项为必填项；False 表示该项为非必填项；String 为字符串；Integer 为整型数据

参数说明如下。

contrib_surname 为研究学者的姓，其数据类型为 String，是研究学者检索请求的非必填项。

contrib_given-names 为研究学者的名，其数据类型为 String，是研究学者检索请求的非必填项。

contrib_country 是研究学者的国籍，其数据类型为 String，是研究学者检索请求的非必填项。

from 为用户设置的游标参数，该参数数据类型为 Integer，且为必填项。服务器通过分析用户设置的游标返回相应的研究学者数量方便用户翻页。

（7）返回参数包括结果码（不同于 HTTP 请求的 code，只有当 HTTP 请求 code 为 200 时才会返回如下的返回参数，否则不返回任何参数）。研究学者检索接口的返回参数列表如表 7.12 所示。

表 7.12 研究学者检索接口的返回参数列表

参数	说明	数据类型
code	返回码	Integer
data	结果列表示例（请以实际返回结果值为准）： {"errno": 0, \\当前查询操作的返回码为 0 "total": 45, \\符合查询条件的学者总数 "lapse": "1065.0ms", \\代表学者查询请求耗时，其单位为毫秒 "errmsg": "获取学者数据成功", \\为学者检索返回码描述 "from": 0, \\游标 "list": [{"contrib_full-name": "", "contrib_institution": [], "contrib_sex": [], "contrib_country": [], "contrib_contrib-type": [], "contrib_addr-line": [], "contrib_state": [] }], "word": "" }	JSON 结构
message	code 为-1 时返回 message 参数，为 0 时不返回 message 参数	String

注：String 为字符串；Integer 为整型数据

学者检索接口的返回参数中 code 为请求的结果码，该参数的数据类型为整型数据。返回参数 data 的数据类型为 JSON 结构，其中 list 为符合检索条件的 7 条学者信息列表，其中每个学者检测结果参数具体含义如下。

contrib_full-name：研究学者的全称。

contrib_institution：研究学者的机构。

contrib_sex：研究学者的性别。

contrib_country：研究学者的国籍。

contrib_contrib-type：研究学者的类型。

contrib_addr-line：研究学者的地址。

contrib_state：研究学者所在的省/州。

(8) 请求实例如下所示。

接口调用代码：

http://localhost:8080/api/v1/search/searchResearcher

{

"words":"常*军",

["contrib_surname:"",

"contrib_given-names:""

"contrib_country:""

]

"from":"1"

}

检索结果返回内容：

{"errno":0,

"total":45,

"lapse":"1065.0ms",

"errmsg":"获取研究学者数据成功",

"from":0,

"list":[

{"contrib_full-name":[["常*军"]],

"contrib_institution":[["上海江*长*重*有限责任公司"]],

"contrib_sex":[["男"]],

"contrib_country":[["中国"]],

"contrib_contrib-type":[[["inventor"]],[["agent"]],[["examiner"]]],

"contrib_addr-line":[["201913 上海市崇*县长*乡江*大道1**8号"]],

"contrib_state":[["上海"]]

},]

"word":"常*军"

}

用户在获得用户令牌权限之后，通过调用研究学者检索接口，即可实现对研究学者信息的查询。用户将需要将检索的研究学者关键词输入到检索接口中，系统将自动从所有研究学者数据来源数据库，根据相应的游标信息返回的研究学者信息数量，并且对检索的数据进行相应的数据清洗、去重和融合，最后将研究学者的姓名、工作单位、国籍、地址等信息以统一的格式返回给用户。

7.3.7 科研机构检索接口

（1）接口说明：该接口主要由用户提供科研机构的检索关键词实现对科研机构的检索，还可以通过机构检索辅助字段，如机构名称、机构地址等信息对数据来源库中的科研机构资源进行精确检索。根据接口传入的游标 from 信息，系统可以返回相应的页数方便用户翻页，系统最终对检索的科研机构数据进行合并通过接口返回显示给用户。

（2）请求 URL：/api/v1/search/searchInstitution。

（3）请求方式：POST。

（4）请求语法如下所示。

```
http://localhost:8080/api/v1/search/searchInstitution
{
"words":"湖南大学",
["contrib_institution:"湖南大学",
"contrib_country:"中国",
"contrib_city:"长沙",
]
"from":"10"
}
```

（5）检索覆盖字段。

科研机构名称：contrib_institution。

科研机构所在国家：contrib_country。

科研机构所在城市：contrib_city。

（6）请求参数：除需要通过 header 传入 token 外，还需要通过表单形式传入如表 7.13 所示的请求参数。

表 7.13 科研机构检索接口的请求参数列表

参数	说明	数据类型	是否必填
contrib_institution	科研机构名称	String	False
contrib_country	科研机构所在国家	String	False
contrib_city	科研机构所在城市	String	False
from	游标	Integer	True

注：True 表示该项为必填项；False 表示该项为非必填项；String 为字符串；Integer 为整型数据

参数说明如下。

contrib_institution 为科研机构名称，该参数数据类型为 String，为非必填项。
contrib_country 为科研机构所在国家，该参数数据类型为 String，为非必填项。
contrib_city 为科研机构所在城市，该参数类型为 String，为非必填项。
from 为用户设置的游标参数，该参数数据类型为 Integer，且为必填项。服务器通过分析用户设置的游标返回相应的科研机构数量方便用户翻页。

（7）返回参数包括结果码（不同于 HTTP 请求的 code，只有当 HTTP 请求 code 为 200 时才会返回如下的返回参数，否则不返回任何参数）。科研机构检索接口的返回参数列表如表 7.14 所示。

表 7.14　科研机构检索接口的返回参数列表

参数	说明	数据类型
code	返回码	Integer
data	结果列表示例（请以实际返回结果值为准）： {"errno": 0, \\当前查询操作的返回码为 0 "total": 45, \\符合查询条件的科研机构总数 "lapse": "1065.0ms", \\代表科研机构查询请求耗时，其单位为毫秒 "errmsg": "获取科研机构数据成功", \\为科研机构检索返回码描述 "from": 0, \\游标 "list": [{"contrib_addr-line": [], "contrib_institution_content-type": [], "contrib_country": [], "contrib_city": [], "contrib_institution_start-date": [], "contrib_institution-cn": [], "contrib_institution-en": [] }], "word": "" }	JSON 结构
message	code 为 −1 时返回 message 参数，为 0 时不返回 message 参数	String

注：String 为字符串；Integer 为整型数据

科研机构检索接口的返回参数中 code 为请求的结果码，该参数的数据类型为整型数据。返回参数 data 的数据类型为 JSON 结构，其中 list 为符合检索条件的 7 条科研机构信息列表，其中每个科研机构检测结果参数具体含义如下。

contrib_addr-line：科研机构的地址。
contrib_institution_content-type：科研机构的所属类别。
contrib_country：科研机构所在国家。
contrib_city：科研机构所在城市。
contrib_institution_start-date：科研机构开始时间。

contrib_institution-cn：科研机构的中文名称。
contrib_institution-en：科研机构的英文名称。
（8）请求实例如下所示。
接口调用代码：
http://localhost:8080/api/v1/search/searchInstitution
{
"words:"湖南大学",
["contrib_institution:"",
"contrib_country:"",
"contrib_city:"",
]
"from":"0"
}
检索结果返回内容：
{"errno":0,
"total":85,
"lapse":"322.0ms",
"errmsg":"获取机构数据成功",
"from":0,
"list":[
{"contrib_institution":[["湖南大学"]],
"contrib_city":[["长沙"]],
"contrib_institution-cn":[["湖南大学"]],
"contrib_institution-en":[["Hunan University"]],
},
{"contrib_addr-line":[["Honam Univ,Kwangju,Republic of Korea"]],
"contrib_institution_content-type":[["教育机构"]],
"contrib_country":[["韩国"],["韩国"]],
"contrib_institution":[["Honam University"],["湖南大学"]],
"contrib_city":[["光州"]],
"contrib_institution_start-date":[["1978"]],
"contrib_institution-cn":[["湖南大学"]],
"contrib_institution-en":[["Honam University"]]
}],

"word":"湖南大学"
}

用户在获得用户令牌权限之后，通过调用科研机构检索接口，即可实现对各类科研机构的各类文献信息的查询。用户将预期检索的科研机构关键词和相应的游标（需要返回的科研机构信息数量）输入到检索接口中，系统将自动从所有科研机构数据来源中执行数据检索，并且进行相应的数据清洗、去重和融合，最后将科研机构所在国家、城市等信息以统一的格式返回给用户。

7.4 科技大数据检索与管理

基于 7.3 节所提供的检索服务接口，用户可以对各个领域科技大数据进行多样化的检索。各个科技领域的不同用户对科技大数据的使用和检索需求各不相同，因此，科技大数据江聚融合与演化分析系统提供数据检索规则配置和管理，以向不同用户提供可配置和升级的检索服务接口，满足用户的个性化检索服务。

7.4.1 科技大数据检索服务

项目中的各个合作单位及用户可以通过调用科技大数据检索系统所提供的数据检索服务接口分别执行相应的科技数据检索。同时，系统还提供面向广大公众用户的科技大数据检索服务平台，以供用户进行各类科技数据的检索。科技大数据检索服务平台界面如图 7.11 所示。

图 7.11 科技大数据检索服务平台界面

用户访问科技大数据检索服务平台，先在界面中选择要检索的数据类别（如论文、专利等），接着在检索文本框中输入要检索的数据关键词，执行数据检索。系统将检索结果以数据列表的形式返回到浏览器中，运行结果如图 7.12 所示。

图 7.12　科技大数据检索结果示例

7.4.2　科技大数据检索管理

在系统管理后台，可以分别为各个类别的科技数据创建相应的检索服务规则，针对不同类别的科技数据的元数据和数据特征进行配置，提供精确的检索服务。科技大数据检索服务接口管理功能的运行效果如图 7.13 所示。

科技大数据汇聚融合与演化分析系统可以分别为论文、专利、学术会议等数据类别创建检索规则。对于每一种检索规则，可能进一步对其检索过程和数据处理过程进行详细的设置。首先，设置规则的名称和该规则适用的数据类别，设置该规则是否使用智能语义分词功能。其次，设置该规则中数据检索的范围，分别选择要读取的科技数据源数据库。再次，分别选择数据检索之后所需要执行的数据清洗规则、去重规则、数据融合规则以及数据关联检索规则。最后，设置该检索规则的启用时间和结束时间。科技大数据检索服务接口配置功能运行效果如图 7.14 所示。

图 7.13　科技大数据检索服务接口管理功能的运行效果

图 7.14　科技大数据检索服务接口配置功能运行效果

7.4.3　科技大数据智能关联检索服务

在提供对各个科技数据类别的检索服务的基础上，系统还能够提供智能关联检索服务，即用户可以根据所输入的关键词同时检索多类科技数据。例如，可以从论文、专利、科技资讯等多个类别的数据源中检索同一个关键词，系统分别调用不同的检索接口实现科技数据检索，然后将检索结果进行汇总和融合，并以列表的形式返回给目标用户。科技大数据智能关联检索服务管理的运行效果如图 7.15 所示。

图 7.15　科技大数据智能关联检索服务管理的运行效果

在设置科技大数据智能关联检索服务过程中，可以分别设置需要关联的每一种数据类别，以及从每一种数据类别中需要检索到的数据数量和重要程度。科技大数据智能关联检索服务配置的运行效果如图 7.16 和图 7.17 所示。

图 7.16　科技大数据智能关联检索服务配置的运行效果（1）

图 7.17　科技大数据智能关联检索服务配置的运行效果（2）

7.5　本章小结

本章着重设计并实现面向开放协同的科技大数据检索服务接口，以实现向不同用户提供开放协同的科技大数据检索服务。首先，定义面向不同应用领域的科技大数据元数据，并制定相应的科技大数据检索接口标准。其次，详细定义各种数据类型的科技大数据检索服务接口，包括用户令牌获取接口、论文检索接口、专利检索接口、科技资讯检索接口、学术会议检索接口、研究学者检索接口、科研机构检索接口。在此基础上，进一步编程实现科技大数据检索服务，为不同领域的科技数据分析业务提供标准化高效检索服务。

第8章 科技大数据追踪保护与演化分析

随着数字技术的不断发展，科学研究成果的不断数字化，互联网上已经有了大量的科技数据，如论文、专利、科技资讯等，这给科学研究创新提供了沃土。随之而来的是科技数据数字版权的侵权数量爆发式增长，这些数据以复制的方式快速地在互联网中传播，并且侵权的形式越来越隐秘化、多样化。例如，付费用户从数据库中下载数据后，可随意进行传播，版权不受保护。为了保护用户合法的数字版权，当前主要是依赖传统的数字版权保护技术防止数字版权侵权。然而，传统的数字版权保护技术借助中心服务器存储和分发数字内容，这不仅会带来单点故障问题，还会造成数字版权保护流程对用户不透明的情况，影响该类技术的可信度。区块链技术具有不可篡改性和唯一性等特性，给当前数字版权保护带来了新的机遇。利用区块链的分布式存储、共识机制、加密算法和时间戳技术可以准确、完整地记录数字版权生命周期中的每一个行为，实现不可篡改、可溯源的数字版权管理。本章主要针对科技大数据，介绍了两种共识机制，并在此基础上设计了基于区块链的科技大数据交换模型和基于区块链的科技大数据可信确权与追踪保护方案。

8.1 基于混合选举的委员会共识机制

区块链解决了在不可信信道上传输可信信息、价值转移的问题，而共识机制解决了区块链如何在分布式场景下达成一致性的问题。实用拜占庭容错（practical Byzantine fault tolerance，PBFT）算法是一种典型的共识机制，由于其节省算力而被广泛地使用。但是，该算法存在通信开销大、算法效率低的问题，限制了其在大数据环境下的应用。为此，本节提出了一种基于混合选举的委员会共识机制。

8.1.1 PBFT

PBFT[86]是由米格尔·卡斯特罗（Miguel Castro）和芭芭拉·利斯科夫（Barbara Liskov）提出的，解决了拜占庭容错（Byzantine fault tolerance，BFT）算法效率差的问题，将算法复杂度由指数级降低到多项式级，使其能够应用于吞吐量不大但需要处理大量事件的系统。PBFT算法主要包括四个重要的组成部分：客户端、主节点、从节点、视图。客户端是指能发送交易请求的终端，通过向主节点发送请求消息来执行状态机操作。主节点依照轮流坐庄模式产生，负责对请求进行排序，然后向其他副本发送多播请求。从节点接收并执行从主节点收到的请求。所有节点都在同一个视图下执行请求，当主节点失效或发生故障，将会触发视图切换，每更换一次，视图的编号加一，同时主节点也会重新产生。

在一个具有 f 个拜占庭节点的系统中，当主节点收到客户端的请求，将执行一个三阶段的协议使所有节点达成一致。三个阶段分别是：预准备（pre-prepare）、准备（prepare）、确认（commit）。预准备和准备阶段用于在同一视图中对发送的请求进行完全的排序，准备和提交阶段用于确保提交的请求在视图之间完全有序。

图 8.1 展示了 PBFT 的共识过程。在预准备阶段，主节点接收到客户端的请求消息 m 后，为其分配一个序号 n，并生成形如 $\langle\langle \text{PRE}-\text{PREPARE},v,n,d\rangle,m\rangle$ 的预准备消息，其中 v 为当前视图的编号，n 为主节点为消息 m 分配的编号，d 为消息的 m 的数字摘要，m 为客户端的请求消息。消息生成后，将预准备消息广播发送给所有的备份节点。备份节点 i 接收到预准备消息后，对消息做验证。然后备份节点 i 进入准备阶段，生成形如 $\langle\text{PREPARE},v,n,d,i\rangle$ 的准备消息后，将此消息广播给其他备份节点。备份节点收到 $2f+1$ 个（包括自己）一致的准备消息后，会进入确认节点，生成形如 $\langle\text{COMMIT},v,n,D(m),i\rangle$ 的确认消息，其中 $D(m)$ 为信息 m 的摘要。之后将确认消息广播给其他备份节点。备份节点接收确认消息后，同样也对消息内容做验证，确保视图编号和序列编号符合要求。等待接收到 $2f+1$ 个一致且正确的确认消息后，执行请求消息 m 中包含的操作。在区块链系统，该操作是指将区块加入本地区块链数据结构中。

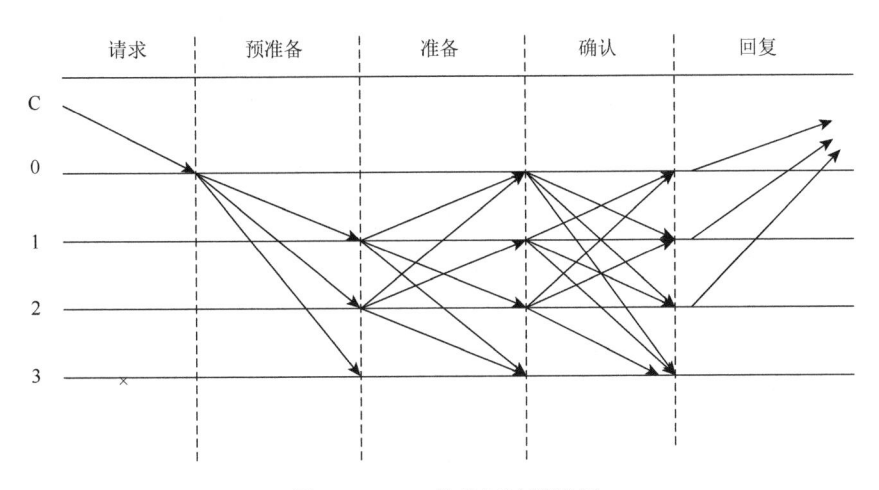

图 8.1 PBFT 的共识过程示例

8.1.2 委员会共识机制基本思想

在传统的 PBFT 中，主节点依照轮流坐庄的模式产生，每个节点依照次序成为主节点，缺少对用户资质的鉴定。如果系统中存在恶意节点，那么随着系统运行时间的增加，恶意节点必然能在某次更换主节点的过程中成为主节点，这给系统带来了潜在的危险。针对此问题，本书提出了一种新的主节点选举方法，通过影响力排名和随机选择策略混合选择代表性节点组成委员会，然后基于委员会成员投票选举产生主节点。另外，一个具有 n 个节点的系统，传统的 PBFT 的时间复杂度是 $O(n^2)$，随着系统内节点数的增加，系统将会需要更多的时间来达成一致，严重影响系统的运行效率。为了提高系统的运行效率，简化共识过程，采取分阶段达成共识的方式，先在委员会内对区块内容达成一致，然后广播到整个区块链网络中，提高达成共识的速度。

8.1.3 主节点选举

为了避免恶意节点成为主节点，危害区块链系统，在选取主节点时考虑用户节点的活跃属性和用户节点的声誉属性，同时增加选择主节点的随机性。这样既能保障对系统做出重大贡献的用户节点被选择为主节点的可能性，又保证了贡献度较小的用户节点也有一定的概率成为主节点。

在区块链网络中，用户节点的活跃度在一定程度上反映了该用户节点对区块链网络的信任。因此活跃性较高的用户节点更有可能是诚实节点。在提出的基于混合选举的委员会共识机制中，将用户节点的活跃度定义为用户节点发起的交易数量。为了便于后续使用，统计每个用户节点发起交易请求的数量 N，并将其归一化，记为 NA，归一化过程如式（8.1）所示。

$$\text{NA}_i = \frac{N_i - \max(N)}{\max(N) - \min(N)} \tag{8.1}$$

其中，$\max(N)$ 和 $\min(N)$ 为两个取极值函数，分别为返回发起交易请求数量的最大值和最小值。

受利益的驱动，用户节点可能会通过发起大量的请求以提高自己的活跃度，并提高自己的影响力。为了避免这种恶意行为对主节点选举结果造成影响，引入用户节点的声誉属性。在基于混合选举的委员会共识机制中，用户节点声誉是指该用户节点被交易的次数，即有多少用户对该用户发起交易，表示为 R，其归一化后的结果为 RA，归一化形式如式（8.2）所示。

第 8 章 科技大数据追踪保护与演化分析

$$RA_i = \frac{R_i - \max(R)}{\max(R) - \min(R)} \tag{8.2}$$

其中，$\max(R)$ 和 $\min(R)$ 分别为返回所有用户节点被交易次数的最大值和最小值。

为了综合评估用户节点的可靠性，使用一种线性组合的方法将用户的活跃度和用户节点的声誉属性结合起来，称为用户节点的影响力 I，其计算方法如式（8.3）所示。

$$I_i = \alpha \times NA_i + \beta \times RA_i \tag{8.3}$$

其中，NA_i 为第 i 个用户节点发起交易请求次数归一化后的结果；α 为用户节点活跃度在用户节点影响力中的权重；RA_i 表示用户节点被交易请求次数归一化后的结果；β 为用户节点声誉属性在用户影响力中的权重。式（8.4）指明在用户节点活跃度和用户节点声誉属性之前存在权衡。

$$\alpha + \beta = 1 \tag{8.4}$$

在选取主节点时，将用户节点按照影响力从大到小排序，并选择影响力最大的 n 个用户节点加入委员会，成为委员会的候选节点，参与主节点的选举。同时，普通节点是区块链的重要组成部分，这些节点由于其自身的策略限制可能并不经常发起交易，因此在系统中具有较小的影响力。为了保护这些普通节点的担任主节点的权利，避免高影响力的用户节点长期在主节点选举过程中占主导地位。在选择委员会成员时，使用一种混合选择的策略，即委员会在吸纳高影响力的用户节点的同时，从剩余用户节点中随机选择 n 个用户节点加入委员会。因此委员会中包含了 $2n$ 个用户节点。这些节点将作为候选节点参与主节点选举。

主节点从委员会的候选节点中随机产生。当委员会形成后，各个候选节点均参与到主节点选举的过程中。首先，委员会各候选节点按照自己的策略随机选择一个数字 λ_i，其次，将随机数 λ_i 组播给委员会各候选节点，同时等待接收其他候选节点发送的随机数。最后，当接收到其他委员会候选节点发送的随机数后，在本地按照式（8.5）计算随机数的和 λ。

$$\lambda = \sum_{i \in C} \lambda_i \tag{8.5}$$

其中，C 为委员会候选节点集合。

然后，对 λ 执行取模运算，模数为当前委员会的大小，则主节点在委员会中的位置可由式（8.6）得到

$$\text{Index} = \lambda \bmod \text{nums}(C) \tag{8.6}$$

其中，$\text{nums}(C)$ 为委员会成员的数量。

同时，委员会作为主节点的候选储备库，需要定期更换以防止部分主节点因受利益驱动而作恶。为此，提出了纪元的概念，纪元是指一个时间片段 T，它描述了委员会的生存周期。各委员会成员节点只在属于自己的纪元内有可能成为主

节点。纪元结束后，委员会解散，并重新生成新的委员会，新的纪元也由此开始。值得注意的是，委员会中的候选节点在每个纪元内，只有一次成为主节点的机会，在完成出块任务或被罢选后，将会被移出委员会。新的主节点在剩余的委员会成员中执行选举操作后产生。这样的选举方式既降低了由选举造成的系统通信负载，又可以保障影响力大的用户节点有更大的可能担任主节点，也鼓励影响力较小的用户节点积极参与区块链活动，提高了系统的可靠性。

表 8.1 描述了主节点的选举过程。第 1~7 行描述了如何计算每个用户节点的影响力，第 8~11 行描述了委员会的形成过程，第 12~19 行描述了在当前纪元内主节点序列如何在委员会中产生。委员会的产生是一个持续性过程，在纪元内，新的主节点在旧的主节点离开委员会时产生，详情见第 14~18 行。

表 8.1 主节点选举算法

输入：系统中所有的用户节点 Nodes，纪元 T，活动属性权重 α，声誉属性权重 β；	
输出：纪元 T 内的主节点序列 Index；	
1.	$N \leftarrow$ 获得系统每个用户节点发起交易请求的数量；
2.	$R \leftarrow$ 获得系统每个用户节点被交易的数量；
3.	for i in Nodes do
4.	$\mathrm{NA}_i = \dfrac{N_i - \max(N)}{\max(N) - \min(N)}$;
5.	$\mathrm{RA}_i = \dfrac{R_i - \max(R)}{\max(R) - \min(R)}$;
6.	$I_i = \alpha \times \mathrm{NA}_i + \beta \times \mathrm{RA}_i$;
7.	end for
8.	将用户节点集合 Nodes 按影响力 I 从大到小排序；
9.	$C \leftarrow$ 取影响力 I 排名前 n 的用户节点加入委员会 C；
10.	$CR \leftarrow$ 从剩余的用户节点中随机选择 n 个用户节点；
11.	$C = C \cup CR$ ；
12.	CLOCK $\leftarrow$ 依据纪元 T 设置时钟；
13.	do
14.	各委员会成员节点生成随机数 λ_i，并将随机数发送给委员会内其他成员节点；
15.	$\lambda = \sum\limits_{i \in C} \lambda_i$;
16.	$\mathrm{Index}_t = \lambda \bmod \mathrm{nums}(C)$;
17.	$\mathrm{Index} = \mathrm{Index}\_t \cup \mathrm{Index}$ ；
18.	$C = C - \mathrm{Index}\_t$ ；
19.	while CLOCK ；
返回 Index；	

8.1.4 一致性共识

完成主节点选举后，各用户节点需要状态同步，并与主节点发布的区块达成一致。在共识过程中，委员会代表了区块链系统中用户节点的权益。在 PBFT 中，一个系统可以容忍不超过全部节点的三分之一发生拜占庭错误，也就是说系统可以允许出现的恶意节点的概率是 1/3。因此假设在区块链系统中最多有 1/3 的用户节点是恶意节点。

具有成为主节点资格的委员会候选成员由 n 个影响力最大的用户节点和 n 个随机选择的用户节点组成。显然 n 个随机选择的用户节点中恶意节点的期望是 $(1/3)n$，假若 n 个影响力较大的用户节点中也存在 1/3 的恶意节点，则成员数量为 $2n$ 的委员会中恶意节点的期望是 $(2/3)n$。实际上，影响力最大的 n 个用户节点中，恶意节点的比例应该远小于 1/3，因为影响力大的用户节点是区块链系统中最大的受益者，作恶对它们毫无好处。

用户节点将交易发送至主节点，主节点验证交易的内容以及签名是否正确。当区块链中的交易量累计达到一定的数量，按照交易到达时间的先后或交易数据的大小，将这些交易中的合法交易打包并生成区块，然后区块链系统中的用户节点对该区块达成一致性共识。具体的共识过程如图 8.2 所示。

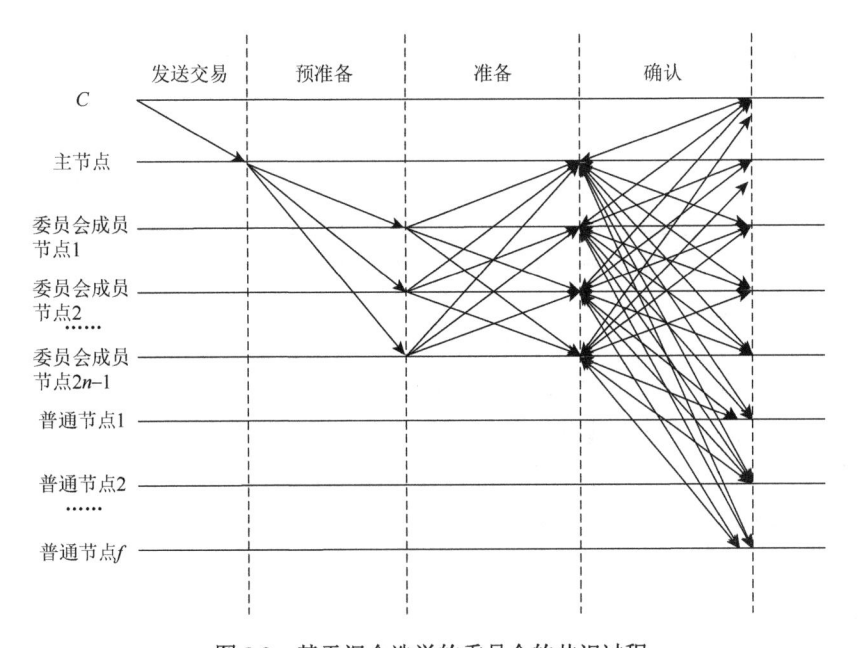

图 8.2 基于混合选举的委员会的共识过程

（1）预准备阶段。主节点将打包好的区块广播发送给委员会内的其他候选节点，进入准备阶段。

（2）准备阶段。委员会中的候选节点验证主节点广播区块中的交易内容以及主节点的签名是否正确。若验证通过，则向委员会中的其他候选节点广播发送验证通过消息，并进入确认阶段。

（3）确认阶段。委员会中的候选节点在规定时限内收到 $n+1$ 个由其他不同的委员会候选阶段发来的验证通过消息，则向区块链中所有的用户节点广播一条确认消息。若系统中的用户节点接收到 $n+1$ 个来自不同委员会候选节点发送的确认消息，则将主节点发布的区块加入自己的区块链数据结构中。

8.2 基于多级社区的区块链共识机制

区块链作为一种典型的分布式数据库系统，具有高的可信性，广泛应用在金融资产交易结算、数字政务、存证防伪以及数据服务等领域[87]。区块链共识机制制定了一系列每个节点都必须遵守的规则，使各分布式节点上的数据保持一致。当前大部分共识机制在节点数量较多时存在效率低下的问题[88]，因此本节提出了一种基于多级社区的区块链共识机制。

8.2.1 基本思想

在 PBFT 中，各个节点按照轮流坐庄的模式轮流担任主节点，这种方式可能会使某些节点发动一些有预谋的攻击，降低系统的安全性。此外，虽然 PBFT 能够在多项式时间内完成共识，但对于分布式系统来说，其通信成本高。随着区块链系统中节点数的增加，基于 PBFT 的区块链系统的时延也会逐渐增加，最终降低系统的运行效率。

在网络中，社区就是具有某些共同特征的节点聚合在一起的群体。如果将区块链系统中节点划分到不同的社区中，这样就能将恶意节点尽可能地分散在不同的社区中，使恶意节点合谋作恶的可能性降低。此外，区块链系统中节点被划分到不同社区中，社区的规模相比于区块链系统要小很多。如果能够在社区间并行执行共识机制，将会提高节点达成共识的速度。为此，提出了一种基于多级社区的区块链共识机制，该共识机制包括由下至上的选举过程和从上到下的共识过程。选举过程尽可能地保证主节点的正确性，共识过程则为全局节点之间的交易一致性提供了保障。

8.2.2 主节点的选举

1. 社区划分

为了降低区块链系统中各节点的通信成本，节点将被划分到不同的社区中。为了便于将节点加入到不同社区中进行管理，在区块链系统中设置了准入机制，每个节点在加入区块链网络时，将会被分配一个编号，记为 i，将区块链中总的节点数目记为 N。每个社区包含若干个节点，将社区大小记为 x。则区块链系统中所有的节点可划分为 n 个社区，如式（8.7）所示。

$$n = \left\lceil \frac{N}{x} \right\rceil \tag{8.7}$$

其中，$\lceil \ \rceil$ 为向上取整。

为了平衡性能和社区数目，x 被设置为100。各个节点依据自己获得的编号，按照式（8.8）计算获得自己所属社区，即

$$\text{community}_{\text{Index}} = i \bmod n \tag{8.8}$$

其中，i 为节点当前的编号。经过划分社区后，每个节点在当前层级中都只属于一个社区，各个社区独立自治，选举产生本社区的代表节点。为了找到一个合适的主节点，使用一种分级选举的方法在所有节点中获得主节点。将所有节点随机打散，使其分布在不同的社区，使恶意节点联合作恶的可能性降低。因此，在各个社区中，通过社区选举产生代表节点，对所有社区产生的代表节点，按照其编号大小重新排序，再次执行社区划分操作，直至选举产生主节点和高级社区，即选举产生的最后一个社区。

2. 社区代表节点选举

经过社区划分后，每个社区都有自己的代表节点。为了加速区块链系统中共识达成的速度，在社区的代表性节点中再次进行社区划分，形成更高一级的社区。由于更高一级的社区划分依赖于下一级社区选举的结果，为了缩短选举时间，使用一种简单的随机化方法确定社区代表节点。各个用户节点都随机选择一个随机数，并与社区其他用户节点交换，最终共同确定代表节点。这种方式能在一定程度上降低恶意节点操纵选举结果的可能性，因为每个用户都参与选举的过程，结果由所有人发送的随机数决定。

依据节点编号的大小将社区中的节点以从小到大或从大到小的顺序排放，如式（8.9）所示。

$$(i, i+1, i+2, i+3, \cdots, i+\text{size}(\text{community}_{\text{Index}})) \\ = \text{order}(i+3, i+1, i, i+\text{size}(\text{community}_{\text{Index}}), \cdots, i+2) \quad (8.9)$$

其中，order() 为排序函数；size(community$_{\text{Index}}$) 为第 Index 个社区的社区成员数目。

社区中每个节点随机选择一个数字 λ_i，并将该随机数 λ_i 发送给社区内的其他节点。在接收到社区内其他节点发送的随机值后，按照式（8.10），获得所有用户选择的随机数的和：

$$\lambda = \lambda_i + \lambda_{i+1} + \lambda_{i+2} + \cdots + \lambda_{i+\text{size}(\text{community}_{\text{Index}})} \quad (8.10)$$

第 Index 个社区的代表节点为

$$\text{represent}_{\text{Index}} = \lambda \bmod \text{size}(\text{community}_{\text{Index}}) \quad (8.11)$$

这种通过逐级的随机选举的方式，大大降低了恶意节点成为主节点的可能性。

3. 社区成员更新

如果一个节点长期处于社区的代表节点，容易导致该节点做一些恶意行为，危害区块系统的安全。因此，有必要给社区代表节点设置一个时间任期限制。在任期结束时，需要重新选举出代表节点。在选举的过程中，记录了各个节点所属的社区，以及该社区的代表节点的情况，并构建一棵节点代表树。社区成员更新过程如图 8.3 所示。

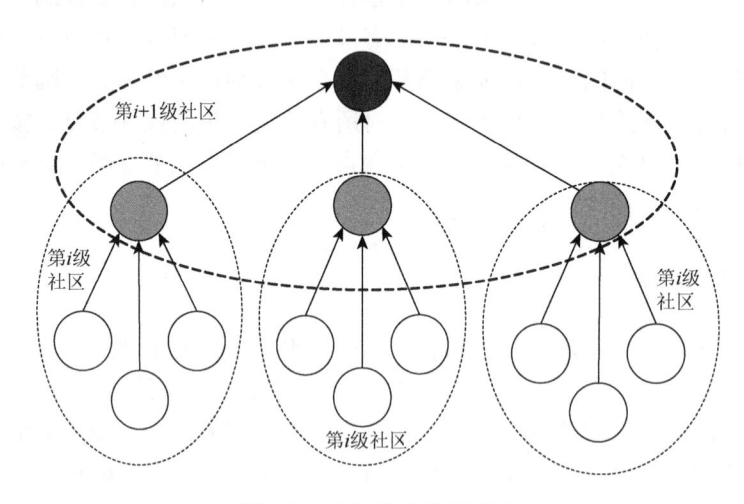

图 8.3 社会成员更新过程

在图 8.3 中，黑色节点表示第 $i+1$ 级社区选举产生的代表节点，灰色节点表示第 i 级社区选举产生的代表节点，同时灰色节点也是第 $i+1$ 级社区的成员节点。对节点代表树执行层次遍历后，每个节点将会被赋予一个新的编号，基于新的编号再一次划分节点并重新逐级选举。值得注意的是，社区划分和逐级选举并不是在任期结束时才发生，其在任期开始时已经开始缓慢执行，以确保在任期结束后能够及时更换主节点和最高社区。

4. 多级社区代表节点选举算法

表 8.2 详细描述了多级社区代表节点选举的全过程。第 2 行到第 7 行描述了社区划分的主要步骤。第 8～19 行描述了社区内部选举的细节。第 14 行会产生阻塞等待，直到接收到社区内所有节点发送的随机数或等待时间结束。第 20～23 行描述了多级选举过程以及主节点的选择，将下一级选举产生的代表节点重新编号，并划分社区，再次选举，直到产生主节点，即只有一个代表节点。

表 8.2 多级社区代表节点选举算法

输入： 系统中所有节点的编号 Nodes； 社区的大小 x；	
输出： 主节点 E_Node； 包括出块节点在内的高级社区 Community；	
1.	do
2.	N = length(Nodes)；
3.	$n = \left\lceil \dfrac{N}{x} \right\rceil$；
4.	for node in Nodes do
5.	$Index_c$ = node % n； //每个用户节点都获得一个社区索引；
6.	end for
7.	community←获得相同社区索引的用户节点组成一个社区；
8.	//逐级选举
9.	newNodes = $\varnothing$；
10.	for c in community do
11.	将在社区中的成员节点按照编号有序排列；
12.	for node in community do
13.	发送一个随机数字 λ_{node} 给社区中的其他用户节点；
14.	$(\lambda_1, \cdots, \lambda_x)$ ← 等待接收来自 c 的其他用户节点的随机数；
15.	$\lambda = \sum_{i=1}^{x} \lambda_i$；
16.	$Nodes_{rep} = \lambda$ % $size(community_{node})$；

续表

17.	end for
18.	newNodes = newNodes ∪ Nodes$_{rep}$；
19.	end for
20.	if 1＜length（newNodes）＜x do
21.	Community = newNodes；
22.	end if
23.	Nodes = newNodes；
24. while	length(Nodes) = 1；
25. E_Node = Nodes；

返回 E_Node, Community

8.2.3 区块发布与共识

1. 区块发布策略

在社区代表节点的选举过程中，各级社区之间是一种串行的选举模式。为了避免频繁选举占用大量的时间，提高系统吞吐量，提出了任期的概念。

定义 8.1：任期。任期是指最高级代表节点及其代表的社区存活的时间，用 L 表示。

在提出的共识机制中，主节点在任期内能够连续地发布区块，而不用频繁地更换主节点。在任期结束时，最高级代表节点以及代表的社区将会被重新选举产生。这种连续发布区块的策略在一定程度上能够显著地提升系统的吞吐量。

2. 共识过程

如 8.2.2 节所述，在主节点逐级选举的过程中，各个用户节点都在本地维护了一个节点代表树。在节点代表树的每个节点中存放了其能够代表的节点数目。也就是说叶子节点仅仅能代表自己，而主节点能够代表所有的节点。图 8.4 描述多级社区自上而下的共识过程，相同灰度的圆圈表示处于同一级的社区。

从图 8.4 中可以看出，主节点将交易打包后，将区块广播给社区内成员节点验证。社区节点验证后，将验证的结果在社区内广播，若社区内成员接收到 $(2/3)x+1$ 个确认，则将打包后的区块广播给自己代表的社区成员节点，同时向全网广播自己的确认信息。若在时间片段 T 内，社区没有达成共识，则社区代表节点生成验证不通过消息，消息内容包含社区成员节点编号、该社区代表的节点数目，

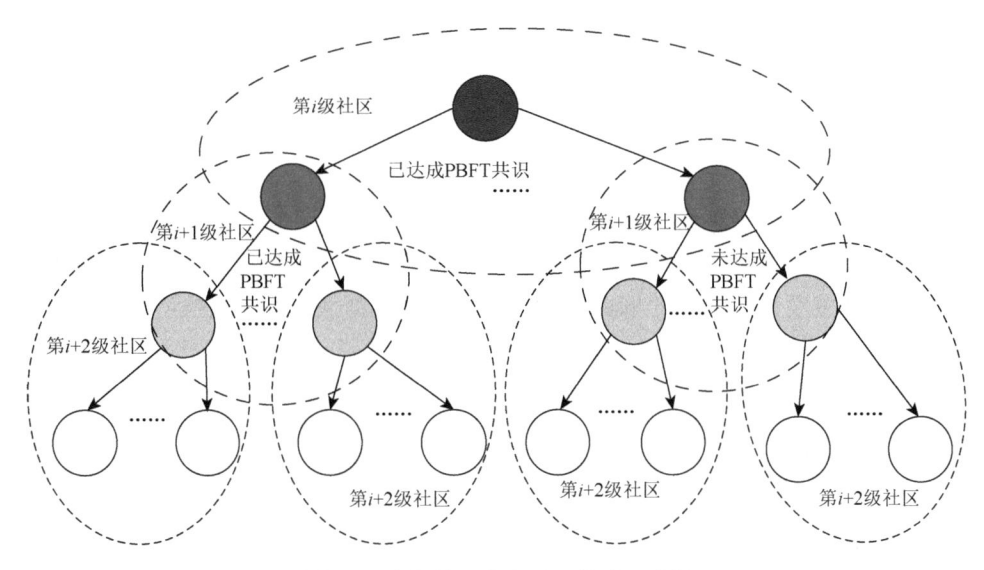

第 8 章 科技大数据追踪保护与演化分析

图 8.4 多级社区自上而下的共识过程

社区所有成员集体签名后向全网广播，同时实行阻断向下共识措施。若用户接累计接收到$(1/3)n$的验证不通过消息，则最高级社区罢免主节点，并在最高级社区内重新选举出块节点。否则等待接收到$(2/3)n+1$个确认消息后，将该区块存入本地区块链的数据结构中。

代表节点由社区选举产生，在一定程度上能够代表社区成员的意见。为了加快共识的速度和保证用户节点的权益，将代表节点的意见视为半可信意见，即社区达成 PBFT 共识，则将验证消息继续传递给下级社区验证。若未达成 PBFT 共识，则直接阻断向下共识。如图 8.4 所示，第 i 级社区已达成 PBFT 共识，则社区内的成员节点开始向下传递验证消息。第 $i+1$ 级社区对第 i 级传递的验证消息执行 PBFT 达成共识。左边的第 $i+1$ 级社区达成了 PBFT 共识，则继续将消息传递给其代表的第 $i+2$ 级社区执行共识，而右边的第 $i+1$ 级社区未能达成 PBFT 共识，则验证消息不再向下传递，并将未达成共识的消息由社区成员共同签名后广播给所有的用户节点。

在传统的 PBFT 算法中，当节点数目增加的时候，系统的共识性能会下降。在达成共识的过程中，节点需要向网络中的所有节点发送数据，数据交换量随着节点数目的增多而增加。在提出的基于多级社区的区块链共识算法中，区块按照逐级向下的方式在多个平级的社区中并行执行共识，提高了达成共识的速度。此外，使用随机划分社区和社区成员共同生成随机数的方法选举产生代表节点，提高了选举结果的随机性，降低了恶意节点操纵选举结果的可能性。同时，逐级选举的方式使选举的结果更加不可预测，也节省了计算资源。

8.3 基于区块链的科技大数据交换

人类社会迎来了大数据时代，数据作为一种重要的生成要素，给各行各业带来了产业升级和技术革新。数据交换是发挥数据价值的重要一环，目前的一些数据交换方案中，数据由中心机构控制，数据容易被伪造，数据真实性难以确保。同时，数据主要通过复制的形式传播，复制后的数据往往不受数据所有者控制，容易造成侵权。

为了保护科技大数据的数字版权，本节在吸纳上述共识机制的基础上，设计了科技大数据确权与追踪保护区块链系统，实现对科技大数据的可信交换，如图 8.5 所示。该系统主要利用区块链的不可篡改性等特点，保障数据交换的可信。

图 8.5 基于区块链的科技大数据交换系统

本节所介绍的数据交换具体指数据版权的交换，不涉及数据实体本身的转移。联盟链是区块链的一种组织形式，相对于公链，联盟链具有运行效率高、可审查的特点。该系统采用联盟链形式实现，将科技数据交换接入到联盟链平台，在联盟链上进行科技数据的交换。为了便于叙述，在本节中科技大数据的交换是指基于区块链的科技大数据交换。

8.3.1 数据版权交换

数据的易复制性使得数据一旦被共享，数据拥有方便失去了对数据的控制权。

为了摆脱这种困境，记录数据版权交换的整个过程是一种可行的方案，这一方案能够使数据拥有方明确了解到数据被哪些机构或个人交换访问，且区块链技术的去中心化思想有效解决了记录可能被篡改的问题。基于区块链的科技大数据版权交换方法以区块链去中心化思想为指导，采用区块链作为各个科研机构、出版社、个人之间交换科技数据版权的枢纽，打破传统数据共享的"中心化模式"，实现不依赖第三方数据中心，达成可信的数据版权交换的目的。数据的描述信息被发布在区块链中，可被所有用户通过区块链检索。当数据版权交换发生时，在区块链上记录版权交换的过程，达到版权交换信息不可篡改的目的，同时能够使其他用户对版权进行验证。

1. 角色定义

基于区块链的科技大数据交换方法主要包含两类角色：数据版权所有方、数据版权受让方。数据交换业务模型如图 8.6 所示。

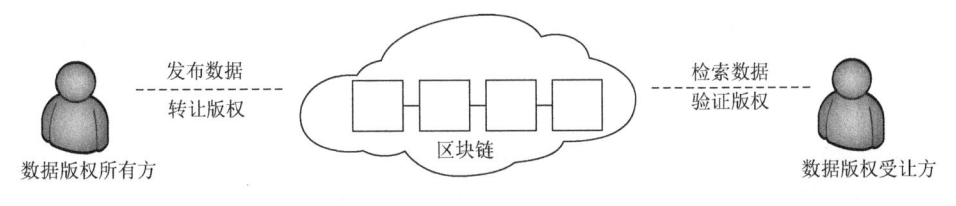

图 8.6 数据交换业务模型

数据版权所有方是指提供科技大数据，并将科技大数据的有关信息发布到区块链上，供其他科研参与者访问使用的科研机构或个人。其与其他科技数据版权交换的参与者在线下达成相关利益后，可以将数据版权转让出去。数据版权受让方是指根据自己的需求，在区块链上检索所需数据，在与数据版权所有方在线下对转让数据产生的利益问题达成一致的意见后，获得数据的版权。数据版权所有方与数据版权受让方的身份可相互转换，当数据版权所有方需要获得其他数据版权所有方发布的数据的版权时，该数据版权所有方的身份转变为数据版权受让方。反之，当数据版权受让方转让自己的数据版权时，其身份转变为数据版权所有方。

2. 用户节点注册

每个科研机构、出版社、个人等都可申请加入联盟链。在获得申请许可后，加入到联盟链中，产生一对公私钥，并将用户的信息注册到 LDAP（lightweight directory access protocol，轻量目录访问协议）服务器上。用户节点加入到联盟链后，可向联盟链中发布数据。数据提供方首先对即将发布的数据做简要描述，然后将数据描述、数据哈希、数据类型、数据是否声明为原创、权属、领域、主题、时间戳写入发布信息中，之后取以上信息计算哈希值并对哈希值签名，写入发布信息中，将发布信息发送到联盟链网络中。

3. 数据版权交易方法

数据版权受让方注册加入到联盟链后，可在联盟链中使用条件检索所需信息，可以使用条件包括数据描述内容、领域、主题、权属等。待检索到所需数据之后，可以在线下与数据版权所有方进行交涉相关版权转让的利益问题。

数据版权所有方通过 LDAP 验证数据版权受让方存在，并确定其是否是数据版权交换的受让方，然后通过链码验证链下双方是否对数据版权交易问题达成一致。验证通过后，数据版权所有方进入版权交换阶段，链码自动执行，确认当前用户拥有该数据的所有权并生成版权转让证书。版权转让证书中包括数据哈希、数据版权流转声明信息、时间戳等。取以上信息计算哈希值和哈希值的签名一并写入版权转让证书中。将版权转让证书发送到联盟链节点，利用联盟链的通知事件告知数据请求者。数据版权流转声明信息是指数据版权所有方对转让版权的一些说明。若该数据并非该所有方原创但拥有所有权，则还应附加该数据上次版权交换时的版权转让证书所在的区块哈希。

数据版权受让方获得版权转让证书后，可在联盟链中验证版权转让证书的合法性。该数据版权受让方通过 LDAP 验证后，可上传版权转让证书，联盟链调用码链自动完成证书校验，并将结果反馈给数据版权受让方。数据版权受让方确认数据版权所有方的版权转让证书合法后，可以重新发布已经取得版权的数据。将数据描述、数据哈希、数据是否声明原创、版权转让证书的区块头哈希、权属、领域、主题、时间戳写入发布信息中。取以上信息计算哈希值并对哈希值签名后一并写入发布信息中，将发布信息发送到联盟链网络中。

需要版权验证的用户也可以在区块链网络中检索相关数据。获得数据的描述后，查看权属、数据是否为原创字段，获取当前数据权属信息，并根据版权转让证书追溯验证版权交换的合法性，以及验证该版权对应数据的合法性和正确性。

8.3.2 数据版权交换功能模块分析与设计

用户可以检索和请求数据，在对获得的科技数据验证和确认后，即可向版权所有者发起版权交换请求，数据版权交换的一般流程如图 8.7 所示。

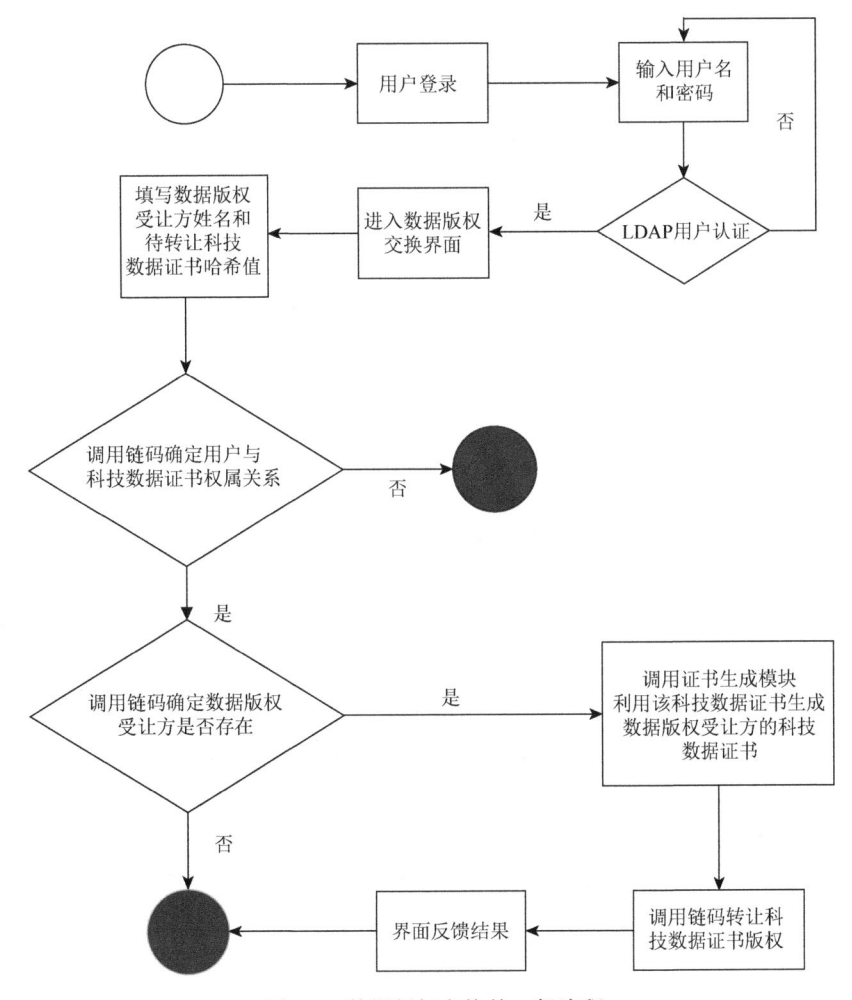

图 8.7 数据版权交换的一般流程

从图 8.7 可以看出，版权所有者验证 LDAP 账户密码，完成系统登录，然后进入数据版权交换界面。数据版权所有者填写数据版权受让方姓名和待转让科技数据证书哈希值并提交，系统首先确认证书与用户的权属关系，并查询数据版权受让方是否为系统合法用户。在以上条件都满足的情况下系统调用证书生成模块生成数据版权受让方的科技数据证书，最后将生成的科技数据证书作为参数调用链码完成数据版权交换，系统将结果返回给用户。

数据版权交换是由交换双方进行线下的协定后，由数据版权所有方自主转让或授权给数据版权受让方。这种方式由数据版权所有方通过系统发送合约交易，执行交易后更新联盟链中的状态数据，无须第三方参与就能完成数据版权交换。数据版权交换的操作序列图如图 8.8 所示。

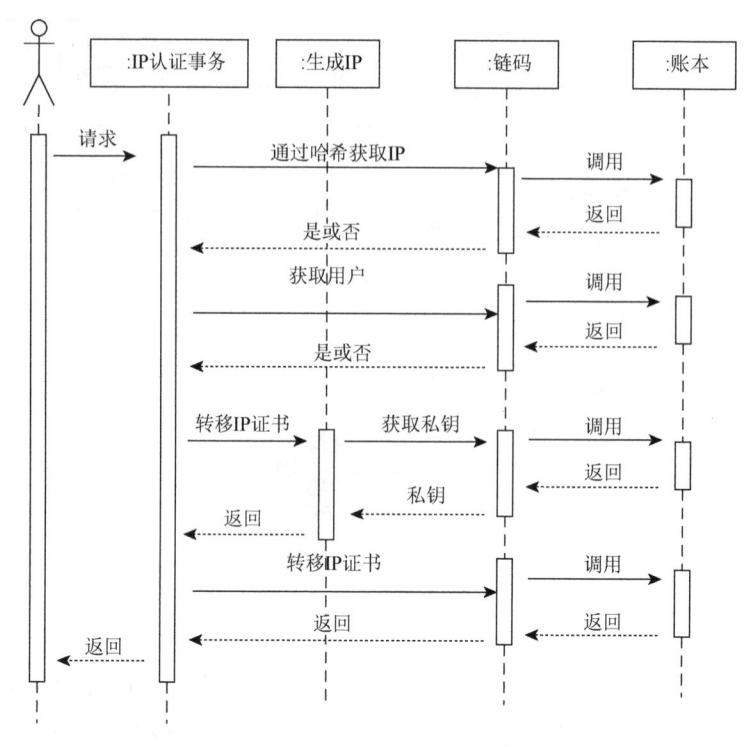

图 8.8　数据版权交换的操作序列图

首先，根据数据版权所有方提交的待交换的科技数据证书哈希值，调用链码完成用户证书认证并下载用户待流通的科技数据证书。

其次，根据用户提交的版权交易请求方 name，调用链码查询数据版权受让方信息。

再次，调用 ipGenerate 模块的 transeferIpcert 方法，使用下载的科技数据证书以及转让用户 name 作为输入生成新的科技数据证书。

最后，调用链码的 transferIp 方法完成数据版权转让。

在数据版权交换过程中，科技数据证书的合法性由证书校验模块保证。用户调用科技数据证书校验流程如图 8.9 所示。

从图 8.9 可以看出，授权用户首先验证 LDAP 账户密码，完成系统登录，然后进入科技数据证书校验界面。用户上传待校验的科技数据证书后，系统生成科技数据证书哈希值，然后将该哈希值作为参数调用链码完成科技数据证书校验，最后系统将结果返回给用户。科技数据证书信息被存储至联盟链上，保证证书信息不可篡改，同时证书的数据加密值与科技数据内容相对应。因此，从联盟链服务获取的科技数据证书能追溯到生成证书的科技数据。证书校验提供验证科技数据证书与科技数据之间是否一致的服务，防止恶意开发者篡改软件源代码、伪造确权信息。根据验证证书与科技数据一致性的流程设计,科技数据证书校验包括对目标科技数据进行加密、解析证书文件获取散列值、对比两个哈希值以验证一致性。

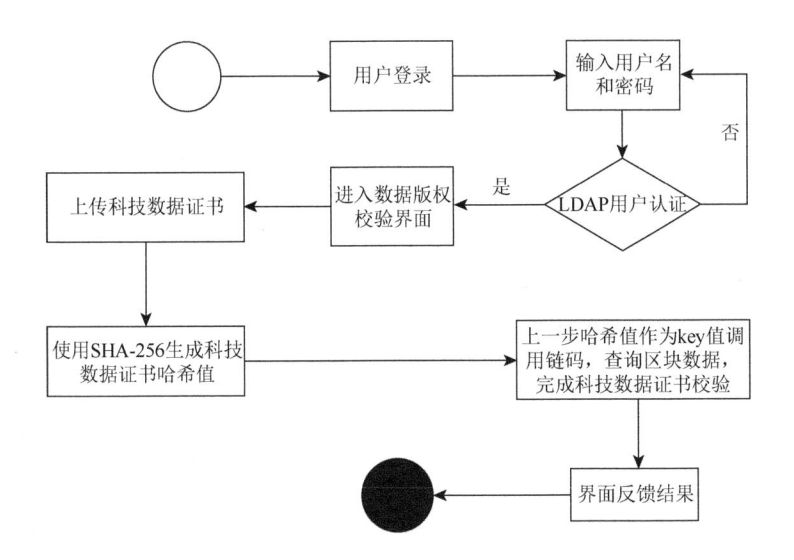

图 8.9 用户调用科技数据证书校验流程

科技数据证书校验的操作序列图如图 8.10 所示。

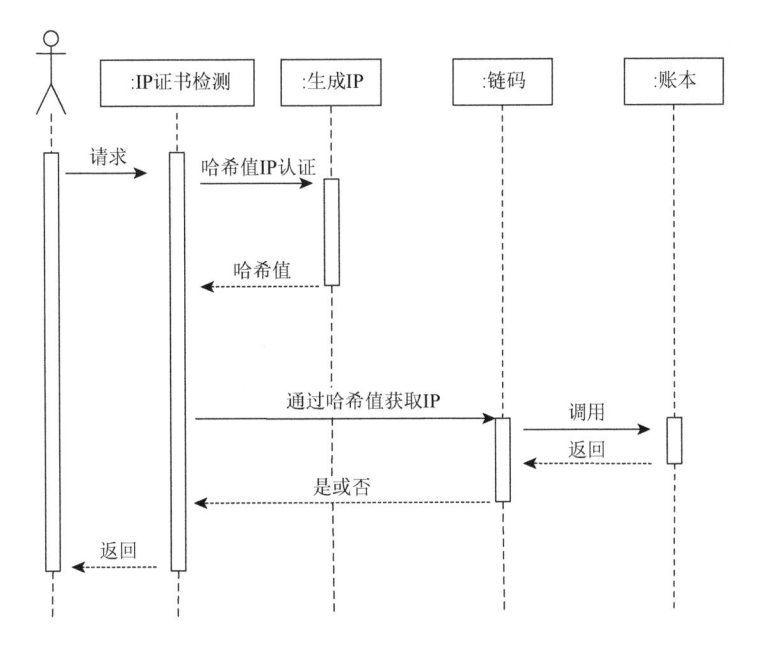

图 8.10 科技数据证书校验的操作序列图

科技数据版权交易请求方用户提交的待校验科技数据证书源文件作为输入，调用 ipGenerate 模块的 HashIpCert 方法生成科技数据证书哈希值。

将上述步骤中生成的哈希值作为输入调用链码的 getIpByHash 方法完成证书的校验。

8.3.3 科技大数据交换系统的搭建与部署

1. 服务器物理环境

科技大数据确权与追踪保护区块链系统的服务器的物理环境配置信息如表 8.3 所示。

表 8.3 科技大数据确权与追踪保护区块链系统的服务器的物理环境配置信息

序号	软件名称	版本信息
1	Ubuntu	16.04＋
2	Vim	
3	Docker	16.03＋
4	Docker Compose	1.8＋
5	Golang	1.10＋
6	Node.js	8.11.1
7	LDAP	

2. 配置网络结构

系统的 Fabric 网络拓扑结构如图 8.11 所示。

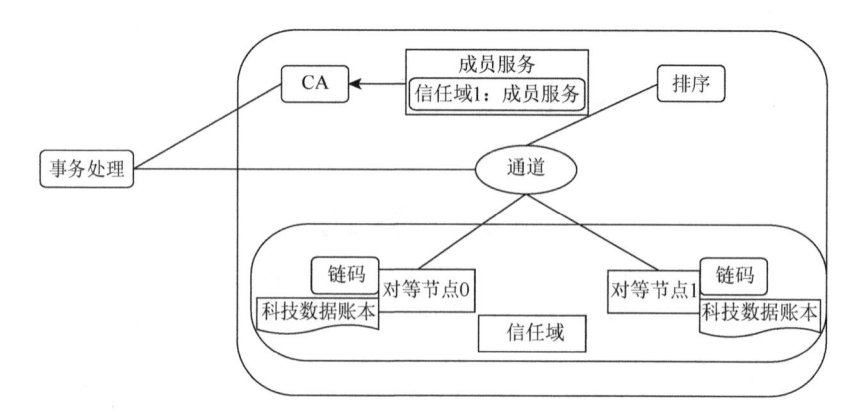

图 8.11 Fabric 网络拓扑结构

CA（certification authority，证书授权）

在 Fabric 网络拓扑结构图中，事务处理命令行界面（command-line interface，CLI）或 SDK（software development kit，软件开发工具包）是用于创建科技数据确权、版权交换、溯源等事务并在获取到足够的背书之后向排序服务节点提交以上事务请求对等与排序节点提供开源远程过程调用系统（g remote procedure calls，gRPC）的远程访问接口，供客户端调用。CA 负责对网络中所有的证书进行管理，即对 Fabric 网络中的成员身份进行管理，并提供标准的 PKI（public key infrastructure，公钥基础设施）服务。成员服务为客户端和对等节点提供证书的系统抽象组件。排序节点对客户端提交的事务请求进行排序，将生成的账本区块广播给通道内的所有对等节点。信任域代表信任组织中的某一个组成成员。对等节点表示信任域中的节点，对等节点以区块的形式从排序服务节点接收有序状态更新，维护状态和账本。通道将信任域动态划分为子域。链码运行在容器中，提供相应的 API 与账本数据进行交互。科技数据账本是由排序服务构建的一个全部有序的科技数据哈希链块，同步至所有的对等节点中。科技数据账本提供了在系统运行过程中发生的可验证历史，它包含所有成功的状态更改（有效事务）和不成功的状态更改（无效事务），是确权与追踪保护的实现基础。区块的网络结构的具体配置步骤如下。

1）配置组织结构

利用配置文件 crypto-config.yaml 与 configtx.yaml，使用 cryptogen 工具为 Fabric 网络生成指定拓扑结构的组织关系和身份证书，如图 8.12 所示。

$ sudo ../bin/cryptogen generate --config = ./crypto-config.yaml

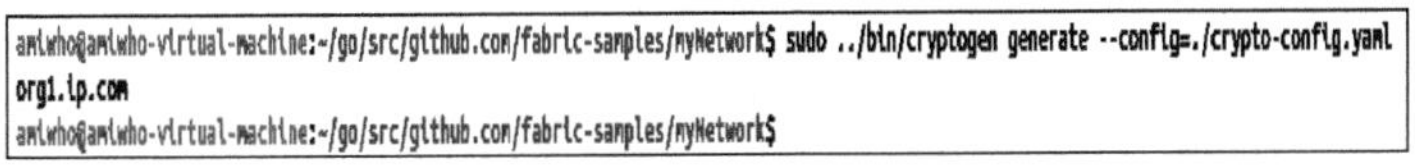

图 8.12 生成指定拓扑结构的组织关系与身份证书

2）创建创世区块

使用 configtx.yaml 文件中定义的 OneOrgsOrdererGenesis 模板，生成排序服务系统通道的创世区块文件，如图 8.13 所示。

$ sudo../bin/configtxgen-profileOneOrgsOrdererGenesis-outputBlock./channel-artifacts/genesis.block

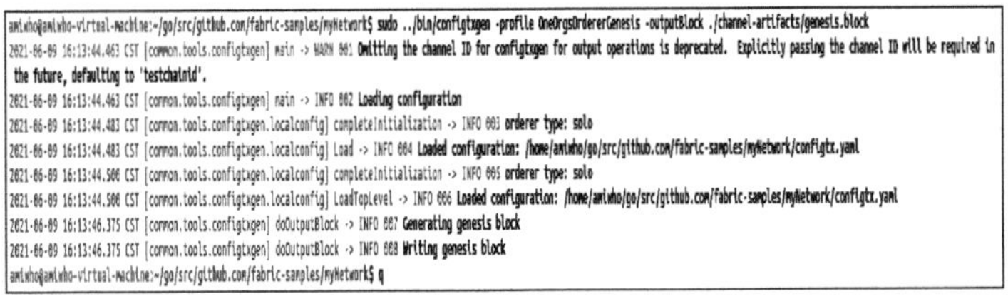

图 8.13 创世区块的创建

3）配置通道

设置通道名称的环境变量：

$ export CHANNEL_NAME = mychannel

生成通道配置文件，如图 8.14 所示。

$ sudo ../bin/configtxgen -profile OneOrgsChannel -outputCreateChannelTx ./channel-artifacts/channel.tx -channelID $CHANNEL_NAME

```
amiwho@amiwho-virtual-machine:~/go/src/github.com/fabric-samples/my_network$ sudo ../bin/configtxgen -profile TwoOrgsChannel -outputCreateChannelTx ./channel-artifacts/channel.tx -channelID $CHANNEL_NAM
E
2021-06-09 14:11:41.019 CST [common.tools.configtxgen] main -> INFO 001 Loading configuration
2021-06-09 14:11:41.036 CST [common.tools.configtxgen.localconfig] Load -> INFO 002 Loaded configuration: /home/amiwho/go/src/github.com/fabric-samples/my_network/configtx.yaml
2021-06-09 14:11:41.052 CST [common.tools.configtxgen.localconfig] completeInitialization -> INFO 003 orderer type: solo
2021-06-09 14:11:41.052 CST [common.tools.configtxgen.localconfig] LoadTopLevel -> INFO 004 Loaded configuration: /home/amiwho/go/src/github.com/fabric-samples/my_network/configtx.yaml
2021-06-09 14:11:41.052 CST [common.tools.configtxgen] doOutputChannelCreateTx -> INFO 005 Generating new channel configtx
2021-06-09 14:11:41.053 CST [common.tools.configtxgen] doOutputChannelCreateTx -> INFO 006 Writing new channel tx
```

图 8.14　通道配置文件

4）生成锚节点更新配置文件

使用 configtx.yaml 配置文件中的 OneOrgsChannel 模板，为每个信任域生成锚节点更新配置，如图 8.15 所示。

```
amiwho@amiwho-virtual-machine:~/go/src/github.com/fabric-samples/my_network$ sudo ../bin/configtxgen -profile TwoOrgsChannel -outputAnchorPeersUpdate ./channel-artifacts/Org1MSPanchors.tx -channelID $CHA
NNEL_NAME -asOrg Org1MSP
2021-06-09 14:14:19.533 CST [common.tools.configtxgen] main -> INFO 001 Loading configuration
2021-06-09 14:14:19.553 CST [common.tools.configtxgen.localconfig] Load -> INFO 002 Loaded configuration: /home/amiwho/go/src/github.com/fabric-samples/my_network/configtx.yaml
2021-06-09 14:14:19.571 CST [common.tools.configtxgen.localconfig] completeInitialization -> INFO 003 orderer type: solo
2021-06-09 14:14:19.571 CST [common.tools.configtxgen.localconfig] LoadTopLevel -> INFO 004 Loaded configuration: /home/amiwho/go/src/github.com/fabric-samples/my_network/configtx.yaml
2021-06-09 14:14:19.571 CST [common.tools.configtxgen] doOutputAnchorPeersUpdate -> INFO 005 Generating anchor peer update
2021-06-09 14:14:19.571 CST [common.tools.configtxgen] doOutputAnchorPeersUpdate -> INFO 006 Writing anchor peer update
```

图 8.15　锚节点更新配置文件

$ sudo ../bin/configtxgen -profile OneOrgsChannel -outputAnchorPeersUpdate ./channel-artifacts/Org1MSPanchors.tx -channelID $CHANNEL_NAME -asOrg Org1MSP

上述所有命令执行完成后，channel-artifacts 目录下会有三个被创建的文件，如下所示：

```
channel-artifacts/
├── channel.tx
├── genesis.block
└── Org1MSPanchors.tx
```

crypto-config 目录下的网络结构和证书文件，如下所示：

```
crypto-config
├── ordererOrganizations
│   └── ip.com
│       ├── ca
│       ├── msp
│       ├── orderers
│       ├── tlsca
│       └── users
└── peerOrganizations
    └── org1.ip.com
        ├── ca
        ├── msp
        ├── peers
        ├── tlsca
        └── users
```

合并文件：

$ cp -r crypto-config/channel-artifacts/

$ mv channel-artifacts channel

得到输出文件 channel：

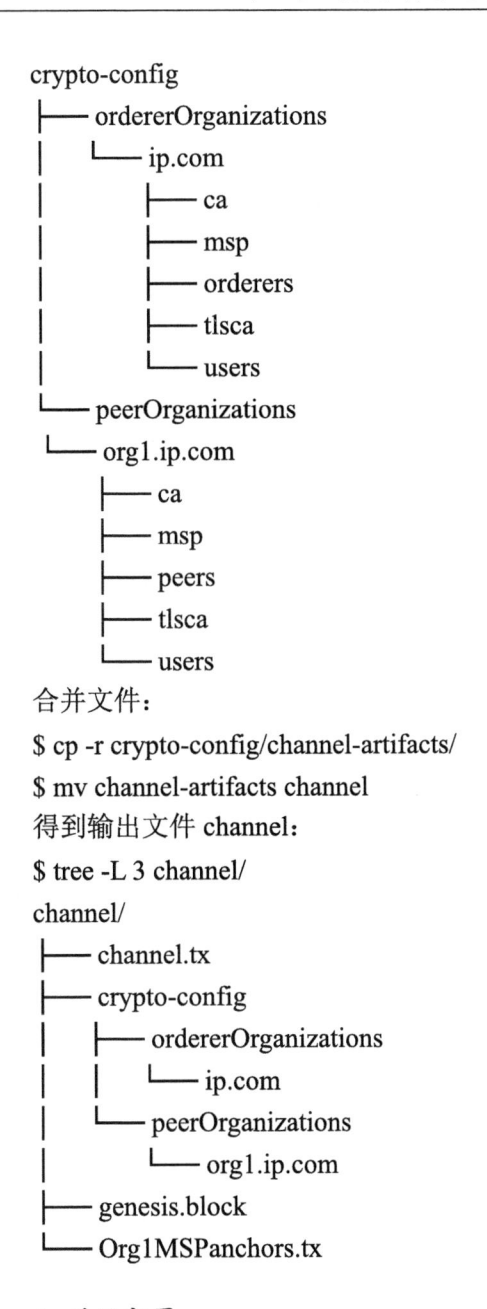

$ tree -L 3 channel/

```
channel/
├── channel.tx
├── crypto-config
│   ├── ordererOrganizations
│   │   └── ip.com
│   └── peerOrganizations
│       └── org1.ip.com
├── genesis.block
└── Org1MSPanchors.tx
```

3. 系统部署

在完成科技大数据交换系统的配置工作之后，就可以执行系统部署任务，具体步骤包括环境初始化、配置 LDAP、下载 Fabric 的 Docker 镜像文件以及启动 Fabric 网络。

1）环境初始化

$ cd~

$ git clone git@github.com：debuglongdi/fabric-ipcert-api.git

重命名 fabric-ipcert-api 为 ipcert 并进入，修改 artifacts 文件夹的所属关系为当前用户：

$ mv fabric-ipcert-api/ipcert

$ cd ipcert

$ sudo chown -R username：username ./artifacts

注意，如果需要对以上生成的 channel 进行替换，即 ipcert/artifacts/下的 channel 文件，则 base.yaml、docker-compose.yaml、network-config.yaml、org1.yaml 文件必须同步修改。

2）配置 LDAP

根据 LDAP 安装时的用户以及密码修改 ipcert/ldap/config.js 文件：

```
'use strict';
var ldapConfig={
  url:"ldap://127.0.0.1：389",
  adminDn:"cn=admin,dc=ip,dc=com",#admin name
  adminPwd:"ldap951028",#用户密码
  bashDn:"dc=ip, dc=com"
};
module.exports=ldapConfig;
```

在 ipcert/ldap/schema.ldif 中添加用户并将文件内容添加到 LDAP：

$ ldapadd -x -D cn=admin,dc=ip, dc=com -W -f schema.ldif

并且在终端修改用户密码：

$ ldappasswd -H ldap: //127.0.0.1：389 -x -D "cn=admin,dc=ip,dc=com"-W -S"uid=Mary,ou=Test,dc=ip,dc=com"

3）下载 Fabric 的 Docker 镜像文件

$ cd $HOME/ipcert/artifacts

$ chmod 777 ./pull_images.sh

$ ./pull_images.sh

4）启动 Fabric 网络

$ cd $HOME/ipcert/artifacts

$ docker-compose up -d

启动成功，如图 8.16 所示。

```
amiwho@amiwho-virtual-machine:~/ipcert/artifacts$ docker-compose up -d
Creating network "artifacts_default" with the default driver
Creating orderer.ip.com    ... done
Creating ca_peerOrg1        ... done
Creating peer0.org1.ip.com ... done
Creating peer1.org1.ip.com ... done
amiwho@amiwho-virtual-machine:~/ipcert/artifacts$ docker ps
CONTAINER ID   IMAGE                      COMMAND               CREATED         STATUS         PORTS                                              NAMES
65ba617ab6d0   hyperledger/fabric-peer    "peer node start"     30 seconds ago  Up 28 seconds  0.0.0.0:7051->7051/tcp, 0.0.0.0:7053->7053/tcp     peer0.org1.ip.com
e8eac4373d09   hyperledger/fabric-peer    "peer node start"     30 seconds ago  Up 27 seconds  0.0.0.0:7056->7051/tcp, 0.0.0.0:7058->7053/tcp     peer1.org1.ip.com
983599d21706   hyperledger/fabric-ca      "sh -c 'fabric-ca-se…" 36 seconds ago Up 30 seconds  0.0.0.0:7054->7054/tcp                             ca_peerOrg1
637738b4d6a7   hyperledger/fabric-orderer "orderer"             36 seconds ago  Up 29 seconds  0.0.0.0:7050->7050/tcp                             orderer.ip.com
```

图 8.16 启动 Fabric 网络

8.4 基于区块链的科技大数据可信确权

数据易被复制、传播便捷等特性不可避免地带来了科技大数据侵权问题，恶意使用者通过数据"抄袭"和"再加工"等方式进行侵权，造成数据版权难以确定和数据侵权行为难以追溯等问题。本节提出了一种基于区块链的科技大数据可信确权与追踪保护系统，利用区块链的不可篡改等特性，对数据版权进行唯一性确认，并对数据的各种操作行为进行记录，确保发生侵权时可以对数据进行追踪追溯，做到有据可查，阻止侵权行为和对数据的滥用行为。

8.4.1 科技大数据可信确权

数据的可信确权就是能有效地确定数据的所有者（即版权）。科技数据的可信确权通过联盟链保证科技数据的安全性和不可篡改，所有授权节点的确权认证信息都会被联盟链记录下来。联盟链每个节点都有完整的产权认证信息账本，可以随时追溯科技数据知识产权的所有者，并且真实可信。为了实现数据的可信确权，数据提供方首先对数据做简要描述，提取数据的摘要，具体包括数据描述、数据哈希、数据是否声明原创、权属、领域、主题和时间戳等信息，然后计算这些信息的哈希值，并对哈希值签名，最后将以上信息打包发送到区块链节点，在点对点区块链网络中广播与共识。数据可信确权的一般流程如图 8.17 所示。

从图 8.17 可以看出，授权用户验证 LDAP 账户密码，完成系统登录，然后进入科技数据确权界面。用户填写待确权的证书信息并上传科技数据源文件后，系统查询区块链确认科技数据上链情况，完成侵权识别。若科技数据首次上链，则调用证书生成模块生成确权证书，并将此证书作为参数调用链码完成证书可信确权，最后系统将确权结果返回给用户。对于基于联盟链技术的数据存储操作，联盟链只允许"增和查"的服务，不提供对账本已有数据进行更新。因此，科技数据确权信息的版本更新设计的目的是把科技数据的新版本作为新的确权认证记录提交到链上，以便追溯科技数据版本的变更过程。

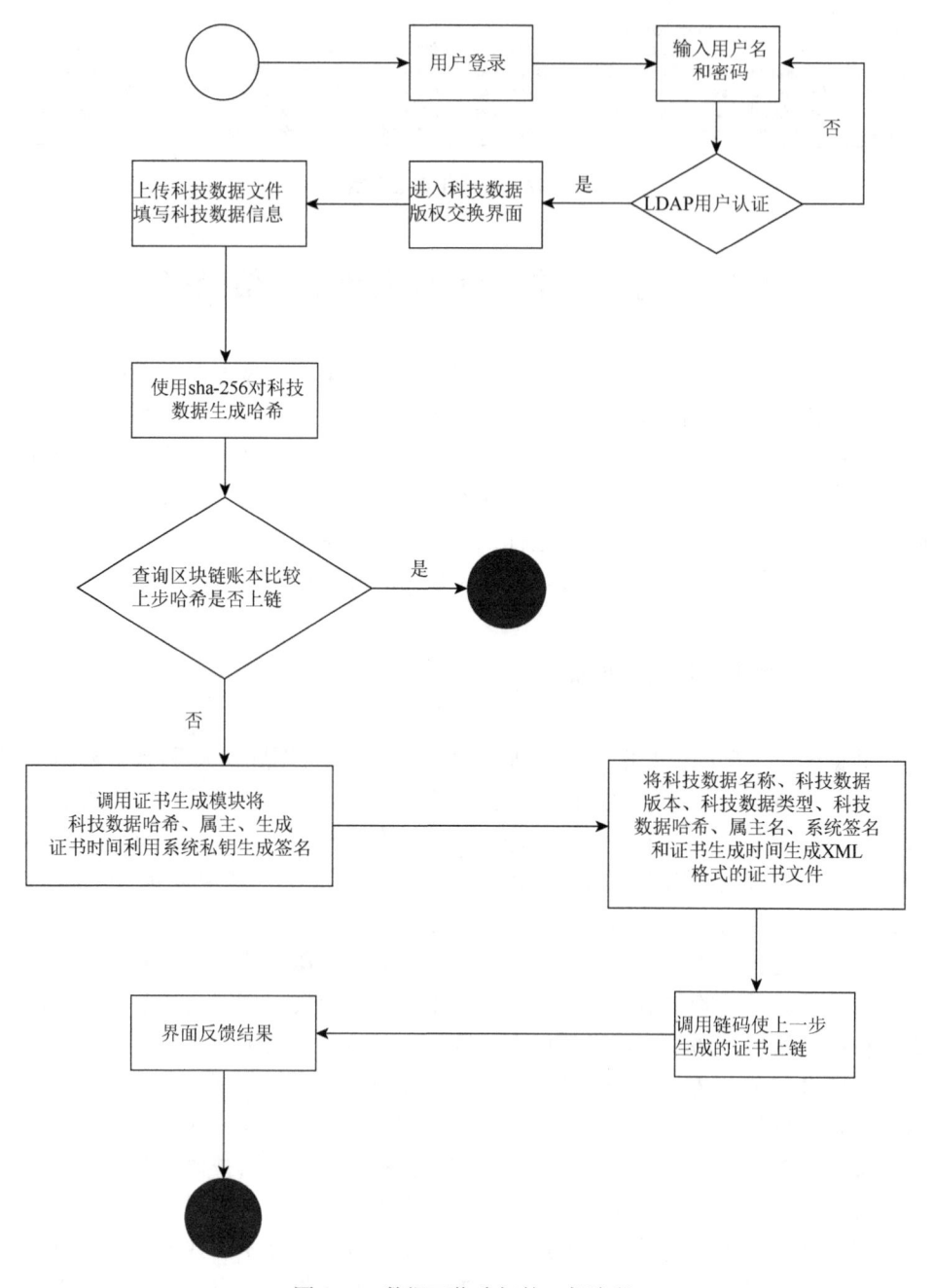

图 8.17　数据可信确权的一般流程

数据可信确权的具体操作如图 8.18 所示。

（1）用户上传科技数据源文件。

（2）调用 ipGenerate 模块 createIpCert 方法生成科技数据证书哈希值。

（3）将上述步骤中生成的科技数据证书哈希值作为输入，调用链码的 createIp 方法完成上链。

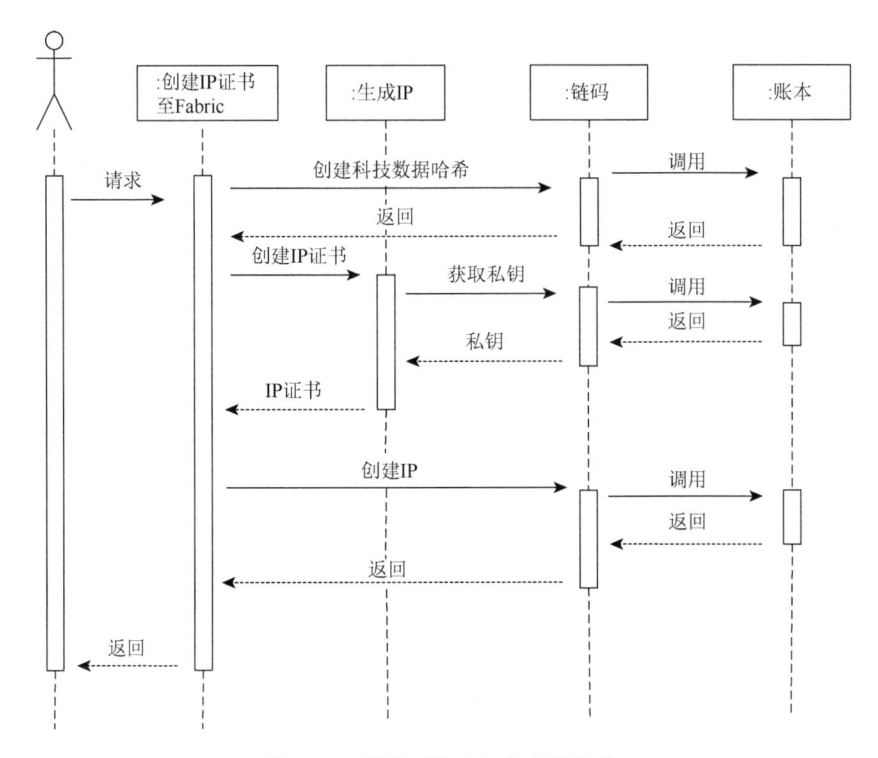

图 8.18　数据可信确权的具体操作

在确权过程中，确权证书将科技数据加密哈希值、用户数字签名以及时间戳生成统一 XML 格式证书文件，以此实现将数据知识产权与科技数据分离。以能标识科技数据并包含更多产权信息的证书来替代科技数据，作为科技数据知识产权载体在系统内交互。考虑到科技大数据具有一定使用周期，需要迭代更新的特性，随着科技数据迭代，科技数据知识产权也需要更新确权信息。

8.4.2　数据版本更新

数据版本更新替换的一般流程如图 8.19 所示。授权用户验证 LDAP 账户密码，完成系统登录，然后进入科技数据版本更新界面。用户上传旧版科技数据证书和新版本科技数据源文件后,系统确认证书与用户的权属关系,并查询新版本科技数据是否侵权。在以上条件都满足的情况下,系统调用证书生成模块生成新版本科技数据确权证书,将生成的新版本科技数据确权证书和旧版本证书哈希值作为参数调用链码完成科技数据版本更新,最后系统将结果返回给用户。

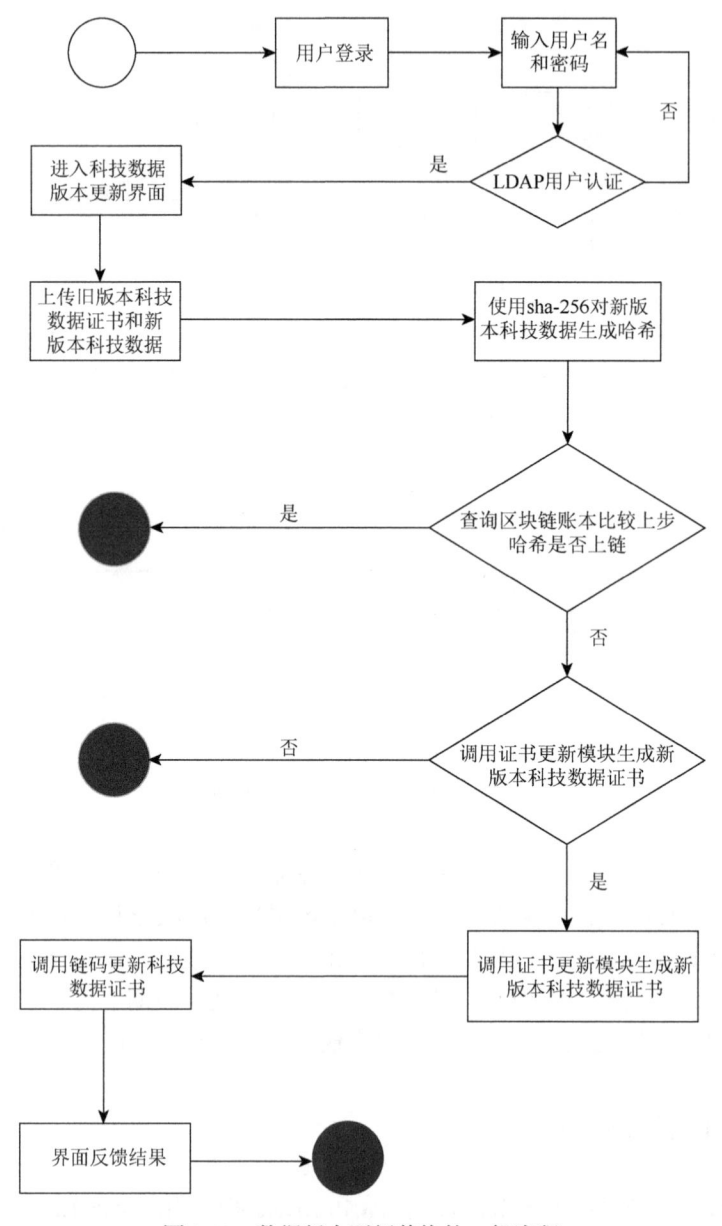

图 8.19 数据版本更新替换的一般流程

8.4.3 数据确权证书更新

数据确权证书更新过程如图 8.20 所示。

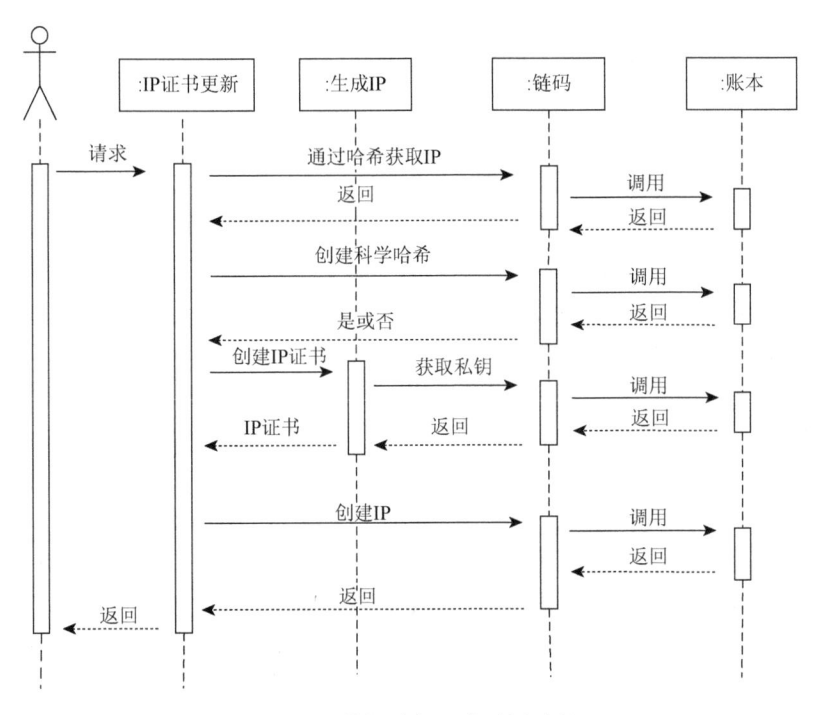

图 8.20 数据确权证书更新过程

数据证书更新的操作步骤如下。
（1）科技数据版权所有者提供待更新的科技数据证书的哈希值，调用链码完成用户证书认证。
（2）用户上传的新版本的科技数据作为 ipGenerate 模块 createIpCert 方法的输入参数生成新的证书。
（3）调用链码的 updateIp 方法更新科技数据证书。

8.5 基于区块链的科技大数据追踪保护

在科技大数据追踪保护过程中，授权方需进行身份验证，验证 LDAP 账户密码，完成系统登录，然后进入科技数据版权交换界面。具体的数据追踪保护过程如下所示。

（1）配置区块链智能合约，为科技数据分配唯一标识数据追溯码 Cid。

（2）用户注册：用户在期望使用特定数据时需进行注册，注册成功后向智能合约发送数据使用请求。

（3）身份验证：智能合约收到请求后要求用户进行身份验证，若验证通过则用户成为申请者，否则身份验证失败。该过程下的会同时生成私钥 $CK = x$，公钥 $PK = k$。

（4）科技数据信息上链：科技数据本身以及数据追溯码 Cid 和使用者的第二区块链地址都会上链第一区块链，当申请者成为使用者并得到身份信息的第二存储地址后，申请者会将该地址上链至第一区块链，该地址为该使用者身份信息在第二区块链上的地址，便于追踪数据。

完整的第一区块链中的信息包括：唯一标识数据追溯码 Cid、数据在第一区块链的第一存储地址、数据本身、使用者身份信息的第二存储地址（用户已完成身份验证成为使用者后，会为其分配第二存储地址并上链第二区块链，同时该地址也会上链第一区块链）。

（5）使用者身份信息上链：成为申请者后，会记录当前申请时间并用公钥加密得到哈希值 txt，申请者的相关身份信息及哈希值将上链到第二区块链。而且，申请者会得到所生成的区块链存储地址，此时申请者成为使用者并修改科技数据证书从属关系。科技数据追踪保护的一般流程如图 8.21 所示。

完整的第二区块链中的信息包括：身份 ID、身份变色龙哈希值 HX_{id}、申请使用科技数据的唯一标识数据追溯码 Cid、科技数据的第一存储地址、使用者身份信息的第二存储地址、申请使用的时间戳哈希值 txt。

（6）数据追踪：当出现追踪需要时，数据追踪保护可分为以下步骤。①授权方上传待查询的科技数据证书后，系统先生成科技数据证书哈希值，然后将该哈希值作为参数调用链码完成科技数据追踪保护。②授权方根据唯一标识数据追溯码 Cid 在第一区块链上进行检索，检索出若干个使用者的身份信息在第二区块链上的第二存储地址。③授权方根据若干第二存储地址在第二区块链的指定位置检索出与之对应的使用者身份 ID 和申请使用时间戳哈希值 txt。④根据公钥 k 解密 txt 得到明文时间戳得知使用者何时申请了对数据的使用。⑤系统将结果返回给授权方用户。

8.5.1 数据用户注册

采用变色龙哈希值生成方案[89]为用户的注册与身份验证提供帮助。

（1）初始化过程：输入一个参数 λ，找到满足安全参数 λ 的两个大素数 p、q，其中 $p = kq + 1$，然后选取乘法循环群 Z_p^* 中阶为 q 的元素 g，初始化后可得到参数 $K = (p, q, g)$。

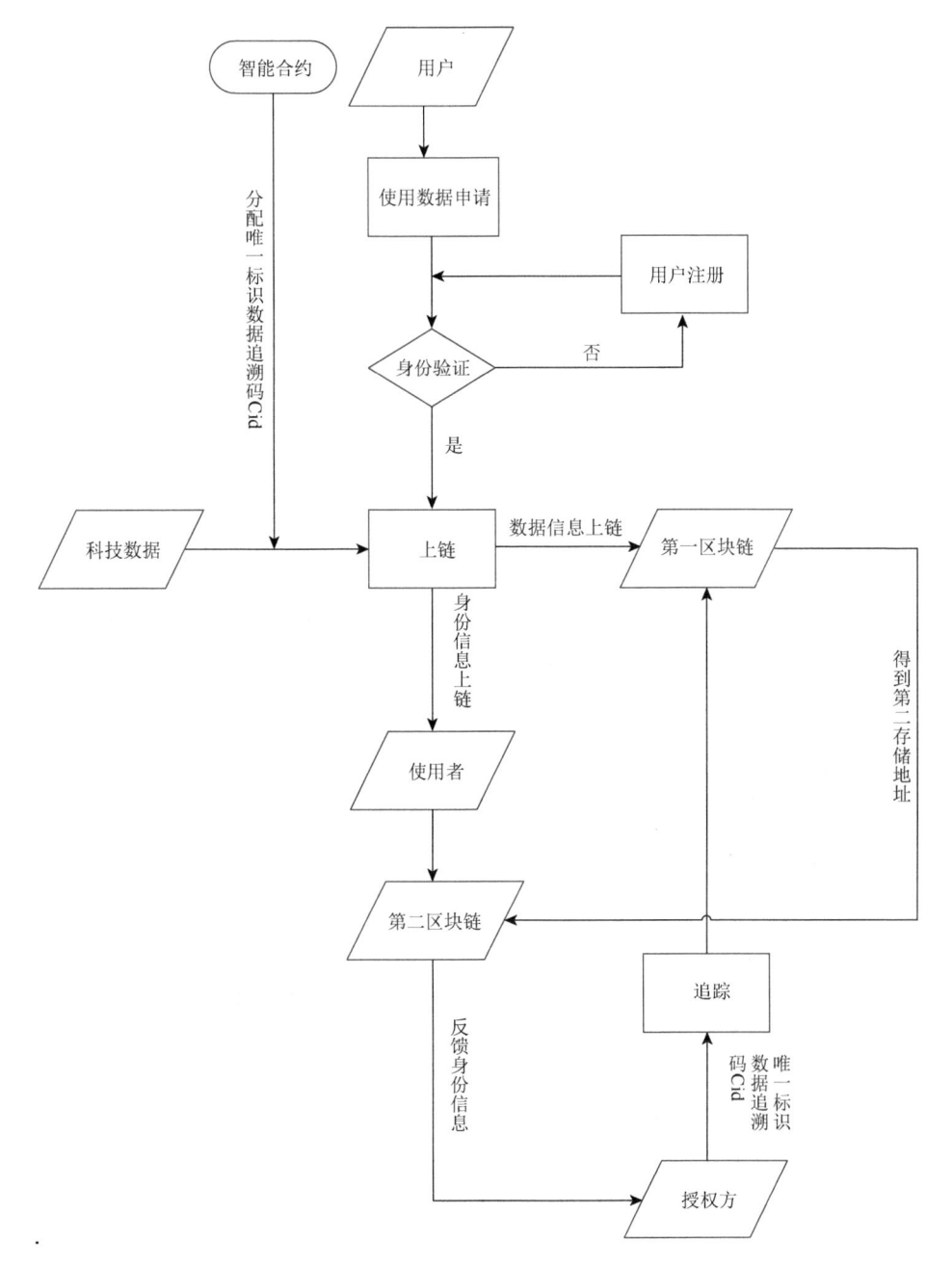

图 8.21 科技数据追踪保护的一般流程

（2）公私钥生成过程：输入初始化结果参数 $K = (p, q, g)$，然后在乘法循环群 Z_p^* 中随机选择一个指数 x，计算出 $k = g^x$，得到私钥 $CK = x$，公钥 $PK = k$。

（3）变色龙哈希值生成过程：输入公钥 PK = k，消息 m，随机数 a，其中 m、a 均为 Z_p^* 内的元素，得到变色龙哈希值 HX = $g^m k^a$ mod p。

（4）身份证明创建过程：输入私钥 CK = x、消息 m、消息 m'，随机数 a，且 m、m'、a 均为 Z_p^* 内的元素，得到 m + xa = m' + xa' mod q，可得到 a' 的值。

根据变色龙哈希值生成方案制定的用户注册流程过程如下。

当用户 P 申请某些科技数据时，数据授权方需生成参数 λ 并得到两个大素数 p、q 和乘法循环群 Z_p^* 中阶为 q 的元素 g，此时用户调用公私钥生成算法得到公钥 k 与私钥 x，之后用户 P 计算自身的身份 ID 的变色龙哈希值 HX_{id} = $g^{id} k^a$ mod p，根据 zk-SNARK 理论可得出陈述（statement）与证明（witness）满足：①变色龙哈希的公钥 k = g^x。②变色龙哈希值 HX_{id} = $g^{id} k^a$ mod p。用户需要使用 zk-SNARK 证明算法 Prove（PKinfo, statement, witness）得到证明 θ，θ 表明（statement, witness）满足一个确定的关系 R。然后用户使用公钥 k 将（身份 ID、变色龙哈希值 HX_{id}、g、k、x、a、θ）加密得到最终的注册信息 Logtxt 并发送给授权方进行进一步的验证。授权方收到 Logtxt 后使用密钥进行解密得到（statement, θ），检查用户上传的身份 ID 是否有效，然后授权方再使用 zk-SNARK 验证算法验证（statement, witness）满足确切的关系 R，若验证通过则保存用户的公钥 k、身份 ID 以及变色龙哈希值 HX_{id}，最后以 Merkle 树的形式把 k || HX_{id} 的逻辑或运算结果公布，用户查到来自 Merkle 树公布的结果为 true，则注册完成。

8.5.2　数据用户身份验证

当出现有用户申请使用某些上链数据时，需先查看该用户是否注册身份信息，若未注册需先进行注册，若已注册则需要为其进行身份的验证。用户可从公开的 Merkle 树查找到 k || HX_{id} 的结果和从根节点 t 到该结果的路径 path，用户根据变色龙哈希方案中的身份证明创建过程计算出 a' 的值并对其进行加密得到密文 Ct，则可得到陈述 statement' =（根节点 t, g, Ct, k || HX_{id}, p, q）和证据 witness' =（path, id, HX_{id}, x, k, a'），用户需向授权者证明 statement 与 witness 满足关系：①用户的变色龙哈希的公钥 k 与私钥 x 相匹配，即 k = g^x。②变色龙哈希值 HX_{id} 正确，即 HX_{id} = $g^{id} k^a$ mod p。③密文 Ct 的明文是 a'。④Merkle 树的根节点为 t，且 k || HX_{id} 在该树上。若满足上述关系，则用户会得到关于自己身份 ID 的身份证明 proof，授权方使用 zk-SNARK 验证算法根据用户的身份证明 proof 来验证用户的 statement' 与 witness' 是否真的满足上述关系，若验证通过，则身份证明合法并将用户设为申请者，否则判定用户身份非法不予通过。

8.5.3 数据上链及可信确权

1. 第一区块链上链过程

在区块链智能合约配置好的情况下，采用第一区块链与第二区块链组合的模式，对指定的科技数据分配数据的唯一标识数据追溯码 Cid，为科技数据的追踪做好基础，接着将科技数据和唯一标识数据追溯码 Cid 进行上链处理，同时为上链后的科技数据生成第一存储地址，并将该第一存储地址与追溯码相对应的数据同时上链至第一区块链中。其中，唯一标识数据追溯码 Cid 是某环节采用哈希函数生成的数字摘要，被用作在后面对数据的验证以及对使用者身份的追踪的验证功能。第一存储地址存储的是数据在第一区块链上的地址，最后调用证书生成模块生成确权证书，并将此证书作为参数调用链码完成证书可信确权。第一区块链包括唯一标识数据追溯码 Cid、数据在第一区块链的第一存储地址、数据本身、使用者身份信息在第二区块链的第二存储地址（用户已完成身份验证成为使用者后，会分配第二存储地址并上链第二区块链）。

2. 第二区块链上链过程

在第一区块链上链后，若有用户期望使用某些数据则需要身份验证。验证通过后，用户成为申请者并为其生成第二存储地址，此时申请者需要对身份 ID、身份验证过程中生成的身份变色龙哈希值 HX_{id}、唯一标识数据追溯码 Cid、申请者身份信息的第二存储地址以及申请何时使用的时间戳哈希值 txt 进行上链处理。此时申请者成为使用者，并且可得到由第一区块链发送过来的申请使用数据的第一存储地址，然后根据唯一标识数据追溯码 Cid 和申请使用的数据的第一存储地址查找到在第一区块链上与之对应的数据，对代表该使用者身份信息位置的第二存储地址在第一区块链上进行上链处理，使用者信息都会存储在第二区块链上。第二区块链包括：身份 ID、身份变色龙哈希值 HX_{id}、唯一标识数据追溯码 Cid、数据的第一存储地址、使用者身份信息的第二存储地址、申请使用的时间戳哈希值 txt。在科技大数据确权之后，系统管理人员可以对区块链中的每一项科技数据信息进行校验，以判断当前科技数据的可信性和完整性。科技数据校验和可信确权的运行效果如图 8.22 所示。

从图 8.22 中可以看到，区块链中的每一项科技数据，该数据的检索用户、数据版本、数据区块的哈希值以及数据的上链证书等信息将被记录并存储在系统中。同时，如果选中并点击每一项科技数据，即可进一步查看该数据在区块链中的完整记录，包括数据名称、数据来源、数据证书、证书时间和数据版本等信息，从而实现对科技数据的可信确权，其运行效果如图 8.23 所示。

图 8.22　科技数据校验和可信确权的运行效果

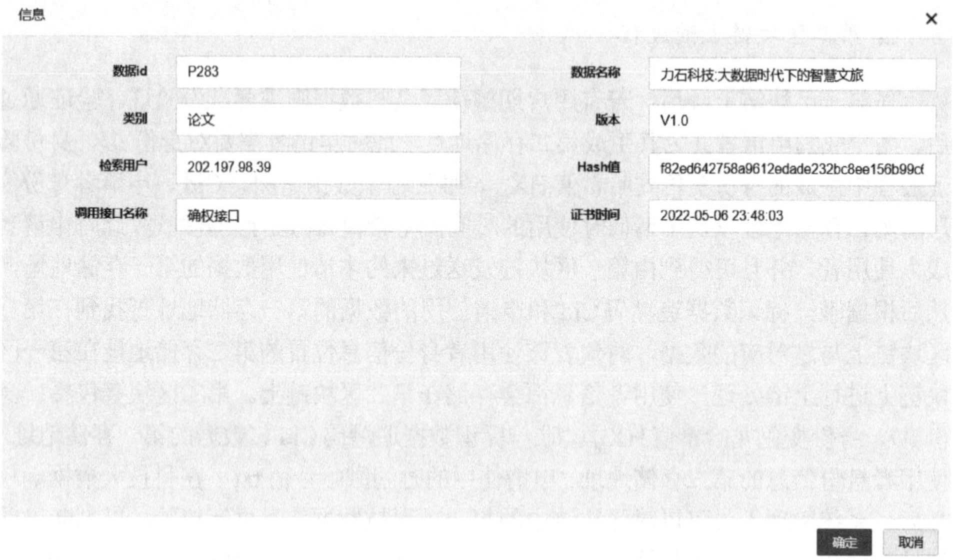

图 8.23　科技数据可信确权详细信息运行效果

8.5.4　数据追踪保护

当申请者成为科技数据的使用者后,该使用者的身份的相关信息应当存储在

第 8 章 科技大数据追踪保护与演化分析

第二区块链上,通过第一区块链与第二区块链的交互来对科技数据进行追踪和溯源,第一区块链存储数据元组 DT(需上链的数据 data、唯一标识数据追溯码 Cid、第一存储地址),第二区块链存储数据追踪身份信息 WT(身份 ID、第二存储地址、唯一标识数据追溯码 Cid、使用时间戳哈希值 txt)。若对数据 data1 进行追踪其当前正在被哪个使用者使用,则授权方需向智能合约发送追踪请求,其中追踪请求包括唯一标识数据追溯码 Cid、数据在第一区块链上的第一存储地址和查看使用者身份信息的请求信息 Sinfo,然后智能合约根据授权方发送的唯一标识数据追溯码 Cid 和第一存储地址在第一区块链上进行检索,检索到与之对应的若干个使用者身份信息的第二存储地址,根据第二存储地址在第二区块链上进行检索,在指定地址上可得到使用者的身份 ID、身份变色龙哈希值 HX_{id} 以及申请使用的时间戳哈希值 txt,利用密钥解密 txt 得到申请使用的时间 time,进而追踪和溯源到使用该数据的所有使用者的身份信息以及具体申请时间。基于区块链技术的科技数据跟踪保护功能的实现效果如图 8.24 所示。

图 8.24 基于区块链技术的科技数据跟踪保护功能的实现效果

8.5.5 数据溯源

科技大数据的授权方可查看科技数据生命周期内的科技数据使用记录,便于对数据进行追踪保护,如图 8.25 所示。

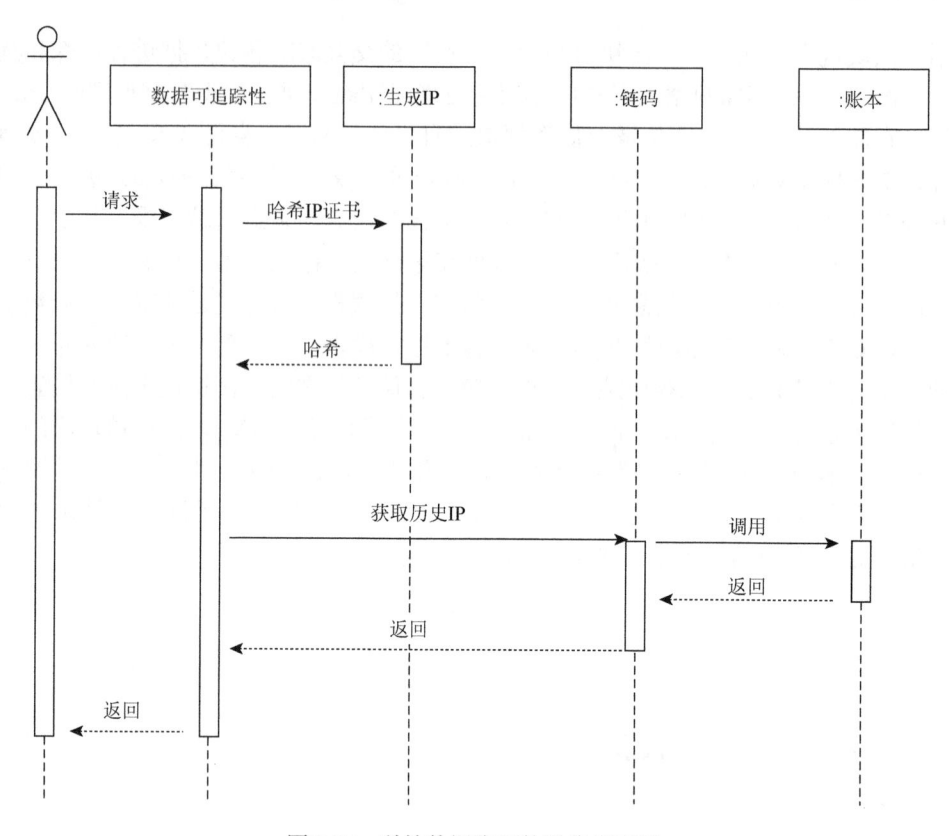

图 8.25　科技数据溯源的操作序列图

（1）科技数据版权受让方用户提交的待校验的科技数据证书源文件作为输入，调用 ipGenerate 模块的 HashIpCert 方法生成科技数据证书哈希值。

（2）将上述步骤中生成的哈希作为输入调用链码的 getIpForHistory 方法完成证书溯源。

在系统中，通过科技数据流通溯源功能，可以获取每一项科技数据的完整流通记录，并对科技数据进行流通溯源。科技数据的流通溯源功能运行效果如图 8.26 所示。

当科技数据被数据拥有者创建并从数据源中检索时，科技数据将会被保存到科技大数据区块链中，并开始它的生命周期。如果一项科技数据在被保护到区块链之后，继续被多个用户检索，则无须重新保存，而是将该过程视为数据的流通和演化。该功能能够反映每一项科技数据在不同用户之间的流通轨迹和使用情况。同时，系统可以详细追踪当前科技数据在每一个流通过程中是否被非法篡改和攻击。通过该功能，可进一步对科技数据在其生命周期中的演化过程进行分析。科技数据的流通溯源详细信息展示如图 8.27 所示。

图 8.26　科技数据的流通溯源功能运行效果

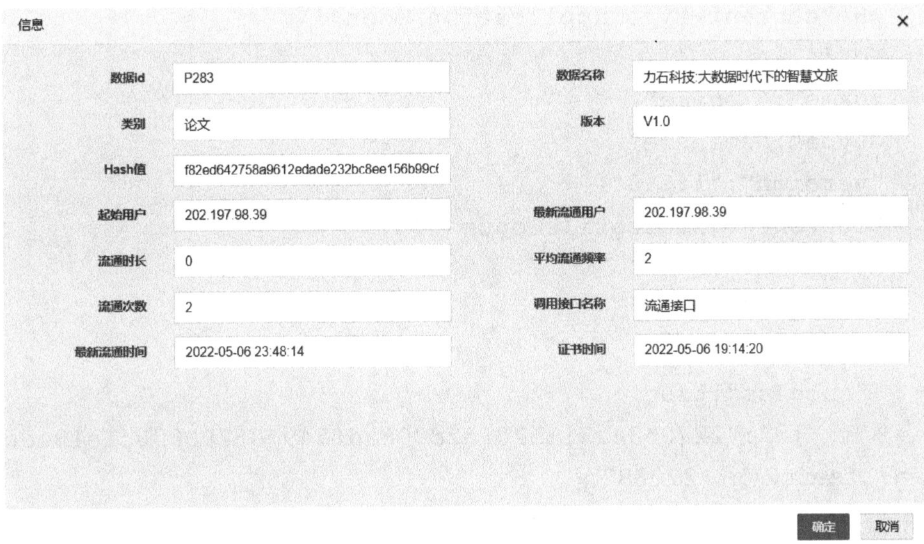

图 8.27　科技数据的流通溯源详细信息展示

8.5.6　接口调用

1. 授权用户登录获取登录凭证

```
$ cd
$ curl -s -X POST\
```

```
http://localhost:4000/login_ldap\
-H"content-type:application/x-www-form-urlencoded"\
-d'username=user1&passwd=123sf4569'
```

成功完成，信息如下：

```
{
 "success":true,
 "message":"user1 enrolled Successfully",
 "token":"eyJhbGciOiJIUzI1NiIsInR5cCI6IkpXVCJ9……"
}
```

2. 调用科技数据确权认证及上链接口

```
$ curl -s -X POST \
http://localhost:4000/api/create_ipCert_uptoFabric \
-H "authorization:Bearer <token>" \
-H "content-type:application/json" \
-d '{
"name":"ipname",
"type":"science",
"version":"1.0.0",
"content":"sourcefileContent"
}'
```

成功完成，信息如下：

```
{
 "success":true,
 "tx_id":"2278b341311520f52d906ad1749c06799036c1e13edc4baa73fee6c24bf 22088",
 "hash":"0cc92826a94923b171cb1304aa626ba2243aaf69640ceab47e0aeac0f5cc 2e61",
 "content":
   "<?xml version=\"1.0\"encoding=\"UTF-8\"standalone=
      \"yes\"?>
      <root>
         <ipname>ipname</ipname>
         <ipversion>1.0.0</ipversion>
         <iptype>science</iptype>
```

```
        <originalHash>b9623bd90f574ae7e97a40f2f
        9a00bcd8b1aa8916d7725a6770c64013d0ba2f
        0</originalHash>
        <username>user1</username>
        <signature>EPzNPJohzz97AuQFYBkcwYwzwCaR
r1y0MHCVOr0P1hblwffoODR/1IGBFOLjYbf/5EpzIQ9LTLxTiWbnsZm4nG
BsvWzwyScjDhNEYlSgizqal2Fyb/ZINv00ET5YNT7iA0hWXKdFsexpqAPl
Bj8rAAWLAt/qUz6JX2CBwwzG360 = </signature>
        <ipAuthenticateTime>2021-06-12 16:32:49
</ipAuthent icateTime>
        </root>",
    "message": "succeed "
}
```

其他的接口调用类似以上操作过程。

8.6 本章小结

本章主要研究基于区块链技术的科技大数据的追踪保护和演化分析。首先，分析基于混合选举的委员会共识机制，包括实用拜占庭容错算法、主节点选举和一致性共识等。其次，提出基于多级社区的区块链共识机制，详细设计主节点选举和区块发布与共识等过程。在此基础上，研究基于区块链的科技大数据交换和可信确权技术，包括数据版权交换、数据可信确权、数据版本更新等。最后，重点设计并实现基于区块链的科技大数据追踪保护，包括数据用户身份验证、数据上链及可信确权、数据溯源等功能。

参 考 文 献

[1] 王俊，王修来，庞威，等. 面向科技前瞻预测的大数据治理研究. 计算机科学. 2021，48（9）：36-42.

[2] 曾文，车尧. 科技大数据的情报分析技术研究. 情报科学. 2019，37（3）：93-96.

[3] 刘召栋，周亿城. 科技大数据资源及分类分级研究. 科技与创新. 2021，(18)：123-126.

[4] 常志军，钱力，谢靖，等. 基于分布式技术的科技文献大数据平台的建设研究. 数据分析与知识发现. 2021，5（3）：69-77.

[5] 周园春，王卫军，乔子越，等. 科技大数据知识图谱构建方法及应用研究综述. 中国科学：信息科学. 2020，50（7）：957-987.

[6] 胡吉颖，谢靖，钱力，等. 基于知识图谱的科技大数据知识发现平台建设. 数据分析与知识发现. 2019，3（1）：55-62.

[7] Greif I, Sarin S. Data sharing in group work. ACM Transactions on Office Information Systems，1987，5（2）：187-211.

[8] Zhang Y S, Wu J, Cai Z H, et al. Multi-view multi-label learning with sparse feature selection for image annotation. IEEE Transactions on Multimedia，2020，22（11）：2844-2857.

[9] Liu S Q, Liu S D, Cai W D, et al. Multimodal neuroimaging feature learning for multiclass diagnosis of Alzheimer's disease. IEEE Transactions on Biomedical Engineering，2015，62（4）：1132-1140.

[10] Kan M, Shan S G, Zhang H H, et al. Multi-view discriminant analysis. IEEE Transactions on Pattern Analysis and Machine Intelligence，2016，38（1）：188-194.

[11] Cai H S, Qu Z D, Li Z, et al. Feature-level fusion approaches based on multimodal EEG data for depression recognition. Information Fusion，2020，59：127-138.

[12] Arshad H, Khan M A, Sharif M, et al. Multi-level features fusion and selection for human gait recognition：an optimized framework of Bayesian model and binomial distribution. International Journal of Machine Learning and Cybernetics，2019，10：3601-3618.

[13] Zhu Z Q, Zheng M Y, Qi G Q, et al. A phase congruency and local Laplacian energy based multi-modality medical image fusion method in NSCT domain. IEEE Access，2019，7：20811-20824.

[14] Shi J, Zheng X, Li Y, et al. Multimodal neuroimaging feature learning with multimodal stacked deep polynomial networks for diagnosis of Alzheimer's disease. IEEE Journal of Biomedical and Health Informatics，2018，22（1）：173-183.

[15] Zhu X F, Suk H, Lee S W, et al. Subspace regularized sparse multitask learning for multiclass neurodegenerative disease identification. IEEE Transactions on Biomedical Engineering，2015，63（3）：607-618.

[16] Shi J, Zhou S C, Liu X, et al. Stacked deep polynomial network based representation learning

for tumor classification with small ultrasound image dataset. Neurocomputing, 2016, 194: 87-94.
[17] Cao P, Shan X F, Zhao D Z, et al. Sparse shared structure based multi-task learning for MRI based cognitive performance prediction of Alzheimer's disease. Pattern Recognition, 2017, 72: 219-235.
[18] Liu M H, Cheng D N, Wang K D, et al. Multi-modality cascaded convolutional neural networks for Alzheimer's disease diagnosis. Neuroinformatics, 2018, 16 (3/4): 295-308.
[19] Huddar M G, Sannakki S S, Rajpurohit V S. Attention-based multimodal contextual fusion for sentiment and emotion classification using bidirectional LSTM. Multimedia Tools and Applications, 2021, 80: 13059-13076.
[20] Wang W, Zhou Z H. Analyzing co-training style algorithms//Kok J N, Koronackij J, de Mantaras R L, et al. Machine Learning: ECML 2007. Berlin: Springer, 2007: 454-465.
[21] Wu Z F, Huang Y Z, Wang L, et al. A comprehensive study on cross-view gait based human identification with deep CNNs. IEEE Transactions on Pattern Analysis and Machine Intelligence, 2017, 39 (2): 209-226.
[22] Wang H, Nie F P, Huang H, et al. Sparse multi-task regression and feature selection to identify brain imaging predictors for memory performance//IEEE: 2011 International Conference on Computer Vision. Barcelona: IEEE, 2011: 557-562.
[23] Xu L L, Wu X, Chen K W, et al. Multi-modality sparse representation-based classification for Alzheimer's disease and mild cognitive impairment. Computer Methods and Programs in Biomedicine, 2015, 122 (2): 182-190.
[24] Wang Z Q, Wang D L. A joint training framework for robust automatic speech recognition. IEEE/ACM Transactions on Audio, Speech, and Language Processing, 2016, 24 (4): 796-806.
[25] Lei B Y, Yang P, Wang T F, et al. Relational-regularized discriminative sparse learning for Alzheimer's disease diagnosis. IEEE transactions on Cybernetics, 2017, 47 (4): 1102-1113.
[26] Kim T K, Cipolla R. Canonical correlation analysis of video volume tensors for action categorization and detection. IEEE Transactions on Pattern Analysis and Machine Intelligence, 2009, 31 (8): 1415-1428.
[27] Cen Y K, Zou X, Zhang J W, et al. Representation learning for attributed multiplex heterogeneous network//Teredesai A, Kumar V. KDD'19: Proceedings of the 25th ACM SIGKDD International Conference on Knowledge Discovery and Data Mining. New York: Association for Computing Machinery, 2019: 1358-1368.
[28] Dong Y, Chawla N V, Swami A. Metapath2vec: scalable representation learning for heterogeneous networks//Matin S, Yu S P, Faroop F. KDD'17: Proceedings of the 23rd ACM SIGKDD International Conference on Knowledge Discovery and Data Mining. New York: Association for Computing Machinery, 2017: 135-144.
[29] Pujara J, Miao H, Getoor L, et al. Knowledge graph identification//Alani H, Kagal L, Fokoue A, et al. The Semantic Web-ISWC 2013. Sydney: Springer, 2013: 542-557.
[30] 郑南宁. 人工智能新时代. 智能科学与技术学报, 2019, 1 (1): 1-3.
[31] 刘峤, 李杨, 段宏, 等. 知识图谱构建技术综述. 计算机研究与发展, 2016, 53 (3): 582-600.

[32] Springer Nature. SN SciGraph. [2018-08-18]. https://www.springernature.com/gp/researchers/scigraph.
[33] Paulheim H. Knowledge graph refinement: a survey of approaches and evaluation methods. Semantic Web, 2017, 8(3): 489-508.
[34] Taylor & Francis. Wizdom.ai. [2018-05-05]. https://www.wizdom.ai.
[35] Acemap Knowledge Graph. [2018-05-05]. https://archive.acemap.info.
[36] Zhao J, Dong K J, Yang L, et al. E-Scholar: improving academic search through combining metasearch with entity extraction//IEEE: 2009 IEEE Youth Conference on Information, Computing and Telecommunication. Beijing: IEEE, 2009: 247-250.
[37] Ramakrishnan C, Patnia A, Hovy E, et al. Layout-aware text extraction from full-text PDF of scientific articles. Source code for biology and medicine, 2012, 7: 7.
[38] Tkaczyk D, Szostek P, Fedoryszak M, et al. CERMINE: automatic extraction of structured metadata from scientific literature. International Journal on Document Analysis and Recognition, 2015, 18: 317-335.
[39] Mesbah S, Bozzon A, Lofi C, et al. SmartPub: a platform for long-tail entity extraction from scientific publications//Champin P A, Gandon F, Médini L. WWW'18: Proceedings of the Web Conference 2018. New York: ACM, 2018: 191-194.
[40] Zheng J G, Howsmon D, Zhang B L, et al. Entity linking for biomedical literature. BMC Medical Informatics and Decision Making, 2015, 15(S1): S4.
[41] Grouin C. Biomedical entity extraction using machine-learning based approaches//Calzolari N, Choukri K, Decelerck T, et al. Proceedings of the Ninth International Conference on Language Resources and Evaluation. Reykjavik: European Language Resources Association (ELRA), 2014: 2518-2523.
[42] Ullah Z, Al-Mudimigh A S. Integration and communication to prevent dirty data: the role of MADAR project. International Journal on Information, 2012, 15(8): 3459-3467.
[43] Haug A, Zachariassen F, van Liempd D. The costs of poor data quality. Journal of Industrial Engineering and Management, 2011, 4(2): 168-193.
[44] 叶鸥, 张璟, 李军怀. 中文数据清洗研究综述. 计算机工程与应用, 2012, 48(14): 121-129.
[45] Song S X, Chen L. Differential dependencies: reasoning and discovery. ACM Transactions on Database Systems, 2011, 36(3): 1-41.
[46] Chu X, Ilyas I F, Krishnan S, et al. Data cleaning: overview and emerging challenges//Özcan F, Koutrika G. SIGMOD'16: Proceedings of the 2016 International Conference on Management of Data. New York: Association for Computing Machinery, 2016: 2201-2206.
[47] Hao S, Tang N, Li G L, et al. Distilling relations using knowledge bases. The VLDB Journal, 2018, 27: 497-519.
[48] Dong X L, Rekatsinas T. Data integration and machine learning: a natural synergy// Amer-Yahia S, Pei J. Proceedings of the VLDB Endowment. New York: VLDB Endowment, 2018, 11(12): 2094-2097.
[49] Bavishi R, Yoshida H, Prasad M R. Phoenix: automated data-driven synthesis of repairs for static analysis violations// Dumas M, Pfahl D.ESEC/FSE 2019: Proceedings of the 2019 27th ACM Joint Meeting on European Software Engineering Conference and Symposium on the

Foundations of Software Engineering. New York: Association for Computing Machinery, 2019: 613-624.

[50] He J, Veltri E, Santoro D, et al. Interactive and deterministic data cleaning// Özcan F, Koutrika G.SIGMODP'16: Proceedings of the 2016 International Conference on Management of Data.San Francisco: Association for Computing Machinery, 2016, 893-907.

[51] 郝爽,李国良,冯建华,等. 结构化数据清洗技术综述. 清华大学学报（自然科学版）,2018, 58（12）: 1037-1050.

[52] 谷峪,于戈,胡小龙,等. 基于监控对象动态聚簇的高效 RFID 数据清洗模型. 软件学报, 2010, 21（4）: 632-643.

[53] 邱越峰,田增平,季文赟,等. 一种高效的检测相似重复记录的方法. 计算机学报,2001, （1）: 69-77.

[54] 杜岳峰,申德荣,聂铁铮,等. 基于关联数据的一致性和时效性清洗方法. 计算机学报, 2017, 40（1）: 92-106.

[55] 周瀚章,冯广,龚旭辉,等. 基于大数据的 ETL 中的数据清洗方案研究. 工业控制计算机, 2018, 31（12）: 108-110.

[56] 张军. 异构数据源之间的数据转换方法. 计算机应用,2005,（s1）: 175, 180.

[57] 科技大数据知识资源中心.[2022-07-31]. https://scholareye.cn.

[58] 慧科研. [2022-07-31]. https://scholarin.cn.

[59] Michener W K. Ecological data sharing. Ecological Informatics, 2015, 29: 33-44.

[60] Bater J, Park Y, He X, et al. SAQE: practical privacy-preserving approximate query processing for data federations// Balazinska M, Zhou X F.Proceedings of the VLDB Endowment. New York: VLDB Endowment, 2020, 13（12）: 2691-2705.

[61] Kaur A, Gupta P, Singh M, et al. Data placement in era of cloud computing: a survey, taxonomy and open research issues. Scalable Computing, 2019, 20（2）: 377-398.

[62] 刘锐,丁辉,尚媛园,等.COVID-19 医学影像数据集及研究进展. 计算机工程与应用,2021, 57（22）: 15-27.

[63] Liu J, Pacitti E, Valduriez P, et al. Multi-objective scheduling of scientific workflows in multisite clouds. Future Generation Computer Systems, 2016, 63: 76-95.

[64] Sun X H, Chen Y. Reevaluating Amdahl's law in the multicore era. Journal of Parallel and Distributed Computing, 2010, 70（2）: 183-188.

[65] Apache Hadoop.[2022-07-31].http://hadoop.apache.org/.

[66] 孔贝贝,谢靖,钱力,等. 科技大数据增值丰富化方法研究与工具研发. 数据分析与知识发现, 2019, 3（7）: 113-122.

[67] 付子健. 面向科技领域多源异构数据的本体重构与映射. 石家庄: 石家庄铁道大学. 2020.

[68] 张勇,苏学,谢振峰. 面向科技大数据的元数据仓储建设实践探索. 情报工程,2020,6（6）: 84-96.

[69] 于阳. 科技资源信息相关集成方法研究. 江苏科技信息. 2020, 37（11）: 25-28.

[70] Mozafari B. Approximate query engines: commercial challenges and research pportunities// Chirkova R Y, Yang Y. SIGMOD'17: Proceedings of the 2017 ACM International Conference on Management of Data. New York: Association for Computing Machinery, 2017: 521-524.

[71] Chaudhuri S, Das G, Datar M, et al. Overcoming limitations of sampling for aggregation

queries//IEEE. Proceedings 17th International Conference on Data Engineering. Heidelberg: IEEE, 2001: 534-542.
[72] Lohr S L. Sampling: Design and Analysis. New York: Nelson Education, 2021.
[73] Acharya S, Gibbons P B, Poosala V. Congressional samples for approximate answering of group-by queries.ACM SIGMOD Record, 2000, 29 (2): 487-498.
[74] Babcock B, Chaudhuri S, Das G. Dynamic sample selection for approximate query processing// Ives Z G.SIGMOD/PODS03: International Conference on Management of Data and Symposium on Principles Database and Systems. New York: Association for Computing Machinery, 2003: 539-550.
[75] Agarwal S, Panda A, Mozafari B, et al. BlinkDB: queries with bounded errors and bounded response times on very large data// Hanzálek Z, Härtig H. Proceedings of the 8th ACM European Conference on Computer Systems. New York: Association for Computing Machinery, 2013: 29-42.
[76] Ganti V, Lee M L, Ramakrishnan R. Icicles: self-tuning samples for approximate query answering// Abbadi A E, Brodie M L, Chakravarthy S, et al. VLDB'00: Proceedings of the 26th International Conference on Very Large Data Bases. San Francisco: Morgan Kaufmann Publishers Inc, 2000: 176-187.
[77] Dreseler M, Boissier M, Rabl T, et al. Quantifying TPC-H choke points and their optimizations.Proceedings of the VLDB Endowment, 2020, 13 (8): 1206-1220.
[78] Li Y, Yin Y Y, Xu W J, et al. Energy-efficient scans by weaving indexes into the storage layout in computing platforms for internet of things. IEEE Transactions on Green Communications and Networking, 2021, 5 (3): 1212-1222.
[79] Szalay A S, Gray J, Thakar A R, et al. The SDSS skyserver—public access to the sloan digital sky server data. San Francisco: Microsoft Research, 2002.
[80] Wang J H, Cai P, Guo J W, et al. Range optimistic concurrency control for a composite OLTP and bulk processing workload//2018 IEEE 34th International Conference on Data Engineering (ICDE). Paris: IEEE, 2018: 605-616.
[81] Tang Z F, Kang B X, Li C W, et al. GEPIA2: an enhanced web server for large-scale expression profiling and interactive analysis. Nucleic Acids Research, 2019, 47 (W1): W556-W560.
[82] Nguyen Q V H, Zheng K, Weidlich M, et al. What-if analysis with conflicting goals: recommending data ranges for exploration//2018 IEEE 34th International Conference on Data Engineering. Paris: IEEE, 2018: 89-100.
[83] Zhang Z H, Castello A. Principal components analysis in clinical studies. Annals of Translational Medicine, 2017, 5 (17): 351.
[84] Hassani A, Ghannouchi S A. Analysis of massive e-learning processes: an approach based on big association rules mining//Park J H, Shen H, Sung Y, et al.International Conference on Parallel and Distributed Computing: Applications and Technologies. Jeju Island: Springer, 2018: 188-199.
[85] Xu K D, Shi Z X, Zhang H, et al. Automatic perturbation analysis for scalable certified robustness and beyond//Larochelle H, Ranzato M, Hadsell R T, et al. NIPS'20: 34th International Conference on Neural Information Processing System, New York: Curran

Associates Inc,2020:1129-1141.

[86] Gao S,Yu T Y,Zhu J M,et al. T-PBFT:an eigentrust-based practical Byzantine fault tolerance consensus algorithm. China Communications,2019,16(12):111-123.

[87] Fu X,Wang H M,Shi P C. A survey of blockchain consensus algorithms:mechanism, design and applications. Science China Information Sciences,2021,64:121101.

[88] 刘懿中,刘建伟,张宗洋,等. 区块链共识机制研究综述. 密码学报,2019,6(4):395-432.

[89] Krawczyk H,Rabin T. Chameleon signatures. San Diego:Network and Distributed System Security Symposium2000,2000.